FTA跨境金融服务贸易规则研究

黄琳琳——著

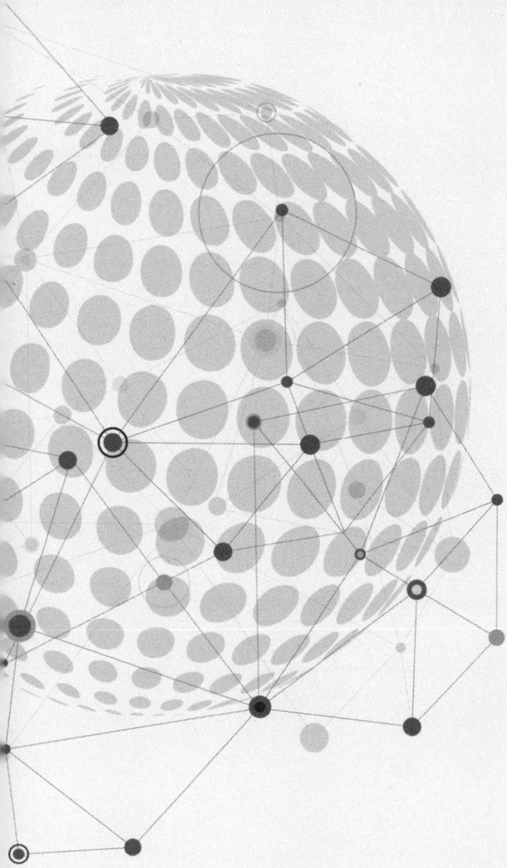

Research on Rules of Cross-Border Trade in Financial Services in FTA

北京大学出版社
PEKING UNIVERSITY PRESS

图书在版编目(CIP)数据

FTA 跨境金融服务贸易规则研究/黄琳琳著. —北京：北京大学出版社，2023. 4

ISBN 978-7-301-33798-1

Ⅰ. ①F… Ⅱ. ①黄… Ⅲ. ①国际金融—商业服务—研究 Ⅳ. ①F831

中国国家版本馆 CIP 数据核字(2023)第 039468 号

书　　名	FTA 跨境金融服务贸易规则研究 FTA KUAJING JINRONG FUWU MAOYI GUIZE YANJIU
著作责任者	黄琳琳　著
责任编辑	孙维玲
标准书号	ISBN 978-7-301-33798-1
出版发行	北京大学出版社
地　　址	北京市海淀区成府路 205 号　100871
网　　址	http://www.pup.cn　　新浪微博：@北京大学出版社
电子信箱	sdyy_2005@126.com
电　　话	邮购部 010-62752015　发行部 010-62750672 编辑部 021-62071998
印 刷 者	三河市博文印刷有限公司
经 销 者	新华书店
	965 毫米×1300 毫米　16 开本　17.75 印张　267 千字 2023 年 4 月第 1 版　2023 年 4 月第 1 次印刷
定　　价	68.00 元

代　序

无论世界发生什么样的变化，面对世界之变、时代之变、历史之变带来的前所未有的挑战，中国改革开放的信心和意志都不会动摇。近年来，中国积极参与国际经贸规则重构的步伐明显加快，推动同更多国家和地区商签高标准自由贸易协定，如全面实施《区域全面经济伙伴关系协定》（RCEP），积极推进加入《全面与进步跨太平洋伙伴关系协定》（CPTPP）和《数字经济伙伴关系协定》（Digital Economy Partnership Agreement，DEPA）。在经济全球化遭遇逆风的十字路口，中国自主扩大高水平对外开放，增设服务业扩大开放综合试点，扎实推进自由贸易试验区、海南自由贸易港建设，对接国际高标准经贸规则，推动制度型开放。正如习近平总书记所指出的："历史地看，经济全球化是社会生产力发展的客观要求和科技进步的必然结果，不是哪些人、哪些国家人为造出来的。"[①]这向全世界传递出中国坚定经济全球化和开放合作的信心、坚持贡献中国方案的决心以及构建人类命运共同体的世界情怀。同时，这也为新时代国际经济法学的发展指明了新方向，提出了新课题和新使命。当前，国际经贸规则重构的显著标志之一是重要的服务贸易领域规则的逐步形成，成为经济全球化要素自由流动的重要制度推动力，而跨境金融服务贸易规则是其中的典型代表。

早在乌拉圭回合谈判时期，金融服务贸易就是谈判的重要议题。由于金融在一国经济中居于核心地位，因此在乌拉圭回合谈判中争论较为激烈。在乌拉圭回合谈判结束后的1997年，《金融服务协定》（Agreement on Financial Services，即《服务贸易总协定》第五议定书）达成。囿于当时的数字技术发展水平，《金融服务协定》仅聚焦

① 习近平：《共担时代责任，共促全球发展》，载《新华文摘》2021年第3期。

于以商业存在模式提供的金融服务，对于跨境提供的金融服务贸易规则涉及较少。

近年来，由于金融与科技的快速融合，数字技术加速了金融数字化、云端化、智能化的发展，金融的创新实践、行业发展、监管模式由此发生了巨大的变化。数字技术变革了金融服务的生产和交付方式，催生了数字化金融服务的新形态，跨境交付模式下的金融服务贸易（亦称“跨境金融服务贸易”）成为新时代数字经济发展的金融基础。然而，数字技术在变革传统金融服务贸易方式的同时，也对其国际贸易规则提出了新的需求。在跨境金融服务贸易领域，近些年达成的新一代自由贸易协定（FTA）无论是规则体系还是具体内容方面都存在较大的差异。因而，国际社会亟须对跨境金融服务贸易规则展开深入研究并形成公正、合理、透明的跨境金融服务贸易规则体系，从而为发展数字经济奠定金融规则基础。

黄琳琳博士撰写的《FTA跨境金融服务贸易规则研究》正是试图就不同类型的规则展开比较研究。本书研究内容丰富，资料翔实。除导论、结语外，全书共计七章，主要包含以下要点。第一，跨境金融服务贸易规则的理论基础。传统的金融抑制与金融深化理论正经历着“破坏性金融创新”等理论的挑战，“融合”“整合”“集团化”已成为金融服务市场的主格调。“破坏性金融创新”理论的“变革”“替代性潜力”和“结构性影响”三个要素与跨境金融服务贸易的市场准入、业务运行规则相融合，奠定了跨境金融服务贸易规则的理论基础。第二，跨境金融服务贸易的市场准入规则。GATS的市场准入规则已难以满足跨境金融服务贸易自由化的需求，新一代FTA规则对GATS规则体系不足作出了有力的回应，但在特定方面，基于跨境金融服务的特殊性，新一代FTA规则也保持了一定的沉默。然而，跨境金融服务贸易市场准入规则的缺失并不会影响跨境金融服务贸易的自由化。第三，跨境金融服务贸易的非歧视待遇规则。新一代FTA规则并没有对GATS规则进行较多的改变，未来跨境金融服务贸易的非歧视待遇规则应更具有灵活性与可预期性。第四，跨境金融服务贸易的审慎例外规则。不同国家和地区在新一代FTA中对审慎例外规则的规定存在差异，其中欧盟的相互承认原则具有一定的借鉴意义。第五，跨境金融服务贸易的数据跨境流动规则。不同国家和地区对于金融数据跨境流动的规制在实施路径上呈现多重化、在法律渊源上呈现多样化、在规范内容上呈现差异化，从而在整体上呈现金融数据跨境流动规制的碎片化现象。第六，跨境金融服务贸易的承诺模式。新一代 FTA 对于服务贸易多采用负面清单的承诺模式，但对于跨境金融服务贸易则多采用正面清单的承诺模式。我国倾向于编制跨境服金融务贸易负面清单，但其中也存在一些值得商榷的地方。第七，本书落脚于我国如何制定并引领跨境金融服务贸易规则，系统研究了我国跨境金融服务贸易领域的国内、国际法律规范并提出了中国方案。

黄琳琳长期跟踪研究跨境服务贸易规则，尤其是跨境金融服务贸易规则。她不仅较早发表了《上海自贸区跨境服务贸易负面清单制定的法律问题》的学术论文，而且深度参与了我国首张自贸试验区跨境服务贸易负面清单——《中国（上海）自由贸易试验区跨境服务贸易特别管理措施（负面清单）（2018 年）》的编制的课题，相关成果获得了上海市领导的批示以及第十二届上海市发展改革决策咨询研究成果二等奖。本书是在其博士论文的基础之上，融合其实践经验完成的，对于我国跨境金融服务贸易规则的研究和实践具有较高的参考价值。当然，跨境金融服务贸易作为数字经济的新形态，尚存在众多问题，作者的认识也有待进一步的深化，专著中的不足之处也在所难免。希望作者能够持续关注跨境金融服务贸易规则的发展，及时更新知识，不断提升学术能力。

华东政法大学教授　贺小勇

2022 年 11 月

缩略语表

缩略语	英文全称	中文全称
APEC	Asia-Pacific Economic Cooperation	亚太经济合作组织
BIT	Bilateral Investment Treaty	双边投资条约
CETA	Comprehensive Economic and Trade Agreement	《全面经济与贸易协定》
CPC	Provisional Central Production Classification	《核心产品分类临时目录》
CPTPP	Comprehensive and Progressive Agreement for Trans-Pacific Partnership	《全面与进步跨太平洋伙伴关系协定》
DSB	Dispute Settlement Body	WTO 争端解决机构
EFTA	European Free Trade Area	欧洲自由贸易区
EPA	EU-Japan Economic Partnership Agreement	《欧日经济伙伴关系协定》
FTA	Free Trade Agreement	自由贸易协定
GATS	General Agreement on Trade in Services	《服务贸易总协定》
GDPR	General Data Protection Regulation	《通用数据保护条例》
IMF	International Monetary Fund	国际货币基金组织
IOSCO	International Organization of Securities Commissions	国际证监会组织
NAFTA	North American Free Trade Agreement	《北美自由贸易协定》
OECD	Organization for Economic Cooperation and Development	经济合作与发展组织
RCEP	Regional Comprehensive Economic Partnership	《区域全面经济伙伴关系协定》
TiSA	Trade in Services Agreement	《国际服务贸易协定》
USMCA	United States-Mexcio-Canda Agreement	《美国—墨西哥—加拿大协定》
VCLT	Vienna Convention on the Law of Treaties	《维也纳条约法公约》
W/120	Services Sectoral Classification List	《服务部门分类表》
WTO	World Trade Organization	世界贸易组织

本书涉及的 WTO 案件表

中文简称	英文全称	案件编号/文件编号
欧共体香蕉案	European Communities-Regime for the Importation, Sale and Distribution of Bananas	DS27
加拿大汽车案	Canada-Certain Measures Affecting the Automotive Industry	DS139
美国博彩案	United States-Measures Affecting the Cross-Border Supply of Gambling and Betting Services	DS285
阿根廷金融服务案	Argentina-Measures Relating to Trade in Goods and Services	DS453
中国电子支付案	China-Certain Measures Affecting Electronic Payment Services	DS413
墨西哥电信案	Mexico-Measures Affecting Telecommunications Services	DS204
中美出版物案	China-Measures Affecting Trading Rights and Distribution Services for Certain Publications and Audiovisual Entertainment Products	DS363
美国麦芽糖饮料案	United States-Measures Affecting Alcoholic and Malt Beverages	DS23/R-39S/206
日本酒类税案	Japan-Taxes on Alcoholic Beverages	DS8、DS10、DS11
多米尼加共和国影响香烟进口和国内销售措施案	Dominican Republic-Measures Affecting the Importation and Internal Sale of Cigarettes	DS302
欧共体生物技术产品案	European Communities-Measures Affecting the Approval and Marketing of Biotech Products	DS291、DS292、DS293

目录

CONTENTS

导　论

第一节 研究命题的背景

一、问题的提出

数字技术变革了金融服务贸易的生产和交付方式，催生了数字化金融服务的新形态，如跨境炒股、跨境销售投资类保险产品以及跨境远程信息处理等。然而，数字技术在变革传统金融服务的同时，也对其国际贸易规则提出了挑战。1995 年世界贸易组织（WTO）成立，其《服务贸易总协定》（GATS）将金融服务贸易的提供模式分为跨境交付、境外消费、商业存在和自然人流动四种模式，其中跨境交付模式下的金融服务贸易伴随着互联网等科学技术的发展得以突显。对于跨境交付模式下的金融服务贸易（亦称“跨境金融服务贸易”），早期的 GATS 已有涉及并在实践中得以运用，然而近年来达成的《全面与进步跨太平洋伙伴关系协定》（CPTPP）、《美国—墨西哥—加拿大协定》（USMCA）、《全面经济与贸易协定》（CETA）、《欧日经济伙伴关系协定》（EPA）、《区域全面经济伙伴关系协定》（RCEP）等自由贸易协定（FTA），无论是规则体系还是具体内容方面都存在较大的差异。因此，本书选取 WTO 数据库中收录的 FTA，探究规则的差异所在及其背后映射出的发展趋势，总结归纳出规则适用的方式与特点，试图从价值和实践层面构建出既能够推动跨境交付金融服务贸易自由化，又能更好地维护国家安全的跨境金融服务贸易规则体系，以期为中国参与国际规则制定提供参考。

二、研究价值及意义

全球经济一体化的深入发展以及科学技术的进步改变了传统的贸易方式，越来越多的国际贸易可通过网络的方式进行，因而，大量出现的以实现自由化为目标的双边或区域贸易协定正逐渐重构以WTO 规则为代表的传统国际经贸规则，在国际金融服务贸易领域表现为以跨境交付为主要模式的金融服务贸易规则的演变。本书对FTA 中的跨境金融服务贸易规则进行研究，是为中国跨境金融服务贸易的有序进行所做的基础性工作。具体而言：

理论价值层面：传统模式下的金融服务贸易通常以商业存在的形式出现，建立在金融抑制与金融深化的理论基础之上，重点在于改革金融体系、发展金融机构。而跨境金融服务贸易打破了传统有形的金融机构存在模式，因此亟须创新金融服务贸易规则的理论基础。同时，对跨境金融服务贸易规则的研究有助于从规则变化的角度预测国际社会、国际经济对相关规则的需求及其发展趋势。

实践价值层面：2021 年 9 月，中国宣布正式申请加入 CPTPP；2022 年 1 月，RCEP 正式生效，二者将为中国构建“双循环”新发展格局提供更加广阔的外部市场空间，助推贸易投资便利化。作为国际经贸服务的重要组成部分，对跨境金融服务贸易规则的研究一方面有助于中国完善国内金融服务贸易规则与国际高标准经贸规则的衔接；另一方面有助于中国在其参与的 FTA 中，借鉴跨境金融服务贸易规则，提出相应的模式和方案。

第二节 已有的学术实践

一、国内外文献综述

跨境金融服务贸易作为新兴的金融服务贸易形式，国内外学者尚未进行深入的研究。由于早期的 GATS、《北美自由贸易协定》（NAFTA）等国际经贸协定中个别条款涉及跨境金融服务贸易，部分国内外学者对其进行了简要的分析，但尚未形成完整的体系，且大多数散见于论文中或仅作为专著的一部分构成性内容，难以形成对跨境金融服务贸易规则的总体性认识。具体如下：

（一）国外文献综述

国外的主题文献主要分为：一是学者的个人著述；二是公开发

表在各类刊物或会议文集中的主题论文；三是经济合作与发展组织（OECD）、国际货币基金组织（IMF）、世界贸易组织（WTO）等国际组织编纂整理的会议概要和研究报告；四是各类政府机构就相关领域发布的官方文件和报告；等等。

1. 学者的个人著述

Philip Raworth 的《服务贸易：全球监管及对主要服务部门的影响》（*Trade in Services: Global Regulation and the Impact on Key Service Sectors*）(2005 年）对 GATS 中有关金融服务贸易的规定进行了研究。Meredith Kolsky Lewis 和 Susy Frankel 主编的《国际经济法和国家主权》（*International Economic Law and National Autonomy*）(2010 年）认为国际金融体系受两方面因素影响：一是各国加强对金融活动的跨国协调和监管；二是要求国际金融体系重新分配各国、各利益集团的话语权。Chris Brummer 的《软法和国际金融体系：21 世纪的规则制定》（*Soft Law and the Global Financial System: Rule Making in the 21st Century*）（2015 年）认为国际金融法的基础通常由一系列名誉机制、市场机制和机构机制构成，比传统的国际法理论具有更大的强制性。Hal S. Scott 和 Anna Gelpern 的《国际金融：法律与监管（上、下）》(2015 年，刘俊译）梳理了国际金融法律与监管的历史发展脉络，全面覆盖了银行、保险、资本市场监管等内容。

2. 主题论文

主题论文中对跨境金融服务贸易规则的研究主要涉及跨境金融服务贸易对外开放的必要性、市场准入规则和非歧视待遇规则以及跨境金融服务贸易的监管问题等。

（1）跨境金融服务贸易对外开放的必要性问题

Bart De Meester 在其撰写的《银行服务贸易自由化：以国际化和欧盟为视角》（Liberalization of Trade in Banking Services: An International and European Perspective）(2014 年）中认为，跨境金融服务贸易自由化增加了竞争的机会，提升了金融机构的运作效率。Tilahun Esmael Kassahun 在《埃塞俄比亚加入 WTO 与金融服务自由化：在贸易自由化与国内政策空间之间寻求平衡》（Ethiopia's

WTO Accession and Financial Services Liberalization：Striking the Balance between Trade Liberalization and Domestic Policy Space）（2012 年）中认为相对于商业存在模式，跨境金融服务贸易承载着更多的金融风险，且收益相对较少，但它仍是金融服务贸易发展的重要模式之一。Irfan Sayyed 在《跨境融资中的国际问题及对资本市场的影响》（Current International Issues in Cross Border Financing and their Impact on Capital Markets）（2015 年）认为国际上跨境融资的行为逐渐增多，由于跨境金融服务涉及多国的法律规则体系，需要统一的方法进行解决。

（2）跨境金融服务贸易的市场准入规则和非歧视待遇规则问题

市场准入和非歧视待遇规则是 WTO 服务贸易规则的核心，亦是跨境金融服务贸易的重要内容。Rachel Block 在《中国电子支付服务案中的市场准入和国民待遇：GATS 中的结构和解释性问题》（Market Access and National Treatment in China-Electronic Payment Services：An Illustration of the Structural and Interpretive Problems in GATS）（2014 年）中认为，GATS 有关市场准入和国民待遇的混淆规定表明 GATS 本身存在深层的歧义。Rudolf Adlung 和 Hamid Mamdouh 在《如何设计服务贸易协定：自上而下或自下而上？》（How to Design Trade Agreements in Services：Top Down or Botton-Up?）（2014 年）中认为，GATS 存在的结构性问题严重限制了 GATS 目标的实现，当下重要的不是谈判或协商的技术，而是政府在服务贸易方面的推动力。Juan A. Marchetti 和 Martin Roy 在《TISA 目标：市场准入问题概述》（The TISA Initiative：An Overview of Market Access Issues）（2014 年）中认为，各国在签订国际经贸协定时，往往不会作出较多的市场准入承诺，更重要的还是一国的自主开放。Michelle Q. Zang 在《中国电子支付案中未完成的任务：GATS 下市场准入与国民待遇的政策均衡》（The Uncompleted Mission of China-Electronic Payment Services：Policy Equilibrium between Market Access and National Treatment under the GATS）（2015 年）中认为，WTO 在服务贸易方面的理论并不能完全解决 GATS 在适用方面的问题，当下最迫切的问题是明确市场准入的含义以及市场准入与国民待遇的关系。Gilles Muller 在《GATS 中的错综复杂关系：市场准入条款、国民待遇条款和国内管制条款间的关系》[Troubled Relationships under the GATS: Tensions between Market Access (Article XVI), National Treatment (Article XVII), and Domestic Regulation (Article VI)](2017 年）中提出 GATS 第 16 条、第 17 条、第 6 条之间存在的交叉问题，重新界定了第 16 条、第 17 条、第 6 条之间的关系。

(3) 跨境金融服务贸易的监管问题

国外较多文献是对跨境金融服务贸易监管方面的论述。E. Waide Warner 最先在其文章《“相互承认”与欧洲共同体的跨境金融服务》(“Mutual Recognition” and Cross-Border Financial Services in the European Community)(1992 年）中对欧盟的跨境金融服务贸易监管问题进行了研究，认为欧盟成员国之间允许跨境交付金融服务是基于各成员国之间的“相互认可”以及成员国之间采取统一的标准。J. H. Dalhuisen 在其连续撰写的三篇《跨境金融服务自由化和再监管》(Liberalisation and Re-regulation of Cross-Border Financial Services)(1999 年）中对跨境金融服务贸易的监管进行了研究，此处的跨境金融服务贸易不局限于跨境交付模式，而是包括服务贸易的四种模式；金融监管的方式有四种，即授权、审慎监管、行为监管和行为控制；对金融服务的监管不同于对资本流动的监管，资本的自由流动确实能够促进金融服务市场的国际化，但金融服务的监管本质上是国内立法的问题，而资本自由化是国际层面的问题，其中部分在 IMF 的管辖范围内。Chris Reed 在《协调监管管辖权：跨境在线金融服务和欧盟信息服务单一市场》(Managing Regulatory Jurisdiction: Cross-Border Online Financial Services and the European Union Single Market for Information Society Services)(2001 年）中也对欧盟跨境金融服务市场进行了研究，认为信息社会使得金融服务能够通过网络的方式跨境交付，但同时会引起监管管辖权冲突的问题。Pierre-Hugues Verdier 在《国际金融的相互承认》(Mutual Recognition in International Finance)(2011 年）中讨论了跨境金融的普遍性，认为其促使各国之间签订了较多的双边和多边互认协定：

多边模式以欧盟为代表，但效果并不明显，因为需要超国家机构的存在；双边模式以澳大利亚为代表，但尚需足够的私人需求以及跨境监管和执行协议。Eric J. Pan 在其文章《金融监管中的国际合作与制度设计挑战：超越政府间网络》（Challenge of International Co-operation and Institution Design in Financial Supervision：Beyond Trans-governmental Networks)（2010 年）认为，国际金融组织对于跨境金融的监管存在两个方面的挑战，即国际金融组织对跨境金融的监管程度以及国际金融组织如何协调各国内监管者之间的关系问题。Matthew C. Turk 在《金融危机后再造全球金融监管体制：理性国家和相互依存，不是监管网络和软法》（Reframing International Financial Regulation after the Global Financial Crisis：Rational States and Interdependence，not Regulatory Networks and Soft Law）（2014 年）中讨论了跨境银行业务监管的问题，认为如果适用统一的方式来解决跨境问题，则需要各国之间的相互协作，但这会给各国带来囚徒困境，即无论其合作国家如何做，每个国家都倾向于对位于其管辖权范围内的资产进行管控。Adam Feibelman 在《IMF 和跨境资本流动》（The IMF and Regulation of Cross-Border Capital Flows)（2015 年）中研究了 IMF 在跨境资本流动方面的作用，认为在跨境资本流动方面还存在着贸易与投资条约相互冲突、管辖权不确定以及监管模式存在普遍局限性等问题。Hannah L. Buxbaum 在《跨境法律秩序和监管冲突：从跨境衍生品监管中得到的启示》（Transnational Legal Ordering and Regulatory Conflict：Lessons from the Regulation of Cross-Border Derivatives)（2016 年）中研究了证券市场的跨境监管问题，认为传统国内市场的监管不再适用于国际市场，需要进行跨境监管合作。

3. 会议概要和研究报告

OECD 在 2000 年发布的研究报告《金融市场趋势》（Financial Market Trends）指出跨境金融服务贸易在国际经济发展中越来越重要，并对跨境金融服务贸易进行了定义。该报告用数据的形式说明了未来跨境金融服务贸易的发展趋势，并提出其在监管方面的特殊性。金融稳定理事会（Financial Stability Board，FSB）2011 年发布

《金融稳定理事会关于国际合作和信息交流进展的报告》(Financial Stability Board Reports on Progress on International Cooperation and Information Exchange)，鼓励所有国家和地区遵守国际合作和信息交流的监管和监督标准。国际证监会组织(IOSCO) 2015 年发布《IOSCO 跨境监管特别工作组最终报告》(IOSCO Task Force on Cross-Border Regulation Final Report)，分析了三类跨境监管工具，以帮助监管者和政策制定者更好地制定、实施和评估跨境监管手段。

4. 官方文件和报告

欧盟议会 2014 年发布研究报告《欧盟贸易协定中的金融服务》(Financial Services in EU Trade Agreement) 指出，欧盟在跨境金融服务贸易领域承诺的部门较少，仅限于再保险、转分保、保险辅助服务、金融数据及其处理服务。[①] 对于跨境金融服务贸易的较少关注间接说明乌拉圭回合谈判后在此领域实践的稀缺。CETA 对审慎监管有两个重要的创新，即审慎例外的解释以及投资者—东道国程序的过滤机制；对于金融监管措施，要求事前告知以及评论，并引入审慎监管的必要性测试。欧盟在其缔结的国际经贸协定中，将跨境金融服务与商业存在分开，适用不同的国民待遇和最惠国待遇标准。

(二) 国内文献综述

对跨境金融服务贸易规则研究的国内文献有学者的个人著述和公开发表在各类刊物或会议文集中的主题论文。

1. 个人著述

温树英的《金融服务贸易的国际法律规制》(2005 年) 着重从国际法规则的角度进行论述，选择了 GATS、欧盟金融服务指令、NAFTA 三个涉及国际金融法领域的重要国际条约进行研究，但该书并没有将金融服务贸易分为跨境交付金融服务贸易和商业存在金融服务贸易，因而并没有提出跨境金融服务贸易的特殊性。石静霞的《WTO 服务贸易法专论》(2006 年) 对 GATS 进行了全面的研究和分析，并将案例与法规相结合，对“欧共体香蕉案”“加拿大汽车

① 由于涉及跨国比较，而不同国家及地区的语词和使用习惯存在差异，故本书对“金融信息”和“金融数据”的使用不加区分。

案”“美国博彩案”中的专家组报告进行了研究，其中第四章（服务贸易中的国民待遇）、第五章（服务贸易中的市场准入）和第七章（服务业的国内监管自主权与贸易自由化）均涉及跨境金融服务贸易的法律问题。李扬、胡滨主编的《金融危机背景下的全球金融监管改革》（2010年）基于金融监管和金融危机的相互关系，从历史发展和相互作用的角度出发进行深入剖析，并结合主要国家和地区的演变情况总结全球监管的发展趋势，最终提炼出对中国的发展建议。杨松等人的《国际金融新秩序的法律问题》（2014年）讨论了2008年全球金融危机后金融全球化下形成的新秩序，其中论述了国际金融监管合作的法律问题，对实现跨境金融服务贸易具有借鉴意义。

2. 主题论文

国内主题论文对跨境金融服务贸易规则的研究主要涉及国际服务贸易规则的演变趋势、跨境金融服务贸易的市场准入规则和非歧视待遇规则、跨境金融服务贸易的监管以及其他与跨境金融服务贸易有关的问题。

（1）国际金融服务贸易规则的演变趋势

自《跨太平洋伙伴关系协定》（TPP，因美国退出而搁置）和《国际服务贸易协定》（TiSA）谈判以来，对其中金融服务贸易领域规则进行研究的文献有：胡加祥在《TiSA金融服务规则研究》（2017年）中认为，相比于GATS，TiSA在跨境金融服务贸易方面的主要突破体现在允许跨境交付提供新金融服务、允许外包处理客户敏感的金融数据、允许缔约方要求金融机构提供客户个人海外金融信息、将本国的金融监管“外包”给别国政府，建议缔约方尽可能采取统一的金融监管制度。石静霞、杨幸幸在《TPP金融服务规则评析》（2017年）中认为，TPP跨境金融服务贸易规则的设计——将跨境交付与境外消费两种模式加以合并，正好顺应了金融产品电子化的进程以及从业人员跨境流动的发展趋势；TPP允许跨境交付投资组合管理服务和电子支付（清算）服务，在审慎监管方面设定了“例外属性＋审慎原因＋反滥用要求”，在数据跨境流动方面规定了不同于电子商务章节的内容，设置了单独的数据转移条款。

(2) 跨境金融服务贸易的市场准入规则和非歧视待遇规则

国内学者对于有关跨境金融服务贸易的市场准入规则和非歧视待遇规则的研究主要通过对 WTO 有关金融服务贸易争端的案例进行分析，具有代表性的 WTO 有关金融服务争端的案例有中国影响金融服务案、阿根廷金融服务案、中国电子支付案。漆彤在《中国影响金融信息服务措施案探析》(2008 年) 中认为，欧美就中国影响金融信息服务措施提出在市场准入、国民待遇方面磋商的请求，GATS 一般例外条款和《关于金融服务的附件》中的审慎监管例外条款可作为抗辩的方式。杨国华在《"中国电子支付服务案"详解》(2013 年) 中就电子支付服务的定义、争议措施、中国的入世承诺、涉案服务的分类、GATS 的国民待遇条款和市场准入条款等进行了具体分析，并对该案专家组报告中的相关问题提出了疑问。崔晓静和丁颖在《WTO 非歧视原则在国际税法领域的适用——评阿根廷金融服务案》(2016 年) 中认为，WTO 并没有对成员方针对服务和服务提供者所采取的税收差别待遇持反对意见，只有服务和服务提供者具有同类性，才会违反非歧视原则，同时这种违反可以通过援引例外来正当化。

(3) 跨境金融服务贸易的监管问题

刘笋和吴永辉较早在《GATS 框架下的审慎监管制度》(2004 年) 中认为，GATS 中的审慎措施在法律效力上具有绝对优先性，在法律适用上具有自主认定性与事后审查性，在法律标准上具有主观性与变动性。同时，审慎例外条款自身规定的抽象性及其优先适用性大大削弱了金融自由化的成果。国内学者对于跨境金融服务贸易监管方面的研究主要分散在对各具体领域的研究中，杨松和郭金良在《第三方支付机构跨境电子支付服务监管的法律问题》(2015 年) 中认为，第三方支付机构跨境电子支付服务中存在的主要问题有服务监管的协调性问题、反洗钱问题、消费者权益保护问题、外汇管理问题 (如法律规定中金融机构的定义)、国际规则的适用问题 (如《巴塞尔协议》《国际贷记划拨示范法》) 以及不同国家间监管体制间的冲突问题等，这些问题都亟须解决。史际春和徐瑞阳在《银行卡"交换费"集中定价的反垄断法分析》(2017 年) 中从反垄断法的角度对跨境银行卡服务进行了分析。黄雯在《跨境第三方支付发展现状及前景》（2018 年）中认为，跨境第三方支付存在的问题有法律规范层级较低、给反洗钱提供方便、风控能力参差不齐、易造成沉淀资金等。

同时，部分文章对金融服务监管的共性问题进行了研究。贾宏伟在《金融跨境监管问题探析》（2011 年）中认为，金融跨境监管问题已经为各国监管当局和国际组织所重视，由于其中牵涉多方利益主体的博弈，监管难度不言而喻，但金融跨境监管问题必须得到妥善解决。万泰雷、李松梁、黄鑫在《国际金融监管合作及中国参与路径》（2014 年）中认为，国际监管合作是危机出现后的新特点，中国亟须深度参与国际金融监管合作，以应对金融话语权缺失、外国政策溢出效应和开放性政策推进带来的各类挑战。徐昕在《区域贸易协定中的金融审慎例外条款研究》（2015 年）中认为，现有的审慎例外条款存在适用范围有限、实施前提尚待明确、适用条件过于严格、认定方法不明等问题，传统的审慎措施包括资本充足率、风险集中限制以及风险管理制度要求、流动性要求、内幕交易禁止、产生利益冲突的交易禁止、董事和经理的合格性测试、信息披露要求等。但是，2008 年全球金融危机后，各国政府出台的部分监管规则，如限制单个银行规模、银行总量以及交易额等，明显违反了 FTA 项下特别是市场准入、禁止数量限制、非歧视待遇等规则项下的义务和承诺。綦相在《国际金融监管改革启示》（2015 年）中认为，国际金融监管改革应善于捕捉风险的动态变化，从宏观层面对监管制度进行设计，并且注重金融监管和其他宏观政策的内部结合，同时配合跨境协调监管。在做好规则制定的同时，不能忽视传统监管手段，要规制与监管并重，并发挥好信息披露和市场约束的作用。王宇在《金融科技创新之监管对策分析》（2018 年）中认为，金融科技不断改善金融服务业、降低市场准入壁垒、提升数据信息价值、影响行业竞争格局，监管制度的选择应当审慎应对，将防范风险作为制度构建的底线思维，加强金融监管机构监管科技能力的建设，加强国内有关监管机构间的相互协调，加强对金融科技的跨境监管合作等。

（4）其他与跨境金融服务贸易相关的问题

国内还有些学者运用统计学的原理对跨境金融服务贸易进行了研究，虽然较少涉及法律问题，但对于研究跨境金融服务贸易开放的法律问题必要性方面具有借鉴意义。黄满盈和邓晓虹在《金融服务贸易模式、国际竞争力与政策选择》（2009 年）中通过对各国跨境金额服务贸易量的数据比较，指出中国在跨境支付金融服务方面国际竞争力不仅与发达经济体差距巨大，与东亚诸经济体的差距也比较大。黄宁和蒙英华在《跨境交付与商业存在的互补性研究：基于美国双边服务贸易出口数据的考察》（2010 年）中运用引力模型及美国经济分析局（Bureau of Economic Analysis，BEA）的服务贸易统计数据，对跨境交付与商业存在之间的互动关系进行了实证研究，认为两者之间存在双向的互补关系，且跨境交付对商业存在模式的促进效应更大。

二、对现有研究成果的分析与评价

总体看来，国内外学者对跨境金融服务贸易规则已有不少相关的研究成果。主要表现在：

第一，从研究的学科看，经济学、社会学、法学、统计学等多个学科参与了对跨境金融服务贸易规则的研究。

第二，从研究的内容看，已有的文献涵盖了跨境金融服务贸易规则研究的必要性以及 GATS 规则在适用过程中存在的问题，并提出了具有针对性的建议。

第三，从研究的价值看，多学科的参与以及多视角的研究使得相关资料更加丰富和具体，有助于我们更清楚地认识跨境金融服务贸易规则的本质。

由以上分析可以看出，国内外学者已经作了一些研究，为本书的继续研究奠定了良好的基础。但是，尚有不少问题有待进一步研究，主要表现为：

第一，从研究内容的深度看，有些研究成果仅仅提到金融服务贸易规则的变化，但并未涉及跨境金融服务贸易规则的具体内容。例如，有研究认为，TiSA 在跨境金融服务贸易方面的主要突破体现在允许跨境交付提供新金融服务、允许外包处理客户敏感的金融数据、允许缔约方要求金融机构提供客户个人海外金融信息，但并未分析其背后的原因及其未来发展趋势。

第二，从研究内容的广度看，已有成果对部分跨境金融服务贸易规则要么没有涉及，要么涉及较少。例如，有关金融数据跨境流动以及数据存储本地化要求的内容，鲜有学者研究。

第三，从研究的学科看，已有研究成果主要偏重国际贸易学的分析研究，故而较多研究结论仅仅是从贸易转移等角度提出的，从法学研究的角度提出建议的不多。

本书在吸收和总结已有研究成果的基础上，着重采用实证研究的分析方法，通过具体比较各国际经贸协定中跨境金融服务贸易规则的异同，归纳总结跨境金融服务贸易的实然和应然规则，并探寻其背后的深层次原因，继而结合中国的现实情况，有针对性地提出跨境金融服务贸易规则的建议。

第三节　研究目标、方法与框架

一、研究目标

本书以FTA中跨境金融服务贸易规则以及WTO争端解决机制下的相关案例为研究载体，从跨境金融服务贸易规则的理论基础入手，着眼于当前FTA相对于GATS中金融服务贸易规则的变化，总结归纳出实践中存在的法律适用及法律空白问题，并且提出解决问题的方案。同时，本书将着眼于中国的法律主张和利益立场，将中国FTA文本中既有的跨境金融服务贸易规则条款加以系统整理，进行合理化、规范化研究，归纳总结新时代中国跨境金融服务贸易在理论层面应有的立场与在实践层面应具备的基本特征，以提升全球后金融危机时期中国在国际经贸规则谈判中的话语权。

二、主要研究方法

本书主要运用了法解释学方法、实证分析方法、比较研究方法等研究方法。一方面，本书基于历史发展的脉络，从国际经贸规则的形成到全球价值链背景下的新型国际经贸规则的形成中分析提炼出跨境金融服务贸易规则的演变发展趋势，并总结归纳出实践过程中出现的问题。另一方面，本书从价值分析的角度出发，基于最新金融科技的发展理论，融合当下国内外跨境金融服务贸易规则的存在之实，着重于应然范畴的研究。

（一）法解释学方法

本书结合国际条约法的基本理论，综合运用文理和论理解释方法，对 NAFTA、USMCA、GATS、CPTPP 等多个 FTA 文本进行分析与释义。

（二）实证分析方法

本书涉及大量的实践问题以及 WTO 的争端解决案例，试以实证分析方法进行研究，注重对实然范畴的考察，特别是对 WTO 相关案例的分析。同时，本书将有关国际法与国内法的实施与适用作为分析对象，并对这些现实存在的法律规范和法律适用活动作出阐释与说明。

（三）价值分析方法

价值分析是与实证分析相对的研究方法，用以论证某一法律原则或规则的正当性与合理性，或衡量某一法律现象或制度的正义标准，主张对应然范畴的考察。本书涉及国家间监管合作的问题，将结合价值分析方法进行研讨。

（四）比较研究方法

本书涉及国际条约对跨境金融服务贸易规则的比较研究以及不同国家及地区自主开放跨境金融服务贸易领域的实践与学理解释，通过对比不同的研究路径、不同的解释实践以及不同的利益考虑，可以更全面地认识跨境金融服务贸易规则的法律问题。

三、研究框架

本书主体部分共分七章。除导论外，基本结构安排如下：

第一章为“FTA 跨境金融服务贸易规则概述”。该章首先明确了跨境金融服务贸易的法律概念；其次为跨境金融服务贸易规则的产生寻找到破坏性金融创新的理论基础；最后，归纳总结出跨境金融服务贸易规则的特征主要表现在市场准入规则、非歧视待遇规则、审慎例外规则、数据跨境流动规则以及承诺模式的选择等方面。

第二章为“FTA 跨境金融服务贸易的市场准入规则”。该章首先回顾了市场准入规则的基本内涵以及跨境金融服务贸易市场准入规则的演变趋势。其次，总结归纳 GATS 项下跨境金融服务贸易市场准入规则存在的问题，主要表现为市场准入规则框架不利于跨境金融服务贸易自由化的实现、金融数据跨境流动成为市场准入争议的焦点、例外规定阻碍自由化措施的实施、WTO 争端解决机构（DSB）不能有效解决跨境金融服务贸易争议等。再次，研究 FTA 中跨境金融服务贸易市场准入规则，总结归纳出 GATS 型、CPTPP 型、欧盟型以及其他型四种主要类型。这些规则对 GATS 规则体系不足作出了有力的回应，但在特定方面，基于跨境金融服务贸易的特殊性也保持了一定的沉默。最后，对于未来跨境金融服务贸易的市场准入规则，无论是从金融服务贸易市场准入的内涵以及市场准入数量限制性措施的本质，还是从金融数据跨境流动的重要性来看，放弃跨境金融服务贸易市场准入条款的概念都不会影响跨境金融服务贸易自由化。

第三章为“FTA 跨境金融服务贸易的非歧视待遇规则”。该章首先分析了跨境金融服务贸易非歧视待遇规则的特殊性，指出其在安全性以及数据流动方面存在一定的特殊性。其次，归纳和分析了 GATS 项下跨境交付与境外消费的区别、服务原产地的认定、非歧视待遇条款中的同类性以及事实上的歧视性待遇的解释等对于跨境金融服务贸易既具有普遍性又具有特殊性的问题。最后，通过研究新一代 FTA 中的非歧视待遇规则，提出未来跨境金融服务贸易的非歧视待遇规则应更具有灵活性与可预期性，认为应解决例外条款举证之困难、金融服务同类性判断标准不确定等问题，并构建了以要素为基础的灵活性非歧视待遇标准。

第四章为“FTA 跨境金融服务贸易的审慎例外规则”。该章首先对审慎例外条款的性质进行了界定，认为跨境金融服务贸易的审慎例外条款具有较大程度的灵活性。其次，分析了早期阿根廷金融服务案中专家组对于 GATS 审慎例外条款的解释的利弊。再次，总结 FTA 对于 GATS 审慎例外条款存在的问题在条款名称、关系需求、反滥用要求等方面进行的革新，认为其更加符合跨境金融服务贸易的发展。最后，分析并提出欧盟金融服务市场一体化的相互承认原则对跨境金融服务贸易的审慎例外条款具有一定的借鉴意义。

第五章为“FTA 跨境金融服务贸易的数据跨境流动规则”。金融行业的特殊性决定了对金融数据跨境流动的规制不同于对其他行业数据的规制。该章首先指出金融服务贸易数据跨境流动规则的特殊性，认为 GATS 金融数据跨境流动规则难以应对国际社会金融数据跨境流动的要求。其次，认为目前国际社会已达成的 FTA 尚未形成统一的规则体系，不同国家和地区对金融数据跨境流动的规制在实施路径上呈现多重化、在法律渊源上呈现多样化、在规范内容上呈现差异化，从而在整体上呈现金融数据跨境流动规制的碎片化现象，其原因在于欧盟、美国、日本以及其他新兴经济体等国家和地区内部价值取向的差异、规则主导权的争夺以及规制结果的相互冲突。最后，提出有必要在《维也纳条约法公约》（VCLT）的框架内，通过国际组织间的合作和国家间的协调来缓解碎片化的现状，提高 FTA 跨境金融服务贸易数据跨境流动规则的有序化。

第六章为“FTA 跨境金融服务贸易的承诺模式问题”。正面清单与负面清单是一国服务贸易对外开放的承诺模式，负面清单是相对于正面清单而言的，正面清单属于选择性开放模式，秉持“法无授权即禁止”的法律理念；负面清单则相反。在金融服务贸易领域，以 CPTPP 为代表的发达国家签订的 FTA 通常根据服务承诺模式的不同，分别采取正面清单和负面清单两种不同模式。在负面清单模式下，明确规定冻结条款和棘轮条款，以防止金融服务贸易开放水平的降低。学界一般认为，负面清单模式加上冻结条款、棘轮条款，更有利于提升跨境金融服务贸易的自由化水平。但是，跨境金融服务贸易负面清单的编制在国际上尚未达成一致，其涉及的涵盖范围问题、排除适用问题、当地存在与商业存在问题以及兜底条款问题都有待进一步的探讨。

第七章为“中国跨境金融服务贸易法律制度完善的建议”。该章立足于中国的现实情况，首先分析中国跨境金融服务贸易规则的现状并指出其在国内法及国际法层面分别存在的问题，其次深度挖掘中国跨境金融服务贸易规则存在问题的原因，最后建议从国内跨境金融服务贸易体系、中国 FTA 中有关跨境金融服务贸易规则的谈判、跨境金融服务贸易监管科技发展以及构建金融数据跨境流动规则的中国方案等层面加以完善。

第一章

FTA 跨境金融服务贸易规则概述

跨境金融服务贸易不同于传统商业存在模式下的金融服务，涵盖跨境交付、境外消费以及自然人流动三种服务贸易提供模式，其重点在于跨境，并且以金融数据的跨境自由流动为关键性因素。跨境金融服务贸易以破坏性金融创新理论为基础，符合“破坏性创新”构成的三个要素，即“变革”“替代性潜力”和“结构性影响”，并且在市场准入和业务运行等方面革新了以金融抑制和金融深化理论为基础的传统金融服务贸易规则。跨境金融服务贸易自由化是国际经济发展的必然结果经济，在FTA中跨境金融服务贸易在准入前、准入后以及风险防范方面呈现出较为完整的规则体系。其中，市场准入规则成为跨境金融服务贸易的前提条件，非歧视待遇规则成为跨境金融服务贸易的中间保障，审慎例外规则成为跨境金融服务贸易的风险屏障，数据跨境流动规则成为跨境金融服务贸易的重要载体，承诺模式成为跨境金融服务贸易对外开放的重要表现形式。

第一节　跨境金融服务贸易的概念

跨境金融服务贸易的概念在国际上尚未达成一致。跨境金融服务贸易不同于传统上的金融服务，即商业存在模式下的金融服务，它往往会受到更多的市场准入限制、国民待遇限制、金融数据存储限制等，其中限制金融数据跨境流动性是阻碍其自由化的关键性壁垒。

一、金融服务的概念与种类

关于“金融服务”的概念，国际上尚未形成统一的观点，总体上可以分为国际经贸协定中定义的金融服务、政府间国际组织定义的金融服务以及学者对金融服务的观点三种。

（一）国际经贸协定中的定义

国际经贸协定中对“金融服务”的定义经历了一个逐渐演变的过程，从1988年的《加拿大—美国自由贸易协定》（Canada-United States Free Trade Agreement，CUFTA）到1993年的NAFTA，再到1995年的GATS以及最新的USMCA，“金融服务”的含义逐渐得以明确。

CUFTA是最早对“金融服务”进行定义的国际经贸协定，它将“金融服务”定义为由金融机构提供的具有金融性质的服务，不包括保险单的承销。[①] NAFTA在CUFTA的基础之上将保险单的承销纳入金融服务中，即具有金融性质的服务，包括保险以及具有金融性质的服务的辅助性服务。此后，GATS又在NAFTA的基础之上，对“金融服务”的具体内容进行了列举式规定，总共12类。[②] 这些规定在此后的WTO案例中虽然存在一定的争议，但GATS《关于金融服务的附件》对“金融服务”的定义奠定了此后国际经贸协定中有关金融服务含义界定的基础。此后，无论是美国主导的NAFTA类型的区域贸易协定如USMCA，还是欧盟推动的CETA等，都采用了与GATS相同的定义方式。

总体上而言，国际经贸协定对“金融服务”的定义采用概括加列举的方式，基本上纳入所有具有金融性质的金融服务和辅助性金融服务，为FTA中金融服务的定义奠定了基础。

---

① See CUFTA，Art. 1706.

② 根据GATS《关于金融服务的附件》第5（a）条，金融服务包括所有保险及其相关服务、所有银行和其他金融服务（保险除外）。其中，保险及其相关服务可以进一步细分为：(1) 直接保险（寿险和非寿险）；(2) 再保险和转分保；(3) 保险中介，如经纪和代理；(4) 辅助性保险业务，如咨询、保险统计、风险评估和理赔清算服务。银行和其他金融服务（保险除外）可以进一步细分为：(1) 接受公众储蓄和其他应偿付的资金；(2) 所有类型的贷款，包括消费信贷、抵押贷款、保理和资金融通；(3) 融资租赁；(4) 各种支付和货币兑换服务，包括信用卡、赊账卡和贷记卡、旅行支票和银行汇票；(5) 担保和委托业务；(6) 自有账户和代客账户的下列交易：货币市场工具（包括支票、汇票和存单）的买卖，外汇买卖，衍生产品买卖，汇率和利率工具的买卖（包括互换、远期交易），可转换债券买卖，其他各种可转让的票据和金融资产交易；(7) 参与公募和私募的各种证券的发行、认购和代理，以及提供有关的发行服务；(8) 货币经纪；(9) 各种形式的资产管理、保管、监督和信托服务；(10) 金融资产的结算和清算服务；(11) 提供和传送其他金融服务提供者提供的金融信息、金融数据处理程序和相关软件；(12) 各种金融活动和金融辅助活动的顾问、中介和咨询；等等。

（二）政府间国际组织的定义

政府间国际组织是指若干国家（政府）为特定目的依条约建立的各种常设机构。[①] 联合国、IMF和OECD都是国际上较有影响力的国际组织，根据《维也纳条约法公约》第31条“解释之通则”的规定，[②] 它们对“金融服务”的定义可作为解释的参考依据之一。IMF将“金融服务”定义为“除保险和养老基金服务之外的金融中介和辅助服务。包括通常由银行和其他金融公司提供的服务，例如，存款吸纳和贷款，信用证、信用卡服务，与金融租赁相关的佣金和费用、保理、承销、支付清算等。还包括金融咨询服务、金融资产或金条托管、金融资产管理、监控服务、流动资金提供服务、非保险类的风险承担服务、合并与收购服务、信用评级服务、证券交易服务和信托服务”[③]。OECD将“金融服务”定义为“金融机构（银行或其他信贷机构）提供或接受以下服务的收入（出口）或支出（进口）：（1）收入和支出的直接投资收入，包括未分配收入和利息；（2）收入和支出的其他（金融）投资收入，包括收取和支付的利息或股息；（3）收入和支出的佣金和/或费用”[④]。联合国于1991年对国际货物和服务进行了分类，编制了《核心产品分类临时目录》（CPC）。此后，经过2次大的修订和2次小的修改，目前最新版是

---

① 参见王虎华主编：《国际公法学（第三版）》，北京大学出版社2008年版，第395页。

② 《维也纳条约法公约》第31条“解释之通则”规定：“一、条约应依其用语按其上下文并参考条约之目的及宗旨所具有之通常意义，善意解释之。二、就解释条约而言，上下文除连同弁言及附件在内之约文外，并应包括：（甲）全体当事国间因缔结条约所订与条约有关之任何协定；（乙）一个以上当事国因缔结条约所订并经其他当事国接受为条约有关文书之任何文书。三、应与上下文一并考虑者尚有：（甲）当事国嗣后所订关于条约之解释或其规定之适用于任何协定；（乙）嗣后在条约适用方面确定各当事国对条约解释之协定之任何惯例；（丙）适用于当事国间关系之任何有关国际法规则。……”

③ 参见国际货币基金组织：《国际收支和国际投资头寸手册（第六版）》（BPM6），2009年中文版，第149页。

④ 根据OECD，“收入和支出的佣金和/或费用”源于下列活动：外汇交易；国际支付，包括支票、票据、信用证、汇票；现金余额管理；保理；证券业务；证券发行的管理、担保和配售；经纪人佣金、息票的支付、保管费；赎回；换股；资产管理；信托基金；保证和承兑；金融租赁；公司重组，包括收购、兼并的咨询；参与易货安排；未列名的其他金融交易。See Fariborz Moshirian, Trade in Financial Services, *The World Economy*, Vol. 17, No. 3, 1994, p. 348.

《核心产品分类目录（2.1版）》（CPC，Version 2.1），设“金融及有关服务”门类，具体包括金融中介、保险和辅助服务。[①] 其中值得一提的是，CPC与GATS《关于金融服务的附件》中的“金融服务”的定义是相互对应的关系，即CPC是对GATS“金融服务”的具体解释，如GATS项下的“金融租赁服务（8112）”在CPC中为“大致涵盖资产预期使用期限术语以及承租人要求拥有全部收益权并承担与所有权相关所有风险的租赁服务”。

OECD从国际收支统计的角度对金融服务进行划分，而IMF和联合国均是从金融服务的种类方面进行定义，即采取直接列举方式。后者虽然能够准确地判断一种服务是否为金融服务，但也存在较大的局限性，如随着信息技术的发展，尤其是科技金融的逐渐深入，出现许多新兴的金融服务，如信贷业务中的分布式账簿（数字货币）、供应链金融、风险量化体系等，这些新兴的金融服务与IMF和联合国定义的“金融服务”存在一定的差异，很难为OECD所涵盖，从而限制了IMF和联合国有关金融规则的适用范围。

（三）“金融服务”的学理讨论

Vettel根据金融服务的性质，将金融服务分为六大类，即吸收存款、国际金融交易与经营活动、传统的国际贸易和现金管理服务、国际借贷业务、国际证券服务、其他的商业银行活动等。[②] Vettel从

---

① See United Nations, Central Product Classification, Series M No. 77, Version 2.1, 2015, pp. 114-118.

② （1）吸收存款，包括在岸金融市场和离岸金融市场中的定期和活期性的金融储蓄活动。（2）国际金融交易与经营活动，主要是指一般性金融及衍生品服务活动，包括外汇、储蓄、远期外汇合同、金融期货与期权活动、黄金及可能的其他商品经营活动。（3）传统的国际贸易和现金管理服务，包括跟单托收、信用证、备用信用证及票据承兑业务，其特点是不列入银行的资产负债表内。（4）国际借贷业务，包括向本地企业、银行、政府、跨国公司和个人提供有担保和无担保的本币或外币贷款服务，其主要形式包括国际辛迪加贷款和国际项目融资。（5）国际证券服务，包括外国债券、欧洲债券的发行与交易。此外，各种各样的到期商业票据、期货及期权合同和企业股票等都是国际证券服务的主要内容。（6）其他的商业银行活动，主要包括国际收购和兼并、利率和货币互换、平行贷款、不公开销售证券以及对机构和国家的金融咨询服务。此外，金融服务还包括私人银行业和投资服务、为机构当事人进行的信托和投资活动、国外的零售银行业，如旅行支票以及旅行有关的服务、股票经纪、共同基金等服务。参见温树英：《金融服务贸易的国际法律规制》，人民法院出版社2005年版，第6页。

国际服务的角度对金融服务进行了划分，列举的内容较为详细，认为其涵盖外汇、银行、货币和证券服务，但同时存在着明显的不足：其一，该金融服务仅针对商业存在模式下的服务提供，即通过实体金融机构提供服务，并未涵盖通过互联网方式的跨境交付金融服务以及境外消费金融服务，而这两种形式已经普遍存在于金融服务贸易中。其二，国际上普遍承认的保险服务并未被纳入其中，显然缺失了金融服务的重要内容。

二、“跨境金融服务贸易”的含义

根据服务的提供方式，GATS 将“服务贸易”分为“跨境交付”(cross-border supply)、“境外消费”(consumption abroad)、“商业存在”(commercial presence) 和“自然人流动”(movement of natural persons) 四种模式。相应地，金融服务也可分为：(1) 金融服务的跨境交付，即从一缔约方境内向另一缔约方境内提供金融服务，如 A 国银行向 B 国居民提供贷款或吸收存款；(2) 金融服务的境外消费，即在一缔约方境内向另一缔约方的服务消费者提供金融服务，如 A 国银行向当地的外国人提供信贷服务；(3) 金融服务的商业存在是当前世界范围内普遍存在的服务提供方式，指金融服务提供者通过在消费者所在国设立商业机构的方式提供服务，如 A 国银行通过在 B 国设立子行的形式在 B 国提供银行服务；(4) 金融服务的自然人流动是指一缔约方的金融服务提供者在另一缔约方境内提供金融服务，该金融服务的提供者是以自然人的身份在另一缔约方境内提供服务，如 A 国跨国银行高管到位于 B 国的子行考察，A 国自然人在 B 国提供金融咨询服务等。

国际经贸协定中对于“跨境金融服务贸易”的含义存在两种解释，均是基于上述服务提供方式进行的划分：一是以 NAFTA 为代表的“跨境金融服务贸易”，包括金融服务的跨境交付、金融服务的境外消费以及金融服务的自然人流动三种模式；① 二是以 EPA 为代表的跨境金融服务贸易，包括金融服务的跨境交付和境外消费两种

① See CPTPP, Art. 11. 1.

模式。[①] 此外，OECD早在2000年《金融市场趋势》中即提出："跨境金融服务贸易是指金融公司在一个国家向居住在另一个国家的客户提供金融服务，而不在客户所在国家（东道国）设立分支机构或子公司。"该定义中的"金融公司"所在国家及地区可以是总部所在国家，也可以是分支机构或子公司所在的第三方。[②]

笔者认为，跨境金融服务贸易的重点在于跨境，根据服务贸易的构成要素，它具体包括服务本身的跨境、服务消费者的跨境以及服务提供者的跨境。在服务贸易的四种提供方式中，模式一（跨境交付）、模式二（境外消费）和模式四（自然人流动）分别对应上述三种要素，而模式三（商业存在）实质上是外资根据东道国的国内法成立东道国法律实体而提供服务，并不存在服务要素的流动。因此，本书所指的跨境金融服务贸易包括：(a) 从一缔约方境内向另一缔约方境内提供金融服务；(b) 在一缔约方境内向另一缔约方的人提供金融服务；或者 (c) 一缔约方的国民在另一缔约方境内提供金融服务；不包括通过在一缔约方境内的投资在该缔约方境内提供金融服务。[③] 例如：(1) 位于瑞士的银行（可以是瑞士银行，也可以是英国银行位于瑞士的分支机构或子公司）给法国居民发放贷款或者接受存款。(2) 位于伦敦的投资公司（可能是在伦敦子公司以外经营的美国投资公司），承销总部位于荷兰的公司的证券发行。(3) 英国投资公司给位于西班牙的公司提供关于并购重组的意见。(4) 英国投资公司为爱尔兰的养老基金提供资产管理服务。(5) 位于美国的公司给日本消费者提供金融信息服务。(6) 位于英国的保险公司给加拿大提供再保险服务。

值得注意的是，对于提供金融服务的主体，国际经贸规则中存在两种表述形式：一种是以GATS为代表的"金融服务提供者"，

---

① See EPA, Art. 8.2.

② See OECD, Financial Market Trends, Cross-Border Trade in Financial Services: Economics and Regulations, No. 75, Mar. 2000, p. 25.

③ 由于跨境金融服务的境外消费和自然人流动模式涉及的是消费者以及服务提供者个人要素的移动，并且在现实情况下，东道国对于前者已经基本取消限制性措施，而对于后者则从"商务人员的临时入境"方面进行规制，为明确及便利本书的研究，本书所涉跨境金融服务贸易仅限于跨境交付模式下的金融服务贸易。

另一种是以 NAFTA 为代表的“跨境金融服务提供者”和“金融机构”。前者是指 WTO 成员方的任何希望提供或正在提供金融服务的自然人或法人；[①] 而对于后者，“跨境金融服务提供者”指在一缔约方境内从事金融服务活动，并通过跨境交付模式提供金融服务的该缔约方的人，“金融机构”指位于一缔约方境内受另一缔约方的人控制的金融机构，包括分支机构。[②] 后者的“金融机构”实质上是 GATS 规定的商业存在模式下的金融服务主体，但相较于 GATS 的“金融服务提供者”，“金融机构”的范围明显较小，且仅限于国内监督管理的金融机构，而金融信息的服务提供者（如彭博社和路透社）则不属于此种定义下的金融服务提供主体。

本书所使用的“跨境金融服务贸易”并不试图为交易分配地理位置，即不试图确定交易是在服务提供者的国家还是在消费者的国家进行的。例如，在上述第（1）种情况下，跨境交易能够以多种方式进行：位于瑞士的银行代表到法国拜访客户、安排贷款或存款；法国的客户到瑞士的本国银行办公地点或者位于瑞士的英国银行办理业务；通过电话、传真或网络的形式进行交易；等等。

此外，跨境金融服务贸易应当与跨境资本流动相区分。不同国家居民间的交易往往涉及资本和资产的创建、修改、转让或变现；跨境金融服务的提供通常（但并非总是）与国际资本交易有关，如投资咨询服务和金融信息服务等跨境交付并不伴随着任何资本交易；国际资本交易也可能是某些金融服务跨境交付的一部分，如接受存款与贷款；国际资本交易也不一定发生在跨境交付金融服务中，如为客户账户交易证券和资产管理。上述情况中的资本交易是基础工具所有权的转移。如果票据的新所有人与前所有人是不同国家的居民，资本交易将是国际性的。在更广泛的意义上，国际资本交易包括所有者是同一国家的居民，但票据是在另一个国家发行的情况。如果跨境金融服务贸易涉及未定债权，如保险单，则只有在支付时才会发生国际资本交易。但本书的研究并不涉及这些。

---

① 参见 GATS《关于金融服务的附件》第 5（b）条。

② See CPTPP，Art. 11. 1.

三、跨境金融服务贸易的壁垒

服务的无形性、不稳定性以及提供与消费的同时性决定了服务性质本身即可对其贸易形式造成影响，而服务贸易的壁垒是指一国政府为了限制外国服务向本国销售而设置的各种障碍。在互联网尚未普及之时，服务的提供往往通过资本（外国直接投资）或劳动力的转移来实现，国家会通过调控国内货币的供应、利率和汇率的变化来影响服务的进出口，[①] 以及通过许可证、程序认证、股权分配、选择性税收等方式设置各种障碍。总体上来说，服务贸易壁垒可以分为三类：(1) 市场准入限制性措施，如签证以及配额限制；(2) 歧视性待遇限制，如向跨境交付者征收税费；(3) 其他间接影响服务贸易的措施，如消费者保护法律以及文化差异等。在互联网技术普及的情况下，各国对跨境金融服务贸易所设置的壁垒，除一般适用于服务贸易的壁垒外，还存在以限制金融数据跨境流动为主要表现形式的新型贸易壁垒。据统计，相对于其他部门，跨境金融服务贸易部门的贸易壁垒普遍较高。[②]

（一）跨境金融服务贸易壁垒的特征

第一，更多地依托网络安全规则。大数据的时代下，更多的数据被创造出来并被采集和存储，我们都处在透明的社会里，这也就给公共安全和个人隐私带来了更大的威胁。[③] (1) 近年来，由于全球网络安全面临诸多威胁，通过互联网攻击手段实施的金融犯罪活动成为金融犯罪的重要形式，各种利用互联网攻击技术进行盗窃、诈骗、敲诈的案件不断发生，围绕互联网的黑灰产业正以极快的速度蔓延，且在各国之间相互渗透。[④] (2) 在“互联网+”背景下，金融

---

① See Aaditya Mattoo, Financial Services and the World Trade Organization-Liberalization Commitment of the Developing and Transition Economies, *Policy Research Working Paper Series* 2184, The World Bank Development Research Group, Sep. 1999, p. 7.

② 参见夏天然、陈宪：《国际金融服务贸易壁垒的测度：对 83 个国家和地区的比较研究》，载《财贸经济》2015 年第 9 期，第 95 页。

③ 参见王迁：《知识产权法教程》，中国人民大学出版社 2011 年版，第 127 页。

④ 参见唐辉：《金融信息系统网络安全风险分析》，载《清华金融评论》2019 年第 1 期，第 42 页。

机构业务发生诸多变化，产品上线和更迭的速度极快。因而，各国政府为维护金融市场的安全性和稳定性，往往通过互联网设置跨境金融服务贸易壁垒，如云计算环境中的安全隔离防护控制措施，云服务商安全服务以及安全应急处置能力规则的设置等。

第二，限制金融数据跨境流动成为主要的贸易壁垒。跨境金融服务贸易顺利进行的重要前提在于服务提供者与服务消费者之间获取、管理和传播信息的能力。而从现实情况看，金融数据在国与国之间的流动并不顺畅，经济较为发达的国家经常扮演着金融服务提供者的角色，这些国家通常要求减少对金融数据跨境的限制；[①] 而发展中国家对于信息的采集和处理能力远远低于发达国家，为避免发达国家通过技术手段深度挖掘和分析本国居民的消费习惯、金融发展趋势、经济动态等，通常会采取限制金融数据跨境流动、要求数据本地化存储等手段。美国等发达国家认为，对金融数据跨境流动的限制行为实质上是设立国际贸易的壁垒，阻碍了跨境金融服务贸易的发展。[②] 一方面，对于仅仅提供跨境数字服务而无须建立商业存在的境外企业，要求其计算设备的本地储存实质上构成对跨境数字贸易的非关税壁垒，将会把此类企业排除在国内市场之外；另一方面，由于通信技术的发展，贸易成本的降低往往可以通过跨境数据传输实现，而计算设备的本地储存意味着数据的本地储存与处理，将阻碍跨境数据传输，使得服务提供者难以享受数据跨境自由流动带来的降低经营成本的福利。

第三，金融消费者权益保护的特殊性壁垒。传统商业模式下的金融服务通常以投资的方式存在于东道国，服务提供者根据东道国国内法律以子行或者分行的形式存在，子行作为东道国的法人，对于保护存款具有较大的优势，无论其资本所有权归属于本国或者外国，它都应接受东道国的监管，同时也能够获得东道国存款保证金

---

① 参见冀志芳：《个人金融信息跨境流动的法律规制研究》，载《华北金融》2015年第8期，第43页。

② 参见何波：《国际贸易规则下跨境数据流动分析》，载《汕头大学学报（人文社会科学版）》2017年第5期，第54页。

的支持。东道国基于属人管辖权和属地管辖权可对破产子行行使破产管辖权，债权人亦有权提起破产请求，要求对子行的财产进行清算。但是，对于跨境金融服务贸易而言，首先遇到的就是对跨境金融服务提供者的资格认定问题，这不同于“自然人流动”(模式四)下的服务提供，后者包括商务人员临时入境和到一国就业，这通常基于东道国国内用工单位的短期邀约，时间较短，具备服务提供的资质即可。而对于通过互联网跨境交付金融服务的提供者，东道国通常难以确定服务提供者的资质，这就会给国内消费者的权益造成威胁，如在国内市场，P2P“暴雷”的现象时有发生。其次，通过网络进行的跨境金融服务贸易一旦发生纠纷，必然会引发诉讼，就会产生管辖权和法律适用的冲突。因为跨境金融服务提供者在东道国一般没有商业存在，其服务器也不在东道国境内，东道国很难根据属地或属人管辖原则主张管辖权。虽然国际社会一直在努力讨论互联网环境下的国际民商事管辖权以及法律适用，但对于金融服务领域，各国通常保留本国的专有管辖权。[①] 基于上述原因，东道国往往禁止金融服务的跨境交付，纵使允许提供，也要设置较为严格的审查要求。

（二）跨境金融服务贸易壁垒的表现形式

国际经贸规则的达成一般都以消除不必要的贸易壁垒、促进形成更加自由化的国际市场为目标，如 GATS 序言中提到“以期早日达成服务贸易渐进式之更高自由化目标”，USMCA 也提到“为维护金融体系的完整性和稳定性、消除没有必要的贸易壁垒”。根据国际经贸规则的规范体系，跨境金融服务贸易壁垒总体上可以分为以下四类：

1. 跨境金融服务贸易的市场准入限制性措施

跨境金融服务贸易的国际规则通常包括市场准入条款，如

① 参见丁伟主编：《国际私法学（第三版）》，上海人民出版社、北京大学出版社 2013 年版，第 122 页。

USMCA 借鉴 GATS 市场准入规则的界定方式,① 认为跨境金融服务贸易的市场准入壁垒,通常包括对跨境金融服务的数量、交易总额以及雇佣人员限制等。例如,中国禁止非法销售境外保险产品,② 韩国要求中国的跨境金融服务提供者及金融产品在经过授权许可后方可提供,③ 加拿大曼尼托巴省禁止将许可证授予非加拿大居民的跨境保险代理商。④

2. 跨境金融服务贸易的国民待遇限制性措施

一般情况下,市场准入限制性措施决定的是跨境金融服务能否交付的问题,而国民待遇限制性措施决定的是服务提供者如何提供服务,即注重服务的交易过程。有关跨境金融服务贸易的国民待遇并没有具体规定国民待遇的具体措施,仅要求给予与本国居民同等的待遇,这就给签署该条约的缔约方较大的自主权。例如,GATS 第 17 条规定,每个 WTO 成员方在所有影响服务提供的措施方面给予任何其他成员方的服务和服务提供者的待遇,不得低于其给予本国相同服务和服务提供者的待遇。又如,USMCA 第 17.3 条规定,缔约方应当在相同情况下给予跨境金融服务和服务提供者同等的待遇。

WTO 在其专题研究报告《GATS 和金融服务自由化》中提到,国民待遇限制性措施包括税收、补贴或赠款、其他金融措施、国籍

① 对另一缔约方的跨境金融服务提供者,任何缔约方不得在其某一地区或全境范围内采取或维持下列措施:(a) 对下列事项施加限制:(i) 以数量配额、垄断、专营服务提供者的形式,或以经济需求测试要求的形式,限制跨境金融服务提供者的数量;(ii) 以数量配额或经济需求测试要求的形式,限制金融服务交易总值或资产总值;(iii) 以配额或经济需求测试要求的形式,限制金融服务业务总数或以指定数量单位表示的金融服务产出总量;或(iv) 以数量配额或经济需求测试要求的形式,限制特定跨境金融服务提供者可雇佣的、提供具体金融服务所必需且直接有关的自然人总数;或 (b) 限制或要求跨境金融服务提供者通过特定类型的法律实体或合营企业提供服务。See USMCA, Art. 17.5.

② 参见《中国(上海)自由贸易试验区跨境服务贸易特别管理措施(负面清单)(2018 年)》第 76 项。

③ 参见《中国—韩国 FTA》韩方具体承诺减让表之金融服务批注第 (7) 条。

④ See WTO Trade in Services, Canada Schedule of Specific Commitments on Services Supplement 4, GATS/SC/16/Suppl. 4, 26 Feb. 1998, https://docs.wto.org/dol2fe/Pages/FE_Search/FE_S_S009-DP.aspx?language=E&CatalogueIdList=3671, 34022, 23146, 20088, 5079, 22853, 14218, 24805&CurrentCatalogueIdIndex=1&FullTextSearch=, last vaisited on Apr. 28, 2021.

要求、居住要求、许可标准/资格、注册要求、审批要求、实绩要求、技术转移要求、当地含量/培训要求、财产/土地所有权、其他国民待遇和市场准入限制性措施。① 而对于跨境金融服务贸易而言，主要涉及当地存在要求，如美国2010年拒绝大公国际注册成为美官方认可的评级组织（Nationally Recognized Statistical Ratings Organization，NRSRO）的理由之一是“大公国际在美国没有分支机构，与美国不存在足够的联系”②；业务范围限制，如中国仅允许境外机构为跨境交易提供外币的银行卡清算服务。③

3. 跨境金融服务贸易的金融信息存储限制性措施

跨境金融服务贸易的发展高度依赖金融信息的处理和分析。由于金融信息往往与个人敏感信息相联系，且具有高度精准的识别性，这就对金融风险控制、信息安全、数据防护能力以及技术处理等提出了更高的要求，相应地此领域也更容易设置贸易保护壁垒。④ 因此，新近达成的FTA都纳入不同的金融数据存储标准，具体可以分为三类：一是金融信息（包括个人金融信息）的自由转移，如USMCA第17.17条规定：“当以电子方式进行跨境信息传输的活动是为了金融服务提供者的在授权许可范围内的商业活动时，每一缔约方应当允许以电子方式进行跨境信息传输，包括个人信息。缔约方拥有采取或维持保护私人数据、个人隐私以及个人记录和账户机密措施的权利，只要该措施不会削弱该条款下的义务和承诺。”二是

---

① 参见世界贸易组织秘书处编著：《电子商务与WTO的作用 贸易、金融和金融危机 金融服务自由化和〈服务贸易总协定〉》，对外贸易经济合作部世界贸易组织司译，法律出版社2002年版，第352页。

② Order Denying Application for Registration as a Nationally Recognized Statistical Rating Organization, Rel. No. 62968/September 22, 2010, Admin. Proc. File No. 3-13860, https://www.sec.gov/litigation/opinions/2010/34-62968.pdf, last visited on Apr. 29, 2021.

③ 参见《银行卡清算机构管理办法》第3条：“仅为跨境交易提供外币的银行卡清算服务的境外机构（以下简称‘境外机构’），原则上可以不在中华人民共和国境内设立银行卡清算机构，但对境内银行卡清算体系稳健运行或公众支付信心具有重要影响的，应当在中华人民共和国境内设立法人，依法取得银行卡清算业务许可证。”

④ 参见洪延青：《透析金融数据保护的美欧中立法要点和趋势》，载《中国银行业》2018年第11期，第39页。

金融信息的自由转移（不包括个人金融信息），如 EPA 第 8.63.1 条规定："如果金融信息的转移和处理以及金融设备的转让对于金融服务提供者日常业务的开展是必要的，则缔约方不得采取措施阻止信息的传递或财务信息的处理，包括通过电子手段转移数据或者根据符合国际协定的进口规则阻止设备转移。"三是不对金融信息的跨境转移进行标准设定，如《美国—韩国 FTA》（United States-Korea Free Trade Agreement）第 13.7 条规定："本章中的任何内容均不要求缔约方提供或允许访问：（a）与金融机构或跨境金融服务提供者的个人客户的财务和账户有关的信息；或（b）任何机密资料，其披露会妨碍执法或以其他方式违反公众利益或损害特定企业的合法商业利益。"

由于国际上并未对金融信息的跨境转移达成一致的意见，各国家及地区对此拥有较大的自主权，可通过不同形式对金融信息的跨境流动进行限制，如欧盟《关于内部市场的支付服务指令》（欧盟指令 No. 2015/2366）要求银行必须在第三方支付服务提供商获得客户同意后，方可访问该客户的银行账户及账户数据，并且银行不得"屏幕抓取"数据。① 又如，美国纽约州金融服务部于 2017 年 3 月通过针对金融机构的网络安全法——23 NYCRR 500，对金融信息的跨境流动作出了特殊的规定。②

4. 跨境金融服务贸易的其他限制性措施

除了上述专门针对跨境金融服务贸易的限制性措施，可变的利率、汇率以及过度监管的金融市场也同样构成跨境金融服务贸易的限制性措施。一个国家的金融优势影响其国际贸易的参与度，个别国家强劲或疲软的货币政策很可能影响到国际金融市场的走势。主

① Directive (EU) 2015/2366 of the European Parliament and of the Council of 25 November 2015 on payment services in the internal market, amending Directives 2002/65/EC, 2009/110/EC and 2013/36/EU and Regulation (EU) No 1093/2010, and repealing Directive 2007/64/EC (Text with EEA relevance), https://www.legislation.gov.uk/eudr/2015/2366/contents#, last visited on Apr. 29, 2021.

② See New York State Department of Financial Services 23 NYCRR 500, https://www.governor.ny.gov/sites/default/files/atoms/files/Cybersecurity_Requirements_Financial_Services_23NYCRR500.pdf, last visited on Apr. 29, 2021.

权国家通常通过建立本国货币与一种或多种外国货币间的奖励值、维持固定的汇率或采用浮动汇率来影响国际贸易。汇率的变化往往表明国家之间进行国际贸易时，该国的通货膨胀和利率之间的差异。在跨境金融服务贸易体系下，银行的外币交易量必然与全球货币市场中的货币相连通，如果银行出现交易货币短缺，则必然会从其他银行购买。由于货币价值的波动，购买和出售货币的行为都有可能使银行获得或失去交易货币的价值，主权国家通过实施严格的外汇政策、干预货币市场货币的买卖、影响国内通货膨胀和收入水平等变量，从而阻碍跨境金融服务贸易的发展。[①] 此外，利率的变动也会成为影响跨境金融服务贸易进行的因素之一。利率风险敞口是商业银行的内在特征之一，源于不同时间到期的资产（已发放贷款）和负债（借入资金），在其负债到期之前到期的银行资产可以再投资，直到需要偿还其债务。如果在此期间利率下降，再投资产生的收入将低于银行负债的收入。同样，如果银行的负债在其资产到期之前到期，则可以延期还款，直至足够的还款资产到期。当利率在此期间上升时，利用这些资产的银行将放弃获得更高的利息。

第二节 FTA 跨境金融服务贸易规则产生的理论基础

金融服务在经济增长和发展中扮演着重要的角色，尤其是信息技术，使得规模经济下必要的财务信息能够“瞬时全球访问”，将全世界的金融市场与电子信息相连接。日益增长的跨境金融服务贸易加剧了不同国家之间的竞争，并引发了传统市场参与者对其业务战略的重新思考。“融合”(convergence)、“整合”(consolidation)、“集

① See Izelde van Jaarsveld, Legal Barriers to the International Trade in Financial Services, *The Comparative and International Law Journal of Southern Africa*, Vol. 34, No. 1, 2001, p. 109.

团化"(conglomeration) 成为金融服务市场的主格调。[①] 2008 年全球金融危机后的十年，金融服务市场似乎重复着"金融危机—加强监管—市场恢复—放松监管"的循环，[②] 以数字技术（如大数据、区块链和人工智能）为基础的金融服务给传统金融服务造成了"破坏性的"(disruptive) 影响。[③] 传统的金融抑制与金融深化理论正经历着破坏性金融创新等理论的挑战，跨境金融服务贸易规则在新的理论基础上得以制定。

一、破坏性金融创新理论

破坏性金融创新是"破坏性创新"(disruptive innovation) 理论在金融服务贸易领域的体现。"破坏性创新"理论由哈佛大学商学院教授 Clayton Christensen 于 1997 年在《创新者的困境：当新技术使大公司破产》(*The Innovator's Dilemma: When New Technologies Cause Great Firms to Fail*) 一书中首次正式提出："破坏性创新"指的是通过构建新的市场和价值网络，破坏现有的市场和价值体系以最终取代现有的市场领导者和联盟。这种破坏性创新首先出现于市场低端，并不会立刻威胁现有企业，然而这种创新与市场的新性能标准不同，更具有便利性和低成本性。市场的逐步采纳以及规模经济的深入终将使得这种创新在适当的时候成为主导，并且扰乱和取代现有的企业。传统的实例包括柯达相机、贝尔电话、索尼晶体管收音机、福特 T 型车和施乐复印机等，当前的实例如思科路由器、富达共同基金、谷歌广告和西南航空商业模式等。[④] 核心技术的创新改变了消费模式，并且显著增强了可获得的利益。创新带来的实质

---

① See Nu Ri Jung, The Present and Future of the Financial Services Industry: Convergence, Consolidation, Conglomeration and Collaboration, *Quinnipiac Law Review*, Vol. 29, No. 4, 2011, p. 730.

② 参见宋晓燕：《国际金融危机后十年监管变革考》，载《东方法学》2018 年第 1 期，第 197 页。

③ See Attracta Mooney, Blockchain Could be Totally Transformative for Financial Services Industry, https://www.ft.com/content/bca31b78-1d02-11e6-b286-cddde55ca122, last visited on May 8, 2019.

④ See Nathan Cortez, Regulating Disruptive Innovation, *Berkeley Technology Law Journal*, Vol. 29, 2014, p. 183.

性“变化”和替代性潜力给未来造成结构性的影响，具体涵盖“变革”“替代性潜力”和“结构性影响”三个要素。其中，“变革”是指通过产品、流程、功能服务或者功能改变来实现性能和价值（特别是针对消费者）的差异。[①]“替代性潜力”，无论是来自同一部门还是来自既定的部门之外，都有可能产生替代性潜力。[②]“结构性的影响”涉及变革和替代性影响最终如何在行业层面产生重大的影响，并导致行业本身的结构性变化。[③]

对于金融服务，首先需要区分金融创新所带来的性能和价值的改变。例如，在实质性变革方面，应当关注正在建立的满足财务需求的新渠道以及引入新的尚未许可的中介机构是否能够带来新的金融需求以及相应的市场更新程度。在法律层面，金融创新表现为确定银行或投资范式是否发生法律关系以及财产所有权和执法权的变化。其次，“变化”引起的“替代性潜力”的重点在于是否达到监管的“必要性”要求。例如，在2008年全球金融危机爆发之前，监管机构应当高度重视的一个领域是资产证券化。作为管理长期非流动资产的手段，资产证券化导致银行管理这种长期信贷风险的方式发生了变化，因为它将长期监管视为传统的风险管理形式，而资产证券化具有市场化和风险分散的效果，当这种替代效应普遍并持久发生时，那种仅关注账面资产的审慎监管模式将被破坏。最后，即使一项金融创新的结构性影响是未定的，监管者也可以为一种持续监控形式创建动态的影响图，为金融监管提供信息。

二、破坏性金融创新对传统的金融抑制与金融深化理论的革新

传统金融抑制与金融深化理论是由美国斯坦福大学经济学家罗纳德·I. 麦金农（Ronald I. McKinnon）和爱德华·S. 肖（Edward S.

---

① See Jay Paap & Ralph Katz, Anticipating Disruptive Innovation, https://doi.org/10.1080/08956308.2004.11671647, last visited on May 8, 2019.

② See Larry Downes & Paul Nunes, Big-Bang Disruption, *Harvard Business Review*, Mar. 2013, p. 183.

③ See Finn Orstavik, Innovation as Re-Institutionalization: A Case Study of Technological Change in Housebuilding in Norway, *Construction Management and Economics*, Vol. 32, 2014, p. 857.

Shaw）提出的，他们认为金融体系与经济发展之间存在互相影响和促进的关系，完整的金融体系对于动员社会储蓄具有积极的作用，而且能促进投资，从而推动经济发展。同时，经济发展也会提高人们对融资的需求，从而刺激金融的发展。但是，发展中国家通常存在着利率限制、高储蓄率、信贷管制以及对金融中介的各种歧视性措施，阻碍金融体系的正常健康发展。因而，金融深化理论提出要取消利率管制、实现金融自由化，主要包括改革金融体系、发展多种金融机构、鼓励银行竞争、消除信贷管制、发展资本市场、积极发挥政府在金融市场中的作用。[①] 金融规则通常表现为“命令和控制”(command and control）式的规则。[②] 在金融抑制与金融深化理论基础之上，传统金融服务规则可以分为市场准入规则以及业务运行规则，而以互联网技术为代表的破坏性金融创新使得传统金融服务规则理论基础受到极大的挑战。

（一）市场准入规则的革新

金融抑制与金融深化理论强调发挥政府在金融市场中的积极作用，而政府通常会在准入阶段设置较高的门槛。以中国银行业为例，在金融市场利率尚未完全自由化的背景下，相对固定的利率政策使得银行只要能够获得相应的牌照，就能在既有的中介利差水平之上获得较高的垄断利润。[③] 同时，为维护银行业的安全，政府当局很少会发放相应的牌照，这也就间接地提高了市场准入的门槛。

跨境金融服务贸易运用互联网信息将不特定的投资人和融资人在资本市场完全开放的前提下连接起来，实现资金的融通，本质上仍然是金融活动，也应当由“市场准入许可”来规范。[④] 然而，与互联网技术相结合的跨境金融服务贸易，更加注重金融资源信息的透

① 参见温树英：《金融服务贸易的国际法律规制》，人民法院出版社 2005 年版，第 6 页。

② 参见周仲飞、李敬伟：《金融科技背景下金融监管范式的转变》，载《法学研究》2018 年第 5 期，第 7 页。

③ 参见彭岳：《互联网金融监管理论争议的方法论考察》，载《中外法学》2016 年第 6 期，第 1619 页。

④ 参见周昌发：《论互联网金融的激励性监管》，载《法商研究》2018 年第 4 期，第 17 页。

明化。相较于传统金融服务贸易，跨境金融服务贸易突破了传统金融物理空间的限制，提高了金融市场的竞争性，其效率更高，交易成本也更为低廉。与此同时，这也引起对有关金融服务市场准入的质疑，因为从现行法律规定的金融服务从业条件来看，跨境金融服务贸易从业者基本上都不符合主体条件，如中国《商业银行法》规定只有本国的法人才能从事银行业务。但是，金融创新已经为社会经济活动带来了积极的效益，也成为未来金融服务的发展方向，因此不能简单地摒弃。为此，如何改变"许可准入式"的监管模式、缓和较强的行政色彩、降低市场准入壁垒等成为破坏性创新理论下首先需要革新的内容。

（二）业务运行规则的革新

在金融抑制与金融深化理论下，信息不对称是金融体系脆弱的主要原因之一。[①] 金融监管者和金融服务接受者通过信息披露来评估金融主体的运作情况。但是，信息披露不可能达到完全充分有效的状态，尤其是在相关制度规定尚不完善的情况下，仅靠金融主体主动披露相关信息不太现实。而在互联网与金融相结合、金融服务跨境传输时，金融安全监管的速度将严重滞后于金融服务创新的速度，传统金融业务的信息披露制度也不符合新金融服务的运作模式。金融抑制与金融深化理论以审慎监管和行为监管为原则，其中审慎监管核心在于"风险为本"，又可分为宏观审慎监管和微观审慎监管，前者关注逆周期管理、系统重要性金融机构，而后者着眼于金融机构的资本充足率、资产质量、流动性水平和盈利水平等指标。在数字经济时代，众多金融平台充分发挥自身优势，满足消费者多元化的金融服务需求，平台、消费者、金融服务提供者三者之间的关系变得模糊，也较为弱化，这就使得原本对于金融服务提供者的审慎监管和行为监管难以发挥应有的作用，从而出现传统金融理论的过时或失灵的局面。[②]

---

① See Douglas W. Diamond & Philip H. Dybvig, Bank Runs, Deposit Insurance, and Liquidity, *Journal of Political Economy*, Vol. 91, No. 3, 1983, pp. 401-409.

② 参见杨东：《监管科技：金融科技的监管挑战与维度建构》，载《中国社会科学》2018 年第 5 期，第 76 页。

三、跨境金融服务贸易与破坏性金融创新理论的融合

跨境金融服务贸易借助互联网、大数据和区块链等技术实现金融服务要素的跨境流动，是在由金融部门以及金融部门以外的技术部门要素共同驱动下形成的。鉴于跨境金融服务贸易与金融科技[①]的深度融合，金融科技引发的金融产品、金融媒介以及金融市场的革新也使得跨境金融服务贸易对传统的以商业存在为基础的金融服务贸易进行了革新，符合破坏性创新的三要素，即"变革""替代性潜力"和"结构性影响"。

（一）跨境金融服务贸易的"变革"

金融科技革新了传统银行及其支付业务、信贷业务、保险业务、小额投资及其资本市场业务等，将电子银行、整合支付、移动支付、网络支付、P2P、网络借贷、远程信息处理、网络众筹等纳入金融服务的范围中，并聚焦于虚拟货币、风险评级、大数据、供应链金融、智能投资顾问、金融智能搜索等新金融服务。[②] 信息科学技术使得跨境金融服务提供者和服务接受者均无须跨境即可进行金融服务贸易的跨境传输，如2005年英国出现全球首家没有营业地点的银行（ING Direct，HSBC Direct）并被接受。相较于以商业存在模式运营的传统金融服务，越来越多的金融服务要素本身的流动使得金融服务在风险分配、信息传递以及投资者利益保护等方面发生"变革"。

首先，在风险分配方面，以P2P和网络众筹为例，[③] 该类金融

---

① 2016年3月，金融稳定理事会发布《金融科技的全景描述与分析框架报告》，将"金融科技"定义为技术带来的金融创新，它能创造新的业务模式、应用、流程或产品，从而对金融市场、金融机构或金融服务的提供方式造成重大影响。See Gregor Dorfleitner, *et al.*, *FinTech in Germany*, Springer International Publishing, 2017, p. 5.

② See World Economic Forum, The Future of Financial Services: How Disruptive Innovations Are Reshaping the Way Financial Services Are Structured, Provisioned and Consumed, http://www3.weforum.org/docs/WEF_The_future__of_financial_services.pdf, last visited on May 10, 2021. 另参见沈伟：《金融科技的去中心化和中心化的金融监管——金融创新的规制逻辑及分析维度》，载《现代法学》2018年第3期，第72页。

③ P2P、网络众筹等新型金融服务，目前较多见的是在主权国家境内进行实践，但随着国际经济一体化的推进，国际层面的P2P、网络众筹等金融服务必将付诸实践。

服务模式为零售投资者提供了直接投资的渠道，是一种“去中介化”（disintermediation）的新型金融服务提供模式。[①]“去中介化”的优势在于直接重构了借款人与储蓄者之间的关系，通过平台技术可以匹配资本的供需双方，提供可供比较的信息、选择以及获取渠道，从而减少成本。[②] 但是，这种模式最终会将风险更多地分配给储户、贷款人（投资者），网络众筹和 P2P 门户网站并不承担相应的风险审查义务。这与传统存托银行提供的完整中介模式和投资公司提供的部分中介模式不同，后者受到信息披露、业务规则以及投资组合构成规则的约束，能够部分分担投资者所要承担的风险。

其次，在数据传递方面，传统商业存在模式下的数据流动往往只存在于主权国家境内，鲜有涉及数据跨境流动的。而在跨境金融服务贸易领域，储户或贷款人（投资者）如何准确地处理相关投贷数据则存在极大的不确定性。研究表明，信息技术的发展使得储户或贷款人（投资者）能够更好地评估借款者的信用风险。[③] 但是，储户或贷款人（投资者）仅仅依赖即时数据往往难以作出准确、全面的评估，而且非标准化和偏主观化的决策机制很容易使储户或贷款人（投资者）作出错误的判断。

最后，在投资者利益保护方面，由于 P2P 和网络众筹是集体投资产品和个人投资产品混合的产物，储户或贷款人（投资者）很难针对借款人进行个人“索赔”。此外，由于作为中介角色的有限性，平台难以负担针对它的商业索赔行为，相应地，储户或贷款人（投资者）的利益也就难以得到维护。

---

① See Iris H-Y Chiu, Fintech and Disruptive Business Models in Financial Products, Intermediation and Markets-Policy Implications for Financial Regulators, *Journal of Technology Law & Policy*, Vol. 21, 2016, p. 78.

② See Jon M. Garon, Mortgaging the Meme: Financing and Managing Disruptive Innovation, *Northwestern Journal of Technology and Intellectual Property*, Vol. 10, No. 7, 2012, pp. 441-443.

③ See Rajkamal lyer, *et al.*, Screening in New Credit Markets: Can Individual Lenders Infer Borrower Creditworthiness in Peer-to-Peer Lending?, HKS Research Working Paper Series RWP09-031, 2009, https://dash.harvard.edu/bitstream/handle/1/4448882/Khwaja-alia%20Screening%20New%20Credit%20Markets.pdf?sequence=1, last visited on May 10, 2021.

（二）跨境金融服务贸易的“替代性潜力”

有专家认为，P2P、网络众筹不可能出现较大数额的金融服务，传统银行和投资银行仍然在公司和项目融资中扮演着重要的角色。[①] 但实质上，破坏性创新的特点之一就在于金融技术的非竞争性和初始阶段的低端性，[②] 对于较小数额（如小企业和个人消费信贷）的创新性金融服务，其替代性潜力巨大，并且往往会引起较多的社会关注和涉及较大的社会利益。同时，对于由人工智能技术创造的金融自动化服务，如“智能投资顾问”(robo-advisor) 和“算法交易”(algorithmic trading) 能在多大程度上替代人类判断尚处于探索阶段，这就需要考量可替代性的领域以及可替代性的程度，并且替代人类的判断行为需要重新定义金融服务提供者的责任和义务。因此，科技创新的人工智能主体不能因为其提供的输出而被质疑。

（三）跨境金融服务贸易的“结构性影响”

P2P 和网络众筹为跨境借贷服务贸易引入了两个关键性的结构趋势，一是运用大数据信息分析金融通信和中介的自由化，二是巩固并创新传统的金融中介形式。P2P 和网络众筹平台向贷款人（投资者）提供了大量信息，无论是由贷款人（投资者）自主发布还是与社交网站相连接，贷款人（投资者）都可以根据标准化的财务信息进行审查和决策。信息技术的突破能够提升数据分析的效率以及改变投资市场的交互方式，传统“信息不对称”的问题可以通过数据分析减轻，并且投资者还可以要求获得更高程度的透明度。传统银行和投资公司也逐渐涉及 P2P 和网络众筹等新金融服务，如澳大

---

① See David Bholat & Ulrich Atz, Peer-to-Peer Lending and Financial Innovation in the United Kingdom, Bank of England Staff Working Paper No. 598, Apr. 29, 2016, p. 25.

② 金融技术的非竞争性是指“它并非在原有的基础上进行的维持技术创新，而是找到一种新的生产函数和模式”；初始阶段的低端性是指“最初新企业只是将目标定位在低端客户上，随着实力的增强，会逐步将目标锁定到高端客户，从而全面替代传统企业”。参见许多奇：《金融科技的“破坏性创新”本质与监管科技新思路》，载《东方法学》2018 年第 2 期，第 6 页。

利亚 Auswide Bank 持股 P2P 平台 MoneyPlace。[①] 此种模式对传统金融机构的中介模式造成了结构性的影响。金融机构将虚拟领域纳入其金融服务全球化的范围之内，网络风险、保密性以及中介与客户之间的关系维度等都将发生结构性的转变，跨境金融服务贸易规则在标准制定、信息共享以及国际协调层面都需要进一步更新与完善。

第三节　FTA 跨境金融服务贸易规则的特征

跨境金融服务贸易规则是伴随着国际贸易、国际投资等跨境经济行为的出现而逐渐形成的。20 世纪上半叶，国际社会就跨境贸易制定统一规则——《关税与贸易总协定》（General Agreement on Tariffs and Trade，GATT）时，金融服务只是国际货物贸易的辅助工具，GATT 并没有专门针对跨境金融服务贸易的国际规则。直到 1986 年《埃斯特角城部长宣言》达成之际，美国提议将服务贸易纳入乌拉圭回合谈判中，并且将金融服务置于“服务贸易”章节，[②] 有关跨境金融服务贸易的规则才逐渐被纳入国际法的进程中。如今，在破坏性金融创新理论的指引下，跨境金融服务贸易规则已经从 NAFTA 中的初级规则演变为 USMCA 中的高级规则。其中，市场准入规则、非歧视待遇规则、审慎例外规则、数据跨境流动规则和承诺模式成为跨境金融服务贸易规则的主要构成部分。

一、市场准入规则成为跨境金融服务贸易的前提条件

市场准入规则主要关注服务提供者最初的进入或许可，即服务提供者能否以及在多大程度上进入东道国市场。跨境金融服务贸易

---

① See Shaun Drummond, Auswide Bank lends ＄60 m, takes 20pc in MoneyPlace, https://www.smh.com.au/business/banking-and-finance/auswide-bank-lends-60m-takes-20pc-in-moneyplace-20151216-gloytt.html, last visited on July 1, 2022.

② See Geza Feketekuty, *International Trade in Services: An Overview and Blueprint for Negotiations*, Ballinger Publishing Company, 1988, p. 5.

市场准入规则在发展过程中逐渐展现了其重要性，在 NAFTA、GATS 之前的区域贸易协定中，并没有单独区分跨境金融服务贸易的市场准入，一般仅就“金融机构的设立”进行规定，而 USMCA 则专设跨境金融服务贸易的市场准入条款，且不论跨境金融服务贸易是否有设置的必要性。

从市场准入规则最初设定的目的来看，作为服务贸易的前提条件，市场准入规则一方面推动了服务贸易自由化的发展，另一方面也是对市场准入环节的规制。市场准入条款源于第二次世界大战后西方国家建立自由贸易体制的初衷，即以全球市场为目标，将原来零星、分散、不稳固的双边自由贸易体系转变为多边自由贸易体系，通过自由竞争使得各国资源和优势得到最佳的配置和组合。市场准入条款扮演以排除一切可以排除的市场壁垒和障碍为目标的角色。①

受限于互联网技术尚未普及和发展中国家金融市场的竞争力不足，一直以来，国际社会并未就跨境金融服务贸易领域的市场准入自由达成统一的国际规则。然而，USMCA 却首次将跨境金融服务贸易纳入市场准入条款中，这样其实是限制了缔约方对跨境金融服务贸易的限制性措施。因为对于缔约方承诺开放的跨境金融服务部门，在没有例外承诺的前提下，USMCA 是不允许缔约方采取其所列举的限制性措施的。此种规定方式也预示着国际社会在跨境金融服务贸易领域的竞争的开始。

二、非歧视待遇规则成为跨境金融服务贸易的中间保障

非歧视待遇规则决定了服务提供者在进入东道国市场后能否与东道国的服务和服务提供者享有相同的待遇。非歧视待遇包括最惠国待遇和国民待遇，二者共同保证服务提供者在东道国市场内享有公平竞争的环境。国际经贸秩序在倡导贸易自由化的同时，也将公平贸易作为贸易发展的一个目标，如 WTO 致力于构建一个“开放”(open)、“公平”(fair) 和“未被扭曲”(undistorted) 的竞争环境。

---

① 参见赵维田：《世贸组织（WTO）的法律制度》，吉林人民出版社 2000 年版，第 12 页。

WTO 将最惠国待遇作为基本原则，其目的就是为了最大限度地营造充分的市场竞争环境，在不同成员方之间实行非歧视待遇，保证市场竞争机会均等。而国民待遇作为最惠国待遇原则的补充，[①] 可以避免歧视性措施，如要求东道国给予外国人不合理的特权，从而实现平等的交易、往来，促进不同国家之间正常的经济贸易。

三、审慎例外规则成为跨境金融服务贸易的风险屏障

跨境金融服务贸易规则为金融创新创造了有利的环境，但也给金融监管带来了压力。在跨境金融服务贸易开放领域，最新开放的集合投资计划、电子支付卡服务等新兴产品都为金融创新创造了条件，但同时，若没有有效的金融监管，金融风险就会急剧增大，将会给国民经济造成极大的冲击。"审慎监管"是金融服务贸易体系的核心内容，旨在确保金融市场的正常运作、保护投资者以及防控金融风险。"审慎例外"是审慎监管在跨境金融服务贸易规则领域的表现形式，虽然规定得较为原则，但正是这种原则性的规定给予各国家及地区自主决定其实施金融监管措施的权力。

四、数据跨境流动规则成为跨境金融服务贸易的重要载体

数据跨境流动对于促进数字创新、提高经济增长效率和增进社会福祉至关重要。随着各国对数据跨境流动意义和影响的认识日益深入，数据跨境流动逐步成为国家和地区间博弈的主要内容。出于国家安全、经济发展、产业能力等多方面的考量，各国确立了不同的数据跨境流动策略，并基于此加快构建自身的数据跨境流动规则体系。金融业是高度信息化的行业。从技术角度看，当前各类金融产品和服务都可以视为信息集合的产物。而金融机构能够不断推出创新产品和服务，很重要的一点就是取决于对各类金融信息挖掘、分析和运用的能力。[②]

---

① 参见曹建明、贺小勇：《世界贸易组织（第二版）》，法律出版社 2004 年版，第 66 页。

② 参见邢会强：《大数据时代个人金融信息的保护与作用》，载《东方法学》2021 年第 1 期，第 52—53 页。

因而，金融业本质上是信息的产业。[1] 跨境金融服务贸易亦离不开数据的跨境流动。各国家及地区也逐渐意识到金融数据跨境流动规则构建的重要性，从早期美欧之间的《安全港协定》（Safe Harbor Agreement）、《隐私盾协议》（EU-US Privacy Shield）直接排除适用于金融行业，到目前 USMCA、CETA、EPA 均单列金融服务章节以及设置金融数据跨境流动条款，说明了数据跨境流动规则之于跨境金融服务贸易的重要性，是跨境金融服务贸易的重要载体。

五、承诺模式成为跨境金融服务贸易对外开放的表现形式

在 WTO 服务贸易谈判中，各成员方对服务领域的开放承诺是按照服务部门以列表的形式逐项具体作出的。承诺模式是指具体服务贸易部门的开放承诺，分为“肯定式清单”和“否定式清单”，即正面清单模式和负面清单模式。承诺模式的不同表明谈判方对于该领域对外开放的不同态度。一般来说，发达成员方主张用否定式清单的模式界定服务贸易的对外开放部门，而发展中成员方则主张肯定式清单的模式，即将能开放的服务部门列入清单，以后随着自由化谈判的深入逐步增加开放市场的服务门类。跨境金融服务贸易作为新兴的服务门类，承诺模式的选择成为其对外开放的表现形式。

总之，全球自由贸易协定的签署以及发达国家与新兴市场国家对国际金融服务贸易规则主导权的博弈使得国际社会越来越关注跨境金融服务贸易。从 NAFTA 到 USMCA，有关跨境金融服务贸易的规则理念从 20 世纪 70 年代的金融自由化[2]转向以防范金融危机[3]为主要目标之一的金融开放与金融监管并行；规则内容从允许缔约

---

① 参见周小川：《信息科技与金融政策的相互作用》，载《中国金融》2019 年第 15 期，第 9 页。

② 参见李国安：《金融自由化的危机本源性及其法律矫正》，载《国际经济法学刊》2012 年第 3 期，第 103—118 页。

③ 从 20 世纪 80 年代起的拉美金融危机、20 世纪 90 年代的亚洲金融危机到 2008 年全球金融危机，无不在警示金融自由化理念存在的弊端。

方自主开放的选择性模式转向正面清单承诺开放的强制性模式；规则执行从仅规定“逐步自由化”的概括性条款向直接明确“金融信息自由转移”的可操作化转变。同时，市场准入规则、非歧视待遇规则、审慎例外规则、数据跨境流动规则和承诺模式成为跨境金融服务贸易实体内容的组成部分。

第二章

FTA 跨境金融服务贸易的市场准入规则

在GATS中，跨境金融服务贸易市场准入与商业存在模式下的金融服务贸易适用同样的规则。但是，这种以产品分类作为分类标准的跨境金融服务贸易规则显然供给不足，主要表现为市场准入规则框架不利于跨境金融服务贸易自由化的实现、金融数据跨境流动成为市场准入争议的焦点、例外规定阻碍自由化措施的实施、DSB不能有效解决的跨境金融服务贸易争议等。其中，WTO有关跨境服务贸易的争端涉及的市场准入问题包括跨境交付的含义问题、GATS第16条第1款与第2款之间的联系问题、市场准入的具体措施问题等。相比之下，现有的FTA是在破坏性金融创新理论背景下为应对信息技术革命带来的跨境金融服务贸易发展达成的，有关跨境金融服务贸易的市场准入规则主要分为GATS型、CPTPP型、欧盟型以及其他型，均对GATS规则体系不足作出了有力的回应，如全面的市场准入义务以及金融数据的跨境自由流动等。但是，在特定方面，基于跨境金融服务的特殊性，现有的FTA也保持了一定的沉默。然而，对于未来跨境金融服务贸易的市场准入规则，无论是从服务贸易市场准入的内涵以及市场准入数量限制性措施的本质，还是从金融数据跨境自由流动的重要性来看，放弃跨境金融服务贸易市场准入条款的概念都不会影响跨境金融服务贸易自由化。

第一节　跨境金融服务贸易市场准入规则的内涵

一、市场准入规则的含义

“市场准入”是服务贸易领域非常重要的概念，服务提供者能否进入市场提供服务是服务贸易自由化的关键因素。服务贸易领域市场准入的重点在于消除各国法律法规对外国服务提供者进入本国市场的限制，因而，各国主要通过其国内法律法规和行政措施对服务贸易进行管理。[①] 在美国博彩案中，专家组引用了《贸易政策术语词典》对“市场准入”进行定义：“市场准入是国际贸易领域最为基本的概念，它是指一国货物或服务在另一国市场中与当地产品或服务相竞争的程度。在 WTO 框架下，“市场准入”是指在非歧视的前提下，一成员方政府针对其他成员方产品或服务进入其市场所施加条件的法律术语。”[②] 此外，USMCA 也对跨境金融服务贸易的市场准入规则进行了明确的规定。

二、跨境金融服务贸易市场准入规则的演变

国际贸易规则中的市场准入条款来源于第二次世界大战后西方国家建立自由贸易体制的初衷，即以全球市场为目标，将原来零星、分散、不稳固的双边自由贸易转变为多边自由贸易体制，通过自由竞争使得各国资源和优势得到最佳的配置和组合。其中，市场准入条款扮演可排除一切市场壁垒的角色。[③] 一直以来，受限于互联网技术的发展和发展中国家金融市场的竞争力，国际社会并未就跨境金融服务贸易领域的市场准入达成统一的国际规则。NAFTA 是最早对跨境金融服务贸易进行规定的自由贸易协定，但也没有单独规定市场准入条款，只是在“金融机构的设立”条款中有所涉及，并且只适用于美国与墨西哥。对于跨境金融服务贸易，NAFTA 第 1404.1 条“冻结”了跨境金融服务贸易的壁垒；第 1404.2 条要求缔约方必须允许其居民境外消费金融服务，但其并不强制要求缔约方允许服务提供者在其境内从事商业或招揽活动，并且各缔约方同意在跨境金融服务贸易领域逐步自由化。因而，NAFTA 仅仅涉及境外消费模式下的跨境金融服务贸易，是服务消费者的移动，而非服

① 参见石静霞、韩天竹、杨幸幸：《服务贸易法》，北京大学出版社 2021 年版，第 133 页。

② See Panel Report, United States-Measures Affecting the Cross-Border Supply of Gambling and Betting Services, WT/DS285/R, Nov. 10, 2004, para. 6. 263.

③ 参见赵维田：《世贸组织（WTO）的法律制度》，吉林人民出版社 2000 年版，第 12 页。

务要素本身进入另一国境内。对于后者而言，“逐步自由化”的规定赋予了缔约方较大的开放自主权。GATS将市场准入作为特定义务，即成员方只有在承诺开放时才承担相应的义务，市场准入限制性措施仅限于GATS第16条所列的形式。[①] 除此之外，美国博彩案的专家组和上诉机构还将在效果上具有数量限制的措施都解释为第16.2条（a）项所指的“以数量配额的形式”的市场准入。[②]《关于金融服务承诺的谅解》曾尝试改变GATS中的市场准入规定，包括金融服务的垄断权以及公共实体购买金融服务，尤其是在公共实体购买金融服务方面，该谅解要求“各成员方应保证在其境内的任何成员方的金融服务提供者在公共实体购买和获取金融服务方面享有”同等权利，这实质上体现了金融服务政府采购的对外开放。但是，由于《关于金融服务承诺的谅解》没有普遍的适用性，因而也就没有过多地强调跨境金融服务贸易的市场准入。CPTPP对金融机构的市场准入进行了规定，借鉴了GATS关于市场准入的6种限制性措施，[③] 但也未涉及跨境金融服务贸易的市场准入，因而，对于跨境金融服务贸易的市场准入限制，其缔约方可以采取任何限制性措施。USMCA首次将跨境金融服务贸易纳入市场准入条款中，这其实是限制了缔约方对跨境金融服务贸易的限制性措施，因为对于缔约方承诺开放的跨境金融服务部门，在没有例外承诺的前提下，是不允许采取限制性措施的。此种规定方式预示着国际社会在跨境金融服务贸易领域的竞争的开始。

---

① GATS规定的关于市场准入的6种限制性措施为：（1）无论是以数量配额、垄断、专营服务提供者的形式，还是以经济需求测试要求的形式，限制服务提供者的数量；（2）以数量配额或经济需求测试要求的形式，限制服务交易或资产的总值；（3）以数量配额或经济需求测试要求的形式，限制服务网点总数或服务产出总量；（4）以数量配额或经济需求测试要求的形式，限定特定服务部门或服务提供者可雇用的、提供具体服务所必需且直接有关的自然人总数；（5）限制或要求服务提供者的法律实体，如规定外国服务提供者必须通过特定法人实体或合营企业在东道国提供服务；（6）限制外国资本参与比例，如对外国资本限定其最高股份额，对单项的或累计的外国资本投资额进行限制。

② See Panel Report, United States-Measures Affecting the Cross-border Supply of Gambling and Betting Services, WT/DS285/R, Nov. 10, 2004, para. 6.265.

③ See CPTPP, Art. 11.5.

第二节 GATS市场准入规则在跨境金融服务贸易中适用的困境

跨境金融服务贸易自由化的前提条件之一，为跨境金融服务贸易的服务提供者能够进入市场提供服务。[①] GATS第16条是关于所有服务贸易（包括跨境金融服务贸易）市场准入的专门规定，分为两款：第1款规定每一成员方对任何其他成员方的服务和服务提供者给予的待遇，不得低于其在具体承诺减让表（以下简称“承诺表”）中同意和列明的条件；第2款包括前言和6种市场准入限制性措施，即任何一个成员方，对作出承诺开放义务的服务部门或分部门，不得维持或采取所列出的6种市场准入限制性措施，除非在其承诺表“市场准入”栏中明确列出。根据GATS第16条第2款的规定，如果某一成员方不以专门列表的方式对其所承诺的某个特定服务部门或提供模式作出6种限制性措施中任何一种，则表明其给予该承诺领域完全的市场准入。GATS第16条第2款所列的6种市场准入限制性措施，前4种是数量方面的限制，第5种是对外国服务提供者通过商业存在形式提供服务的限制，第6种是对外资参与程度的限制。由于第5种和第6种涉及的是商业存在模式下的服务提供，在此不再赘述。GATS服务贸易国际规则对服务的限制涉及的都是采取数量配额或经济需求测试的方式，是对服务交易或资产价值、服务活动和服务产出以及服务提供者人数等的限制。实际上，在GATS时期，如果不从数量上对服务贸易市场准入进行限制，则相关贸易规则可能缺乏确定性，进而损害有效的市场准入规制可能带来的贸易自由化的利益。[②] 但随着互联网信息技术的发展，GATS跨境金融服务贸易市场准入规则明显供给不足，并且WTO成立近30年来，有关跨境金融服务贸易的争端有阿根廷金融服务案、中国

---

① 参见石静霞：《WTO服务贸易法专论》，法律出版社2006年版，第145页。

② 同上书，第148页。

电子支付案、中国金融信息服务案等，其中美国博彩案、墨西哥电信案等均涉及跨境金融服务贸易的市场准入问题，具体包括“跨境交付”的含义、GATS 第 16 条第 1 款与第 2 款之间的联系、市场准入的具体措施问题等。由于 GATS 的市场准入条款同样适用于跨境金融服务贸易，因此跨境金融服务贸易市场准入条款存在的问题也是跨境金融服务贸易领域需要首先关注的问题。

一、GATS 跨境金融服务贸易市场准入规则供给不足

（一）市场准入规则框架不利于跨境金融服务贸易自由化的实现

首先，GATS 规定的市场准入属于特定义务，即仅适用于 WTO 成员方列入其承诺表的承诺开放的领域。结合 GATS 第 16 条第 1 款、第 2 款的规定，成员方对其国内的服务贸易市场存在 3 种市场准入的承诺方式：一是成员方不作承诺的服务贸易部门；二是成员方作出完全市场准入承诺的部门；三是成员方作出不完全市场准入承诺的部门，即采取上述 6 种限制性措施中的一种或多种。对于金融服务，成员方一般将其列为不完全市场准入承诺的部门，仅作出有限的市场准入承诺。但是，正是此种承诺式的市场准入规则，严重阻碍了跨境金融服务贸易自由化的实现。跨境金融服务贸易的提供完全取决于成员方在具体承诺表中所作的承诺，但是，为维护本国金融体系的稳定，发展中成员方对于跨境交付模式下的金融服务通常不作承诺。有研究表明，WTO 成员方对于跨境交付模式下的金融服务作出完全承诺和部分承诺的综合比例是所有服务提供模式中最低的，并且该模式的大量准入限制性措施不能归入 GATS 第 16 条第 2 款规定的 6 种市场准入限制性措施。[①] 在美国博彩案中，专家组认为 GATS 第 16 条第 2 款穷尽列举了第 1 款所知的“条款、限制和

---

① 跨境交付模式下的市场准入限制性措施有：服务提供者的数量、交易或资产值、其他市场准入以及国民待遇限制性措施。国民待遇限制性措施包括税收、补贴或赠款、其他金融措施、国籍要求、居住要求、许可标准/资格、注册要求、审批要求、实绩要求、技术转移要求、当地含量/培训要求、财产/土地所有权、其他国民待遇和市场准入限制性措施。

条件”，第2款的作用在于补充说明第1款的内涵。[①] 这就使得成员方一方面可以通过不作承诺的方式限制跨境金融服务贸易；另一方面，即使作出了承诺，也可通过采用GATS第16条规定的6种市场准入限制性措施外的方式限制跨境金融服务贸易。此外，市场准入与国内管制条款界限不清也不利于跨境金融服务贸易的发展，如在美国博彩案中，专家组认为美国所谓的在线网络禁止性规定构成对其所作承诺的违反。[②]

其次，GATS所依据的《服务部门分类表》（W/120）为成员方编制具体承诺减让表提供了参考，但W/120是依据20世纪90年代的服务门类进行划分的，已经全然不适应当下数字经济时代的要求。许多数字产品融合新的商业模式，越来越多地将电信服务与其他服务相结合，如计算机、视听、银行、金融和广告服务。这些服务本质上是多功能的，并且会使用多种形式的服务来提供全面的数字平台，如微信和谷歌联合电信、支付、网络地图、社交网络和云计算。[③] 但是，成员方在GATS承诺表中往往仅就单个部门或子部门进行承诺，而一项跨境金融服务（如跨境集合投资计划服务）不可能同时被归入金融服务、计算机服务（数据处理服务）、电信服务（在线信息与数据处理服务）和广告服务中。同时，由于这类综合性的数字化服务在GATS制定时期并没有普及，因此这类产品是否符合W/120的特定部门或者完全构成新的服务部门尚存在法律上的不

① See Panel Report, United States-Measures Affecting the Cross-Border Supply of Gambling and Betting Services, WT/DS285/R, Nov. 10, 2004, para. 6.298.

② See Panagiotis Delimatsis, Don't Gamble with GATS—The Interaction Between Articles Ⅵ, ⅩⅥ, ⅩⅦ and ⅩⅧ GATS in the Light of the US-Gambling Case, *Journal of World Trade*, Vol. 40, No. 6, 2006, pp. 1059-1062.

③ See Mohit Mittal, WeChat—The One App That Rules Them All, https://medium.com/@mohitmittal_56594/wechat-the-one-app-that-rules-them-all-744f613c1c5c, last visited on May 30, 2019; Yu Hui, WeChat's World: China's Mobile Internet, https://www.proquest.com/docview/1810528556?amp; rfr_id=info: xri/sid: primo, last visited on May 30, 2021.

确定性。[①] 发展中成员方认为该类服务属于“新服务”，在 W/120 的规制之外，而发达成员方则持反对意见。[②] DSB 上诉机构支持成员方在承诺表中作出减让承诺并进行技术中立的解释，但没有明确说明。[③] 这就会出现众多不符合“新服务”定义的数字服务模式，从而对实施互联网严格监管的国家造成影响。[④]

最后，有关市场准入的具体限制性措施还存在较大的争议。GATS 关于市场准入的限制性措施可以分为三类：一是其第 16 条列举的限制性措施；二是符合国民待遇相关要求的措施，如网络安全要求等；三是审慎的限制性措施。[⑤] 本部分仅讨论第一类措施，第二、第三类措施只是对市场准入产生影响，并非明确的市场准入限制性措施。GATS 第 16 条第 2 款规定的 6 种限制性措施，对跨境金融服务贸易仅作了数量方面的限制性规定，具体表现为服务提供者的数量、服务交易或资产的总值、服务产出总量以及雇佣自然人总数 4 种限制，而限制性措施的种类有数量配额、垄断、专营和经济需求测试 4 种方式，按照自由组合的方式，可形成 16 种限制性措施。但在实际操作过程中，各成员方的限制性措施往往千差万别，很难对具体的行为模式进行界定，如美国博彩案中的禁止性措施、阿根廷金融服务案中的母国监管体制要求等。

1. “零配额”限制性措施的争议

无论是美国博彩案还是阿根廷金融服务案，均涉及对承诺表之

---

① See Lee Tuthill & Martin Roy, GATS Classification Issues for Information and Communication Technology Services, in Mira Burri & Tomas Cottier (eds.), *Trade Governance in the Digital Age*, Cambridge University Press, 2012, pp. 157-167.

② See WTO, The Work Programme on Electronic Commerce, Statement by the African Group, JOB/GC/144, Oct. 20, 2017.

③ See Appellate Body Report, China-Measures Affecting Trading Rights and Distribution Services for Certain Publications and Audiovisual Entertainment Products, WT/DS363/AB/R, Dec. 21, 2009, para. 398.

④ See Rousi Zhang, Covered or Not Covered: That Is the Question-Services Classification and Its Implications for Specific Commitments under the GATS, WTO Staff Working Paper No. ERSD-2015-11, 2015, pp. 14-17.

⑤ 参见贺小勇：《中国执行 DS413 案专家组裁决的法律思考》，载《世界贸易组织动态与研究》2013 年第 3 期，第 28 页。

“市场准入”栏中“none”含义的理解，但 GATS 和 WTO 成员方的承诺表都没有对“none”的含义进行解释。在 WTO 体系下，根据《维也纳条约法公约》第 31.1 条和第 31.2 条的规定，专家组通常查询字典进行解释。即根据《牛津简明英语词典》和《韦氏大学英语词典》，将“none”的含义解释为“没有市场准入限制”。之所以会出现“零配额”的争议，是因为在美国博彩案中安提瓜主张，美国在其承诺表中就跨境交付模式作出了完全的市场准入承诺，但却维持和实行禁止跨境交付服务的措施，违反了 GATS 第 16 条的规定。美国则认为，跨境交付模式下的“没有市场准入限制”是指不作出第 16 条第 2 款所规定的几种限制性措施，而措施之外的禁止性规定则不在其列。专家组在考察了 GATS 第 16 条的相关措辞后，结合 GATS 第 1 条第 2 款（a）项对“跨境交付”的定义，认为“none”是指“没有市场准入限制”，包括不限制服务和服务提供者获得进入另一成员方的市场能力。[①] 同时，WTO 成员方普遍承认“技术中立”(technological neutrality）原则，即跨境交付包含自一成员方境内向另一成员方境内提供服务的任何可能方式，包括邮件、电话、互联网及其他方式，除非成员方在承诺表中另有其他的规定。[②] 由此，对于跨境交付模式提供服务方式的禁止，相当于“零配额”的规定。

2.“经济需求测试”的含义不明

GATS 第 16 条第 2 款的（a）(b)(c)(d）项均提到了不得采用“经济需求测试”（economic needs tests，ENTs）的方式进行数量限制，除非已在承诺表中明确列出。但是，GATS 并没有对 ENTs 进行定义。2001 年，WTO 服务贸易理事会特别会议秘书处应成员方的要求，就 ENTs 内容进行分析并提交了报告。报告总结了成员方承诺表中有关 ENTs 的内容，虽然绝大部分 ENTs 存在于商业存在和自然人流动领域，但随着跨境交付模式的普及，商业存在和自然人流动领域的 ENTs 问题也同样存在于跨境交付领域。该报告总结

① See Panel Report, United States-Measures Affecting the Cross-Border Supply of Gambling and Betting Services, WT/DS285/R, 10 Nov. 2004, paras. 6.265-6.272.

② Ibid., para. 6.285.

了当时成员方使用 ENTs 中存在的主要问题，即 ENTs 标准的性质、对 ENTs 描述的精确程度以及管理有限资源。关于 ENTs 标准的性质问题，首先应排除那些不属于数量限制类型的措施，其次是标准应当符合“经济需求”的确切含义。同时，应当在何种基础之上确定“经济需求”仍不明确，是基于消费者的观点还是从市场参与者的角度？是考虑综合的经济效率还是考虑公平问题？在实践中，成员方所指的经济需求通常表述为“需要标准”“劳动力市场标准”“服务的当地不可及性”以及“以需求为基础的数量限制”等，这表明“经济需求”的精确含义是不统一的，对其进行解释是困难的。关于描述 ENTs 标准的精确程度，不少承诺表没有列明相关标准到底是什么，或者即使有标准也相当不明确，故所有承诺表都要进一步澄清 ENTs 的具体适用。如果在水平承诺部分使用 ENTs 限制，则会产生另一问题：该 ENTs 属于 GATS 第 16 条第 2 款（a）(b)(c)（d）项中的哪种形式？ENTs 描述的标准缺乏精确性，导致在判断相关 ENTs 是否为歧视性措施方面存在模糊之处。关于管理有限资源的措施与 ENTs 的关系，报告指出，这种措施不是因政府干预所致，不属于 ENTs，不需要在承诺表中列明。[①] ENTs 是 GATS 第 16 条第 2 款所列市场准入限制性措施的重点之一，在各成员方的承诺表中也有体现。但是，由于对 ENTs 缺少明确的含义界定，成员方在列举时存在理解差异，从而导致争端的发生。

（二）金融数据跨境流动成为市场准入争议的焦点

数据成为驱动当今各种交易活动的重要载体。[②] 对基于互联网的服务的限制大多不是关税，而是影响数据跨境流入和流出的监管措施，如与隐私有关的措施。[③] GATS 在有限的范围内承认数据跨境流

---

① See WTO Council for Trade in Services Special Session, Economic Needs Test, Note by the Secretariat, S/CSS/W/118, Nov. 30, 2001, paras. 22-28.

② See Lee Tuthill & Martin Roy, GATS Classification Issues for Information and Communication Technology Services, in Mira Burri & Tomas Cottier (eds.), Trade Governance in the Digital Age, Cambridge University Press, 2012, pp. 157-167.

③ See Carla L. Reyes, WTO-Compliant Protection of Fundamental Rights: Lessons from the EU Privacy Directive, *Melbourne Journal of International Law*, Vol. 12, 2011, pp. 157-167.

动的重要性。例如，GATS《关于电信服务的附件》第5条第（c）（d）款承认数据跨境自由流动的重要性并且考虑到隐私和数据保护。又如，GATS《关于金融服务承诺的谅解》中规定禁止采用阻碍金融信息转移或处理的措施，包括通过电子方式进行的数据转移，但该谅解并不普遍适用于所有成员方。有学者认为，GATS中的现有规定足以解释因各种原因对数据跨境流动进行的限制：（1）数据本地化要求构成GATS规定的“商业存在”要求，如果WTO成员方没有对商业存在作出限制性承诺，则表明允许数据的跨境流动；（2）数据本地化要求可以视为对本地内容的要求（如使用本地服务器和资源）。由于绝大多数WTO成员方未在信息和通信技术服务中作出数据本地化的内容限制，因此GATS将对其适用，并且数据本地化要求也可归入GATS的国内管理条款中。[①] 也有学者认为，GATS目的在于开放语音通信而非数据转移，不能有效地适用于互联网环境下的服务贸易。[②] 由于在非歧视待遇下数据跨境流动的法律义务通常涉及多个服务部门的承诺，包括电信部门、计算机部门以及其他相关部门，因此，虽然GATS在理论上适用于限制数据跨境流动的措施，但鉴于大多数现代数字服务的分类并不十分明确，各成员方仍缺乏GATS项下数据跨境流动的横向承诺，加之数字服务分类的复杂性，使得数据跨境流动法律承诺的性质模式不清。

（三）例外规定阻碍自由化措施的实施

透明和可预测的监管框架对于互联网时代的经济和社会文化至关重要。虽然在理想状态下主权国家不应当对数据跨境流动施加过多的限制从而抑制跨境服务贸易，但隐私、网络安全、在线用户保护、网络犯罪预防以及公共道德保护等重要因素对于互联网的安全也同等重要。

有学者认为，一般例外条款足以用来解释有关数据流动的安全

① See Carla L. Reyes, WTO-Compliant Protection of Fundamental Rights: Lessons from the EU Privacy Directive, *Melbourne Journal of International Law*, Vol. 12, 2011, pp. 142-176.

② See Hosuk Lee-Makiyama, Cross-border Data Flows in the Post-Bali Agenda, in Simon J. Evenett & Alejandro Jara (eds.), *Building on Bali: A Work Programme for the WTO*, http://citeseerx.ist.psu.edu/viewdoc/download?doi=10.1.1.654.8942&rep=rep1&type=pdf#page=173, pp. 163-167, last visited on June 20, 2021.

和隐私理论。[①] 但是，GATS 第 14 条“一般例外”并不能直接适用。也有学者认为，有必要适用例外规定来证明限制数据流动的措施，但需要 DSB 运用可行的技术方式进行较为广泛而复杂的法律分析，并且在某种程度上可以采用其他的替代方案来实现同等水平的安全和隐私保护以达到国内资源的合理利用目的。[②] 但是，此种较为复杂的法律分析也增加了 WTO 成员方对互联网行为监管的不确定性。同时，GATS 第 14 条并没有涵盖所有种类的互联网安全问题，尤其是当该项措施与战争、国家安全问题联系较弱时。因此，GATS 第 14 条仅适用于因隐私、数据安全、消费者保护等措施，而这些措施是跨境金融服务的必要构成因素。[③]

从国际贸易法的角度看，消费者隐私保护一般例外条款的适用，意味着 WTO 成员方在执行相关国内法的问题上拥有监管自主权。然而，这些例外规定并不能解决数据跨境流动带来的所有问题，诸如设置互联网服务的技术标准等歧视性、任意性或者对贸易变相限制的措施，都可能对于通过互联网传递的服务的完整性以及安全性有着至关重要的影响。笔者认为，严格的审查未必能达到预想的效果。一方面，GATS 第 14 条的适用范围有限，并且没有考虑到互联网的特殊性；另一方面，跨境服务贸易（包括金融服务）基于强大的可信赖的网络体系，在线消费者权益、隐私、数据保护以及网络安全是全球市场的基本构成要素。

在 WTO 争端解决实践中，关于一般例外也存在着较大的争议。GATS 第 14 条的例外规则往往是成员方最后的抗辩手段，尤其是涉及有关互联网的服务纠纷，如在美国博彩案中美国援引 GATS 第 14

---

① See Andrew D. Mitchell & Neha Mishra, Data at the Docks: Modernizing International Trade Law for the Digital Economy, *Vanderbilt Journal of Entertainment & Technology Law*, Vol. 20, No. 4, 2018, pp. 1073-1134.

② See Aradhya Sethia, Rethinking admissibility of electronic evidence, *International Journal of Law and Information Technology*, Vol. 24, 2016, pp. 229-250.

③ See International Digital Economy Alliance, The Trillion Dollar Question: How Trade Agreements Can Maximise the Economic Potential of Data in the Networked Economy and Support the Internet as the World's Trading Platform, https://sipa.columbia.edu/sites/default/files/Networked%20Economy%20and%20TISA%20-%20A4.pdf, last visited on May 31, 2021.

条（a)(c）项进行抗辩，阿根廷金融服务案中阿根廷援引 GATS 第 14 条（c)(d）项进行抗辩。但是，援引成功往往需要满足较为严格的条件。一般来说，既要满足 GATS 第 14 条（a)(b)(c)(d）项的要求，又要符合该条序言的条件。在美国博彩案中，首次有 WTO 成员方援引 GATS 第 14 条进行抗辩。就第 14 条（a）项而言，美国认为，维护个人及其财产免受有组织行为的影响属于"公共道德"和"公共秩序"的范畴，而保护青少年免受不规范的赌博行为的侵犯也属于"公共道德"的范畴，"公共道德"引领"属于、影响或关注整个国家的行为"。而专家组认为，"公共道德和秩序"的含义取决于社会、文化、道德和宗教信仰等一系列因素，[①] WTO 成员方所采取的措施必须基于维护国家、人民的整体利益。由于各 WTO 成员方都有一定的政策空间，因此它们可根据自身的价值体系界定本国境内"公共道德和秩序"的含义。因而，对于"公共道德和秩序"的援引一般较易满足。但是，对于第 14 条序言中规定的"必要性"(necessary）的检验，专家组援引韩国牛肉案中的"衡量和平衡测试"(weighing and balancing test)，认为应当考虑被规制措施保护利益或价值的重要性、被规制措施实现最终目标的程度以及被规制措施的贸易影响力。[②] 此外，对于"非歧视"的要求，当事方需要证明不存在"任意或不合理的歧视"以及"对贸易的变相限制"。

近些年来，安全例外条款逐渐被各成员方援引。在乌克兰诉俄罗斯运输限制性措施案中，专家组认为，WTO 成员方有权自行判断其"基本国家安全利益"以及相关措施是否是保护该利益"所必需的"，但行使该自判权应基于"善意原则"。"国际关系中的紧急情况"是指"武装冲突，或潜在的武装冲突，或紧张/危机升级，或一国总体失稳的情形"[③]。虽然安全例外的适用争议多存在于货物贸易领域，但在服务贸易领域也应当引起足够的重视，尤其是在跨境金

① See Panel Report, United States-Measures Affecting the Cross-Border Supply of Gambling and Betting Services, WT/DS285/R, Nov. 10, 2004, para. 6.461.

② Ibid., para. 6.477.

③ See Panel Report, Russia-Measures Concerning Traffic in Transit, WT/DS512/R, Apr. 5, 2019, paras. 7.111–7.125.

融服务贸易领域，网络安全以及金融安全已成为关注的焦点。

（四）DSB不能有效解决跨境金融服务贸易争议

虽然有关数字经济领域的监管壁垒逐渐增多，但DSB在这类问题的解决上却相对保守。[①] WTO成员方较少选择诉诸DSB，一方面是由于GATS本身存在的不足，另一方面是由于数字经济下存在复杂的政治经济关系。通过互联网进行的跨境服务不仅影响到国际贸易，而且会触及较为敏感的内容，如个人权利、网络监管和经济发展。由于WTO现存规则对于数字贸易存在不确定性，成员方担心DSB的裁决会影响其国内对网络、在线服务的审查。同时，对互联网跨境服务监管采取保护或干预方法的成员方在考虑到国内政策问题时往往更加警惕GATS框架本身对贸易的限制。因而，WTO成员方在GATS之外签署了众多FTA，以解决DSB不能有效解决互联网跨境服务争议的问题。

二、跨境交付的概念不明

在墨西哥电信案中，美国与墨西哥的争议焦点之一为跨境交付电信服务时，服务内容是电信本身（如客户的语音、数据等），还是传输这种电信服务，以及服务内容是否跨境、如何跨境的问题。[②] 墨西哥认为，跨境交付模式下的基础电信服务不是电话信息或者客户所提供的数据，而是传送或运输这类信息或数据的服务，这种“服务”必须跨越边境，即服务提供者不在服务消费者的WTO成员方境内而跨境交付这类服务。基础电信服务的跨境交付可能发生的唯一条件是来自外国的电话被该外国运营商穿过墨西哥国境运送和传输到接听者，即要求存在跨越国境的运送和传输网络。美国则认为，墨西哥在其承诺表中对市场准入所作的承诺不限于为消费者提供信息或数据的运输或传送，服务的本质以及跨境的特点不能因为由墨

---

① See Andrew D. Mitchell & Neha Mishra, Data at the Docks: Modernizing International Trade Law for the Digital Economy, *Vanderbilt Journal of Entertainment & Technology Law*, Vol. 20, No. 4, 2018, pp. 1073-1134.

② See Panel Report, Mexico-Measures Affecting Telecommunications Services, WT/DS204/R, Apr. 2, 2004, paras. 4.72-4.85.

西哥特许经营者在边境承担交接义务的事实而有所不同。

专家组最终否定了墨西哥的主张，认为仅采用文义解释的方式不能得出跨境交付模式下服务提供者所在位置以及服务提供者在其他 WTO 成员方境内的存在情况，服务提供者的所在地与跨境交付的界定并不存在直接的联系，但通过上下文解释可知，GATS 以服务提供者所在地来确定特定的服务提供模式，跨境交付模式下仅要求服务本身的跨境。因此，WTO 中有关电信服务的规定，并没有涉及要求单一服务提供者必须承接“用户端到用户端”的全线所有传输设备，也没有要求服务提供者独立完成所有的传输服务。① 换言之，对于跨境交付模式下的服务贸易，服务提供者并不需要进入服务提供的市场，也不受边界交接要求的影响。而对于跨境金融服务贸易，其本质不同于电信服务，金融服务本身借助电信传输渠道进行跨境移动，不涉及人员、物资的移动，因此成员方 A 的服务提供者可以在 A 国境内向成员方 B 的消费者直接提供金融服务。

三、GATS 第 16 条的解释存在冲突

有关 GATS 第 16 条解释的争议问题涉及其第 1 款与第 2 款之间的联系问题以及第 2 款 4 项限制性措施之间的关系问题。

（一）GATS 第 16 条第 1 款与第 2 款之间的联系问题

在美国博彩案中，GATS 第 16 条第 1 款与第 2 款的关系问题是重大争议之一。该案虽并非针对跨境金融服务贸易，但也是针对跨境交付服务而展开的。研究第 16 条第 1 款与第 2 款之间关系问题的目的在于，如果第 16 条第 2 款所列的 6 种限制性措施（其中只有前 5 种适用于跨境服务贸易）属于穷尽性的列举，则只需要证明被诉措施不符合上述任何一种所列举的措施即可；反之，则还需要检验第 1 款是否还存在其他的限制性条件和措施等。

在美国博彩案中，美国认为，GATS 第 16 条的核心是其第 2

① See Panel Report, Mexico-Measures Affecting Telecommunications Services, WT/DS204/R, Apr. 2, 2004, paras. 7.33-7.45.

款，且该款采用的是封闭式列举方式。[①] 换言之，如果 WTO 成员方所采取的限制性措施在第 2 款中没有对应的限制范围，则成员方无须在其承诺表中列出该措施，并且得以继续采取或维持。而安提瓜则认为，第 16 条第 1 款的涵盖范围大于第 2 款所列举的几项限制性措施，纵使一项限制性措施不属于第 2 款中的任何一项，成员方也应当将其列入承诺表中，否则不得采取相应的市场准入限制性措施。专家组通过采用文义解释、上下文解释和目的解释方法审查了 GATS 第 16 条的含义，并特别引用了《1993 年 GATS 承诺表制作指南》（Scheduling of Initial Commitments in Trade in Services-Explanatory Note，MTN. GNS/W/164）和《2001 年 GATS 承诺表制作指南》（Guidelines for the Scheduling of Specific Commitments Under the General Agreement on Trade in Services，S/L/92），认为第 16 条第 2 款属于穷尽性的列举，[②] 其中第 2 款的（a)(b)(c)(d)(f）项对应第 1 款的"限制"(limitation)，（e）项对应第 1 款的"内容"(terms）及"条件"(conditions)。[③]由此，在专家组看来，如果一项针对市场准入的措施不属于第 16 条第 2 款所列的限制性措施，纵使其实质上限制了市场准入，也并非 WTO 所禁止的市场准入限制性措施，成员方得以维持该措施。也就是说，该案专家组采取严格解释方式，将 GATS 规定的市场准入限制性措施限定在数量限制方面，间接性地给予成员方较大的国内监管自主权。

（二）GATS 第 16 条第 2 款限制跨境金融服务贸易的 4 种限制性措施之间的关系问题

GATS 第 16 条的第 2 款规定了市场准入的 6 种限制性措施，其中（a)(b)(c)(d）项适用于跨境金融服务贸易，而（a)(b)(c)(d）项之间的相互关系在阿根廷金融服务案中引起了争议。

在阿根廷金融服务案中，巴拿马认为阿根廷的第五项措施即再

---

① See Panel Report, United States-Measures Affecting the Cross-Border Supply of Gambling and Betting Services, WT/DS285/R, Nov. 10, 2004, para. 6. 257.

② See Panel Report, United States-Measures Affecting the Cross-Border Supply of Gambling and Betting Services, WT/DS285/R, Nov. 10, 2004, para. 6. 299.

③ Ibid. , para. 6. 294.

保险服务要求（阿根廷不允许非合作国家的实体通过跨境交付形式提供再保险服务，除非其能够证明自身在合作国家或者在打击全球洗钱和恐怖主义中合作的国家注册并开展业务[①]）不符合GATS第16条第1款以及第2款的（a）项。[②] 巴拿马认为，阿根廷在其承诺表“市场准入”栏中的承诺为“没有限制”(none)，表明阿根廷对于跨境交付模式下的再保险服务作了完全的市场准入承诺，阿根廷不得采取第16条第2款中的任何一种限制性措施；阿根廷禁止非合作国跨境交付再保险服务相当于第16条第2款（a）项中的“零配额”[③] 以及阿根廷要求跨境交付再保险的服务提供者的“个人风险金”（individual risks）应当超过500万美金属于“经济需求测试”，均违反了第16条第2款（a）项的规定。[④] 阿根廷则认为其并没有禁止再保险服务的跨境交付，仅仅是设置了一定的监管条件以获得信息交换，并且这些措施目的是规范再保险服务的“业务”（operations）而不是再保险的服务提供者，因而不属于第16条第2款（a）项的规制范围。[⑤] 专家组首先采用了上下文分析方法，通过对比第2款（a)(b)(c)(d）项，发现该四项均是对市场准入数量的限制，不同点在于数量限制的主体不同，（a）项针对服务提供者的数量，（b）项针对服务交易总值或资产总值，（c）项针对业务或服务产出总量，（d）项针对服务提供者可雇佣的、提供具体金融服务所必需且直接有关的自然人总数。[⑥] 专家组认为，第16条第2款所列的6种限制性措施不仅是穷尽性的，还准确地规定了不得采用的市场准入限制性措施，这些限制性措施必须是“清楚、明确和精准的”(clearly，exactly and precisely)。[⑦] 同时，第16条第2款（a)(b)(c)

---

① 本争议措施同样也涉及商业存在模式下的争议，由于与本书所研究的内容关系不大，故不纳入讨论。

② See Panel Report，Argentina-Measures Related to Trade in Goods and Services，WT/DS453/R，Sep. 30，2015，para. 7. 368.

③ Ibid.，para. 7. 370.

④ Ibid.，para. 7. 374.

⑤ Ibid.，para. 7. 381.

⑥ Ibid.，para. 7. 416.

⑦ Ibid.

(d)项所涉及的市场准入数量限制性措施明确区分了4种不同主体的数量限制性措施，但现实中也存在4种限制性措施之外的数量因素对市场准入造成限制，如果将其认定为表面上并不属于(a)(b)(c)(d)项所涵盖的任何一个措施，将会不适当地扩大GATS第16条的适用范围，也会扩大WTO成员方的具体承诺范围。[①] 另外，还有一个需要考量的因素是，对GATS第16条第2款的任何解释都必须使该款的6种措施有效，同时并不必然排除某种措施落入(c)项范围内以及对(d)项有间接性的影响。换言之，一项属于(b)(c)(d)项下的资产总值、业务总量以及自然人总额的市场准入限制性措施实际上可能间接地影响服务提供者的数量。按照此种逻辑，(b)(c)(d)项下的所有措施都可以间接地归到(a)项范围内，这种解释有悖GATS的有效解释原则。[②] 由此，专家组得出结论，任何仅具有限制(a)(b)(c)(d)项所涵盖的要素的间接作用的措施都不属于该项。[③] 专家组补充道，此种解释方式也符合GATS的目标，即实现“透明度和逐步自由化”的目标，以及成员方拥有监管的权利以满足国家的政策目标。

由此可见，专家组对GATS第16条第2款(a)(b)(c)(d)项采取了较为狭义的解释方法，一方面平衡了各项之间的权利义务关系，另一方面也使得单项语句含义的解释较为透明、直接。对于本案，阿根廷500万美元的个人风险金要求属于“业务”(operation)方面的要求，明显不适用于GATS第16条第2款(a)项的服务提供者。但在现实情况下，部分措施并非完全针对服务提供者或者业务方面的内容，如在中国“境外经纪机构不得接受境内交易者委托，为其进行境内期货交易”[④]，这种情况尚待进一步的研究。

---

① See Panel Report, Argentina-Measures Related to Trade in Goods and Services, WT/DS453/R, Sep. 30, 2015, para. 7.419.

② Ibid., para. 7.420.

③ Ibid., para. 7.421.

④ 《中国(上海)自由贸易试验区跨境服务贸易特别管理措施(负面清单)(2018年)》第78项。

四、技术中立原则的适用分歧

技术中立原则最早适用于电子商务领域，是指在法律上对电子商务所采取的手段一视同仁，不禁止或限制使用任何技术，也不在法律上对特定的技术进行法律效力上的区别对待。[①] WTO 成立之初，互联网等信息技术处于萌芽状态，各成员方对于通过互联网进行的跨境服务尚未料及。在美国博彩案和中美出版物案中，专家组对于新技术引起的条约术语变化的解释逻辑事实上遵循了技术中立的解释原则。然而，信息技术等的飞速发展带来一系列复杂的问题和新兴的挑战，如在生物学领域，世界上第一例经过核项技术移植操作的“三亲婴儿”2016 年在墨西哥出生；在金融领域，虚拟货币、智能量化交易、金融智能搜索、机器人分析师等相继出现。在此背景下，技术中立的解释原则是否还能够适用于国际贸易领域存在较大的争议。

在中美出版物案中，美国通过援引技术中立原则，认为分销视听制品采用有形或无形的方式仅仅是交付形式上的差异，这些差异与 GATS 承诺表的解释方式无关，除非在 GATS 承诺表中具体列明。而中国认为：（1）技术中立原则不能用来解释分销视听制品的有形或无形方式，技术中立原则仅为少数成员方所接受，并未实现普遍性。（2）纵使该原则被成员方较为广泛地接受，也只能适用于相同的服务，而网络音乐服务系通过无形的载体传播，不同于一般的视听制品。（3）对于相同服务的判断需要综合考虑服务的主要运作特征、终端使用者的感觉、国际分类以及国际上的认可程度等。[②] 专家组认为，成员方在作出承诺时，在界定服务范围的明确性方面拥有自由裁量权，成员方可通过直接或间接援引 W/120 或 CPC 确定其承诺的范围。同时，专家组基于美国博彩案中上诉机构的意见

---

① 参见胡加祥：《技术中立原则与中国的服务贸易承诺——兼评美国诉中国出版物及视听制品案》，载《河南省政法管理干部学院学报》2011 年第 2 期，第 54 页。

② See Panel Report, China-Measures Affecting Trading Rights and Distribution Services for Certain Publications and Audiovisual Entertainment Products, WT/DS363/R, Aug. 12, 2009, paras. 7.1248-7.1249.

“一项服务的承诺包括所有由此派生出的服务”，认为中国对通过无形载体分销视听制品作出了承诺。[①] 专家组虽没有直接提到支持技术中立的解释原则，但其裁决在客观上与适用技术中立原则产生了相似的效果。有学者认为，“技术中立”在更深层次上指的是价值上的中立。[②] 然而，技术中立原则毫无疑问会扩大 WTO 成员方在 GATS 项下的承诺范围，而且信息技术的发展使得越来越多的服务贸易能够通过跨境交付的方式进行，这无疑会给忽略这一问题的成员方造成一定的困扰。对于跨境金融服务贸易而言，这可能给金融稳定与安全带来一定的威胁。

第三节　FTA 对 GATS 跨境金融服务贸易市场准入规则适用困境的回应

一、FTA 中有关跨境金融服务贸易市场准入的规定

截至 2021 年年底，在成员方向 WTO 通报的已生效 FTA 中共有 158 个包含服务贸易规则。[③] 在这些包含服务贸易规则的 FTA 中，有关跨境金融服务贸易的市场准入条款可以分为 GATS 型、CPTPP 型、欧盟型以及其他型。

（一）GATS 型跨境服务贸易市场准入条款

GATS 型跨境服务贸易市场准入条款，是指此类 FTA 中并没有专门针对跨境金融服务贸易设置市场准入条款，而是统一适用 GATS 有关服务贸易的市场准入条款，即分为跨境交付、境外消费、商业存在和自然人流动四种金融服务贸易模式，并作为特定义务，缔约方仅在其作出承诺的领域承担市场准入的义务，如《马来西

① Ibid.，paras. 7.1251–7.1270.

② 参见郑玉双：《破解技术中立难题——法律与科技之关系的法理学再思》，载《华东政法大学学报》2018 年第 1 期，第 85 页。

③ 来源于 WTO 官网的 FTA database，http：//rtais.wto.org/UI/PublicAllRTAList.aspx，统计数据为截至 2021 年 12 月的所有生效 FTA.

亚—澳大利亚 FTA》（Malaysia-Australia Free Trade Agreement）完全仿照 GATS 的相关规定，并附有相关的服务贸易承诺减让表。但是，GATS 型的跨境服务贸易市场准入条款并非完全相同，也存在一定的差异：

第一种表现为，将金融服务作为单独章节进行规定，同时仍然将有关金融服务的具体承诺列入减让表中。例如，《中国—韩国 FTA》中设有“金融服务”章节，就金融机构的市场准入进行了具体规定，而对于跨境交付模式下的金融服务，虽然在单独的“金融服务”章节并没有涉及，但在双方的服务贸易承诺表中均就跨境交付模式下的金融服务贸易市场准入作出了承诺。

第二种表现为，虽然设有跨境服务贸易单独章节，但排除对金融服务的适用，金融服务直接适用 GATS 项下有关金融服务的规定，如《哥斯达黎加—新加坡 FTA》（Costa Rica-Singapore Free Trade Agreement）等。

总体来说，GATS 型跨境服务贸易市场准入条款无论是直接仿照 GATS 直接描述还是直接纳入 GATS 条款的方式，均未突破 GATS 时期有关跨境金融服务贸易市场准入的实质性规定。但值得注意的是，部分采用 GATS 型跨境服务贸易市场准入条款的 FTA 一般会对有关金融数据跨境流动的内容进行规定，相较于 GATS 属于较大的进步，如《日本—蒙古 FTA》之“金融服务”附件规定了“金融服务数据处理自由”条款，《韩国—越南 FTA》之“金融服务”附件也就数据处理自由进行了规定，但前提是在其境内的另一缔约方的服务提供者，即商业存在模式下的数据处理自由。

（二）CPTPP 型跨境金融服务贸易市场准入条款

CPTPP 被认为是 21 世纪最高水平的自由贸易协定，也是最直接涉及跨境金融服务贸易细节性规定的自由贸易协定。一方面，CPTPP 本身并未规定跨境金融服务贸易的市场准入，只是允许缔约方境内的居民及国民购买跨境金融服务，而缔约方可要求跨境金融服务事先获得“授权”（authorization）或“登记”（registration）。这就给予东道国在跨境金融服务贸易方面较大的自主权。另一方面，对于通过跨境交付模式进行的新金融服务,[1] CPTPP 也没有涉及。根据 CPTPP 第 11.7 条的规定，缔约方应当允许另一缔约方的金融机构提供该缔约方在相似条件下不需要制定法律或修改现有法律就允许本国金融机构提供的新金融服务。

同时，CPTPP 采用正面清单的模式对跨境集合投资组合服务以及跨境电子支付服务进行了承诺，间接地设定了市场准入的要求。采用 CPTPP 型跨境金融服务贸易市场准入条款的 FTA 通常存在于发达国家之间，如《土耳其—新加坡 FTA》(Turkey-Singapore Free Trade Agreement)、《美国—哥伦比亚 FTA》(United States-Colombia Free Trade Agreement)、《美国—韩国 FTA》等。这些 FTA 通常没有涉及金融信息的跨境自由转移，对如何规制跨境金融信息持有保留的态度，仅《土耳其—新加坡 FTA》规定了"金融信息的转移和处理自由"。

总体而言，在已经生效的 FTA 中，CPTPP 型跨境金融服务贸易市场准入条款表现为无专门针对跨境金融服务贸易的市场准入规定，仅采取正面清单的模式就少数特定领域的金融服务进行规定，间接性地要求给予市场准入的规定，但并不否定缔约方的许可要求。对于金融数据跨境的规定，此类型的 FTA 显然存在较大的不足。[2] USMCA 在 CPTPP 的基础之上更进一步，并专门规定了跨境金融服务贸易的市场准入条款，虽然仍是借鉴 GATS 中有关市场准入的规定形式，但也促进了跨境金融服务贸易自由化的发展。

（三）欧盟型跨境金融服务贸易市场准入条款

欧盟型跨境金融服务贸易市场准入条款基本上存在于欧盟参与的 FTA 中，如 EPA、CETA、《欧盟—乌克兰 FTA》(Deep and Comprehensive Free Trade Areas of the EU-Ukraine Association Agreement)、

---

① CPTPP 将"新金融服务"定义为，在一缔约方境内未有提供但在其他缔约方境内已有提供的服务，包括金融服务交付的任何新方式或在该缔约方境内出售未出售过的金融产品。

② See OECD, Towards A New Generation of Foreign Investment Laws: MENA-OECD Good Practice, https://read.oecd-ilibrary.org/finance-and-investment/making-reforms-succeed/towards-a-new-generation-of-foreign-investment-laws_9789264052826-6-en, July 8, 2022.

《欧盟—韩国FTA》(Free Trade Agreement Between the EU and South Korea)等。该类型的FTA，通常规定跨境服务贸易包括跨境交付和境外消费两种模式，而且其金融服务相关规则同时适用于跨境服务贸易、监管框架、电子商务章节下的金融服务。[①] 其中，有关跨境金融服务贸易的市场准入规定通常与其他服务贸易一同适用于相关的市场准入规则。与GATS相比，其不同之处表现为：(1)采用“普遍义务+负面清单”的模式，即就不给予市场准入的部门予以规定。(2)无“以数量配额或经济需求测试要求的形式，限定特定服务部门或服务提供者可雇用的、提供具体服务所必需且直接有关的自然人总数”的要求，对于自然人流动的要求，这类FTA通常作为单独的章节进行规范。而对于金融信息/数据的跨境自由流动，这类FTA作出了不同的规定，其中绝大多数FTA都明确规定金融信息/数据的自由处理与转移，如EPA、CETA、《欧盟—摩尔多瓦深度和全面自由贸易区》(European Union-Moldova Deep and Comprehensive Free Trade Area)、《欧盟—中美FTA》(Agreement Establishing an Association Between the European Union and its Member States, on the one hand, and Central America on the Other)等，尤其是CETA，还规定了禁止要求转让或访问源代码；只有少数FTA，如《欧盟—哥伦比亚/秘鲁FTA》(EU-Colombia/Peru Free Trade Agreements)没有涉及跨境金融信息/数据的自由转移。值得注意的是，此类FTA通常在电子商务章节规定技术中立原则的适用，如EPA。

(四)其他型跨境金融服务贸易市场准入条款

一些FTA本身并无关于金融服务贸易的规定，如《欧盟—塞尔维亚FTA》(Free Trade Agreement Between the EU and Serbia)、《欧亚经济联盟—吉尔吉斯共和国FTA》(Free Trade Agreement Between EAEU and the Kyrgyz Republic)等，这些FTA仅就相关内容进行了框架性的规定，并不存在实质性的权利义务关系内容。对

---

① 参见方杰：《外资准入负面清单管理模式研究》，中国法制出版社2018年版，第3页。

于存在实质性权利义务关系的FTA，如《智利—泰国FTA》(Free Trade Agreement Between Chile and Thailand）将“金融服务”作为单独的章节，采用GATS的模式，制定了金融服务承诺减让表，并且规定了金融服务数据处理自由条款。

二、FTA对GATS跨境金融服务贸易市场准入规则的改变

GATS有关跨境金融服务贸易市场准入规则的供给不足以及WTO有关市场准入规则的争议充分说明了原有的规则体系已经不适应当前跨境金融服务贸易的迅速发展以及各国家及地区对于其他国家及地区金融服务市场的需求，2010年之后的FTA正是在破坏性金融创新的理论背景下为应对信息技术革命带来的跨境金融服务贸易发展而达成的，虽然对GATS规则体系不足作出了有力的回应，但在特定方面基于跨境金融服务的特殊性也保持了一定的沉默。

（一）FTA对GATS跨境金融服务贸易规则体系不足的回应

FTA对于GATS规则体系不足的有力回应主要表现在，全面的市场准入条款以及金融数据跨境自由流动条款为跨境金融服务贸易自由化奠定了基础。

1. 全面的市场准入义务

目前为止，专门针对跨境金融服务贸易设定市场准入条款的已经生效的FTA并不存在，有关跨境金融服务贸易的市场准入规定通常被并入跨境服务贸易的市场准入条款以及有关新金融服务的规定中。CPTPP型和欧盟型的跨境金融服务贸易市场准入条款通常表现为全面的市场准入义务，各缔约方承担市场准入自由化的义务，对于不给予市场准入自由化的领域及其限制性措施可以通过不符措施清单进行例外规定，此种模式又被称为“完全的负面清单模式”。[①]负面清单模式奉行“法无禁止即自由”的法治理念，代表了国家管理模式的转变，即从公法上明确界定市场准入的范围，其他事项不

① See Pierre Latrille & Juneyoung Lee, Services Rules in Regional Trade Agreements: How Diverse and How Creative as Compared to the GATS Multilateral Rules?, Staff Working Paper, No. ERSD-2012-19, 2012, para. 23.

予规定，转为私法自治。作为一种市场准入管理模式，负面清单既是私法自治精神的具体落实，又是私法自治精神的重要保障。此种模式的采用，对于激发市场主体的活力、扩大市场主体的准入自由、减少政府管制具有重要的意义。①

2. 金融数据的跨境自由流动

由前文可知，金融数据跨境流动已经成为跨境金融服务贸易市场准入的焦点问题，已有部分 FTA 对该内容进行了回应，但仅在少数国家之间实现了金融数据跨境流动。2010 年以后，仅有欧盟与日本、土耳其与新加坡、欧盟与加拿大、智利与泰国、日本与蒙古、韩国与越南、欧盟与格鲁吉亚、欧盟与乌克兰、欧盟与摩尔多瓦、欧盟与中美、欧盟与哥伦比亚/秘鲁、日本与秘鲁、欧盟与韩国、东南亚国家联盟（ASEAN）与澳大利亚和新西兰要求金融数据的跨境自由流动。可见，金融数据的跨境流动较多地存在于欧盟等发达国家及地区之间，这一方面是为了促进跨境金融服务贸易的自由化，另一方面更是基于本国境内较为完善的金融监管体系，能够维护金融安全和稳定。但值得注意的是，相关 FTA 在规定金融数据转移和处理自由的同时，会要求对个人信息进行保护，并且有些 FTA 对金融数据跨境的种类也进行了限制，如《韩国—越南 FTA》规定数据处理自由的前提是在其境内的另一缔约方服务提供者，即只有商业存在模式下的金融服务提供才能适用数据处理自由的规定。总体而言，国际社会对于金融数据跨境自由流动的有力回应为推动跨境金融服务贸易的发展奠定了良好的基础，但这显然不能满足破坏性金融理论的需求。

3. 部分 FTA 对技术中立原则的肯定

技术中立原则在 WTO 争端解决机制中曾引发较多的争论，相关专家组虽然没有正面肯定技术中立原则的适用，但间接地支持技术发展在贸易进程中的重要地位。EPA、《日本—蒙古 FTA》的电子商务章节均明确承认了技术中立原则，承认服务贸易的开展不受

---

① 参见王利明：《负面清单管理模式与私法自治》，载《中国法学》2014 年第 5 期，第 24 页。

网络信息技术的影响。事实上，技术虽然有其客观结构，但其最终还是由设计者创造并且服务于设计者的目的性活动。技术具有目的性和社会性双重维度，从技术的自身属性来看，其逻辑具有相对客观性，是一种无主体意识的编程方式。但如果仅关注其客观的取向，即技术中立原则，则可能模糊其社会属性，并可能掩盖设计者背后的价值因素和目的取向，[①] 尤其是金融科技，创造出新的业务模式、应用、流程及产品，大数据分析、移动金融、第三方支付、科技风控、比特币等都是在传统金融服务的基础之上结合技术创新而得来的。因而，是否完全在 FTA 中确认技术中立原则，绝大多数的 FTA 并没有予以回应。

（二）FTA 对 GATS 跨境金融服务贸易规则体系不足的沉默及其原因分析

相较于 FTA 对 GATS 规则体系的积极回应，上述争议点并没有得到充分的解决。究其原因，数字贸易（包括跨境金融服务贸易）是由一系列复杂的因素驱动的，包括技术产业、政府机关和各种民间社会的利益相关者，强大的公司游说团体、对跨境金融服务贸易有重大利益关系的政府（如美国、中国和欧盟）以及拥有大量尚未开发的互联网消费群体的国家（如印度、中国、印度尼西亚和越南）都正成为数字贸易中最重要的参与者。与此同时，不同国家和集团之间的政治和意识形态的冲突严重阻碍了区域贸易谈判的步伐以及其他国际化平台的发展。[②] 虽然发展中国家可以从跨境贸易中获得利益（特别是在这些国家运营的微型和中小型企业），但发达国家的公司拥有大多数的互联网平台和数字技术，加之发展中国家缺乏足够的国内技术专长、参与技术创新和标准制定较少等原因，能够从全

① 参见吴梓源、游钟豪：《AI 侵权的理论逻辑与解决路径——基于对“技术中立”的廓清》，载《福建师范大学学报（哲学社会科学版）》2018 年第 5 期，第 74 页。

② See Sacha Wunsch-Vincent & Arno Hold, Towards Coherent Rules for Digital Trade: Building on Efforts in Multilateral Versus Preferential Trade Negotiations, World Trade Institute, Working Paper No 2011/64, https://www.wti.org/media/filer_public/53/69/5369b2b8-bfdc-4b95-808b-35cbc22dadb7/wunsch_hold_wp_final_11-07-08.pdf, last visited on June 11, 2021.

球价值链中获得的利益也面临着较大的挑战。[①] 除了政府和企业自身外，民间社会组织如互联网倡议组织在影响国际贸易规则中也发挥着重要的作用。例如，在《跨太平洋伙伴关系协定》（TPP）谈判期间，众多民间社会组织批判谈判程序以及内容对互联网用户权利、国内及网络治理的影响。

尽管各利益攸关方在数字贸易中的政策立场存在不同，但各国也正在努力基于共同的意识形态和经济利益采取方法在尽可能广泛的领域达成一致的意见。有学者认为，这些方法可以分为基于市场的方法、干预性的方法和保护性的方法：[②] （1）基于市场的方法，为技术行业提供了满足客户需求的多种选择，能够较好地平衡消费者和经营者的利益，实现更多的创新，代表性的国家有美国和日本。但也有学者认为，这种方法并不能合理地支持技术行业，尤其是在执行现行知识产权以及用户隐私保护方面。[③] （2）干预性的方法，即在承认数字贸易自由化的同时，为保护消费者的隐私权益，对于较为敏感的部分实行最大限度的干预，代表性的国家包括欧盟、澳大利亚、加拿大、韩国等。（3）保护性的方法，采用此方法的国家往往对互联网和给予互联网服务的监管保持谨慎的态度，并且对数据维护、在线审查和网络安全相关的政策实施强有力的控制，以保护国内的利益，许多发展中国家如印度尼西亚、中国和俄罗斯等倾向于采取此种方法。综上，不同国家间的意识形态和政策偏好差异往往会反映在 FTA 的相关条款中，正是由于各国对以互联网为基础的贸易存在不同的观点，导致众多 FTA 对 GATS 框架体系的缺陷没有作出积极的回应。

---

① See World Bank, World Development Report 2016: Digital Dividends, http: //www. worldbank. org/en/publication/wdr2016, last visited on June 11, 2021.

② See Andrew D. Mitchell & Neha Mishra, Data at the Docks: Modernizing International Trade Law for the Digital Economy, *Vanderbilt Journal of Entertainment & Technology Law*, Vol. 20, No. 4, 2018, p. 1073.

③ See Jane Kelsey & Burcu Kilic, Briefing on US TISA Proposal on E-commerce, Technology Transfer, Cross-border Data Flows and Net Neutrality, http: //world-psi. org/sites/default/files/documents/research/briefing_on_tisa_e-commerce_final. pdf, last visited on June 11, 2021.

第四节 FTA 跨境金融服务贸易市场准入规则的无效性

通过上文的分析可知，现有的四种类型的 FTA 并没有从实质上对 GATS 规则体系的不足之处作出积极的回应，而对于跨境金融服务贸易的市场准入条款，除了 USMCA 中直接纳入跨境金融服务贸易市场准入条款，其他 FTA 中均未直接纳入相关的条款。那么，在跨境金融服务贸易自由化的背景之下，跨境金融服务贸易的市场准入条款是一个必备概念还仅仅是一个口号？笔者认为，放弃跨境金融服务贸易市场准入条款的概念不会影响跨境金融服务贸易自由化。

一、服务贸易市场准入的内涵

国际社会对于“市场准入”并没有一个统一确切的含义，[①] “市场准入”一词最先出现在货物贸易领域，是指缔约方为特定货物进入其市场而商定的条件、关税和非关税措施。[②] 在服务贸易领域，WTO 成员方不可避免地会参照和借鉴存续多年的货物贸易领域的规则，但由于服务贸易的无形性，货物贸易领域的关税壁垒不再适合于服务贸易领域。在美国博彩案中，专家组引用《贸易政策术语词典》对“市场准入”所下定义：“是国际贸易领域最为基本的概念，它是指一国货物或服务在另一国市场中与当地产品或服务相竞争的程度。在 WTO 框架下，市场准入是指在非歧视的前提下，一成员方政府针对其他成员方产品或服务进入其市场所施加条件的法律术语。”[③]

有学者认为，GATS 的市场准入规则局限于形式而非其实际效果。虽然在美国博彩案中上诉机构对 GATS 第 16 条市场准入限制性

---

① 参见余劲松主编：《中国涉外经济法律问题新探》，武汉大学出版社 1999 年版，第 15 页。

② See WTO，Market Access for Goods，https：//www. wto. org/english/tratop_e/markacc_e/markacc_e. htm，last visited on Jan. 30，2021.

③ Panel Report，United States-Measures Affecting the Cross-Border Supply of Gambling and Betting Services，WT/DS285/R，10 Nov. 2004，para. 6. 263.

措施的解释已经从纯粹形式上的理解转向更广泛和有效的概念性理解，但从该案件中作出的任何推论都是不合理的。[①] 其一，措施的形式是具有决定性的。美国所采取的措施可以看作是数量上的限制而非质量上的限制，即规定市场上的远程博彩运营商的数量为零。这种限制性措施的影响不仅仅是上诉机构将其归为市场准入的障碍，而是禁令带来了精确的数字限制。换言之，其最终的聚焦点还是对数量的限制。[②] 其二，上诉机构的裁决也引起了众多学者的批判，认为上诉机构对国家自主权设定了较多的限制。[③]

二、跨境金融服务贸易市场准入条款限制性措施与跨境金融服务贸易关系不大

GATS 第 16 条关于市场准入的限制性措施主要是针对数量的限制性措施，适用于商业存在模式下的金融服务贸易，而对于跨境金融服务贸易，其关联度并不大。

（一）金融服务性质成为辨别跨境金融服务贸易的内核

在中国电子支付案中，中国认为，电子支付服务为由银行及其他金融机构提供的服务，即必须由金融机构提供电子支付服务。而专家组注意到，某些字典对“金融机构”的定义比较狭窄，如“募集资金并做投资，或将其借贷给借款人的机构”，而其他一些字典的定义则比较宽泛，并不限于银行和财务公司。专家组认为，这种宽泛的定义包括电子支付服务提供者。具体而言，电子支付服务提供者可以被定义为以提供特定金融服务为主要活动的组织，处理金融交易并协助资金汇划的企业，是从事特定金融服务、具有金融服务功能或经营现金等价物（电子零售支付工具）的商业组织。[④] 因而，主体并非决定跨境金融服务贸易的主要因素。专家组根据金融服务的功能性

---

① See Jukka Snell, The Notion of Market Access: A Concept or a Slogan? *Common Market Law Review*, Vol. 47, No. 2, 2010, p. 442.

② See Donald H. Regan, A Gambling paradox: why an origin-neutral 'zero-quota' is not a quota under GATS Article XVI, *Journal of World Trade*, Vol. 41, 2007, p. 1302.

③ See Joost Pauwelyn, Rien ne Va Plus? Distinguishing domestic regulation from market access in GATT and GATS, *World Trade Review*, Vol. 4, 2005, pp. 142-145.

④ See Panel Report, China-Certain Measures Affecting Electronic Payment Services, WT/DS413/R, July 16, 2012, paras. 7. 549-7. 551.

本质来辨别跨境金融服务贸易的市场准入，而不限于金融提供的主体。由此可见，通过主体数量限制模式进行规制的市场准入规则显然不再适用。况且，无论是“金融服务”的定义还是其分类，均以其性质为标准，故而主体限制方式存在较大的局限性。

（二）功能性监管日趋成为跨境金融服务贸易的保障

金融监管的功能是保证金融要素在跨地域、跨时间的配置中能够实现最优化的运行，相较于市场准入，监管是准入后金融运作的保障，是与金融市场准入衔接的。近些年来，功能性金融监管成为金融监管中的热点话题。根据 1995 年美国经济学家 Robert C. Merton 在其《功能视角下的金融体系运营与监管》一文中的解释，功能性监管强调的是跨产品、跨行业、跨市场的监管，即根据金融服务的功能进行监管。[①] 而传统意义上的监管是根据金融服务的提供主体进行划分的，即机构监管。但随着金融科技的进步和普及，原本只能由传统金融机构通过商业存在模式实现的金融服务模式被打破，众多互联网金融企业游走在金融服务的边缘，金融服务提供模式的界限被消除，在客观上就需要金融监管部门以金融服务的功能作为定位的标准，给予进入金融市场的各类参与者较多的选择权。[②]

传统的监管模式不再适应跨境金融服务贸易自由化的创新发展。跨境金融服务贸易的不断发展来源于持续不断的金融创新，而金融创新的本质在于各种金融活动的融合统筹发展。在传统模式下，受限于固定的业务范围，监管部门会限制或禁止金融机构开展跨行业、跨领域的金融活动，严重阻碍了金融创新。同时，传统金融监管也难以防范和化解互联网环境下的金融风险，跨境金融服务贸易以互联网作为平台，更多的是高风险性的金融服务，涉众范围较广，极易造成连锁的风险效应，这就在客观上要求建立跨行业、跨领域、涉及面大的交叉金融产品风险监测体系。

此外，跨境金融服务贸易的市场准入规则从金融服务的提供主

---

① See Robert C. Merton, A Functional Perspective of Financial Intermediation, *Financial Management*, Vol. 24, No. 2, 1995, pp. 23-41.

② 参见刘广：《功能性监管在我国互联网金融领域的探索运用研究》，载《西部金融》2017 年第 11 期，第 80—81 页。

体、数量等方面进行限制，将导致其很难与功能性监管进行有效衔接，这无疑会增加服务提供者、监管者的额外成本。

（三）数量限制不利于跨境金融服务贸易的自由化

服务贸易的数量限制源自货物贸易的配额、许可证等限制性措施，但服务贸易尤其是金融服务贸易与货物贸易存在较大的区别，采用数量限制性措施非但不能有效地消除跨境金融服务贸易的壁垒，反而不利于跨境金融服务贸易的自由化。跨境金融服务贸易一方面具有服务贸易的无形性，另一方面也具有金融服务的高风险性。其中，服务贸易的无形性决定了数量限制性措施本身并不能直接针对服务本身，而只能针对服务提供的主体，即通过对服务提供主体的限制达到数量限制的目的。问题是，此种方式可能影响到服务贸易提供，并且不会产生实质性的限制效果。例如，A 国禁止 B 国金融机构跨境交付金融信息服务，但 B 国服务提供主体可通过注册非金融机构跨境交付金融信息服务。同时，金融科技背景下的跨境金融服务贸易存在较大的交叉性金融风险，数量限制性措施并不能在实质上起到规避风险的作用。相反，不适当的数量限制会阻碍跨境金融服务贸易的自由化。例如，在中国电子支付案中，如果仅限于其他金融机构从事跨境电子支付服务，那么众多具有相同功能的金融服务提供机构将会被拒之门外，这不符合跨境金融服务贸易自由化的目标。

三、金融信息跨境流动自由成为跨境金融服务贸易自由化的重点

跨境金融服务贸易归根结底是金融信息的跨境流动，如跨境电子支付、跨境信用评级、跨境线上保险销售等都是以信息转移技术为支撑的，金融信息的跨境自由流动是跨境金融服务贸易的基础服务，正如有学者认为："金融服务业务中的数据信息与相应的资金转移本质上是非国界的，它们并不停留于任何一处，却又可为任何一处所捕获。"[①] 因此，对金融信息跨境流动的禁止相当于对跨境金融

① Anna Gelpen, *et al.*, Assessing the Trans-Pacific Partnership, Volume 1: Market Access and Sectoral Issues, https://www.piie.com/publications/briefings/piieb16-1.pdf, last visited on June 17, 2021.

服务贸易的禁止。GATS《关于金融服务的附件》第 5 条第（a）款（xv）项有关“金融服务”的定义明确列出了金融服务活动包括“提供和传递其他金融服务提供者提供的金融信息、金融数据处理和相关软件”。但是，WTO 成员方仅在就该服务作出市场准入承诺的情况下才负有相关义务，而且 GATS 中的现有规定是否足以解释因各种原因引起的金融信息跨境流动尚存在争议。

此外，金融服务商业网点的消失可能使得主要针对实体数量限制的市场准入限制性措施难以实施，并进而导致 GATS 中的市场准入规则难以适用。因此，合理地规制金融信息跨境流动即是对跨境金融服务贸易市场准入的规制。

四、新金融服务条款促进跨境金融服务贸易自由化

随着金融业的迅速发展，各类新型的金融业态不断涌现，尤其是以互联网为基础的跨境金融服务更是层出不穷，如跨境交付信用评级服务、跨境电子支付服务等。对于新出现的金融服务类型，有些国家作出了规范，但也有部分国家尚处于空白的状态。GATS 文本中并没有对“新金融服务”作出规定，一方面限于当时技术发展并不能使金融创新得以迅速普及，另一方面也由于 WTO 成员方在金融服务谈判过程中因自身发展水平不同而没有达成一致的金融服务协议。《关于金融服务承诺的谅解》中规定了“新金融服务”，即其 B 节第 7 段规定成员方应当允许其境内的其他成员方的金融服务提供者提供任何新金融服务，D 节第 3 段将“新金融服务”定义为：“指具有金融性质的服务，包括与现有产品和新的产品有关的服务或产品交付方式，此类服务在一特定成员领土内没有任何金融服务提供者提供，但在另一成员领土内已有提供。”新近 FTA 为应对金融服务贸易的新发展，多将“新金融服务”作为普遍义务进行规定，如 CPTPP 第 11.7 条和第 11.5 条的规定。相较于 GATS，新近 FTA 中的金融服务条款一般允许商业存在模式下新金融服务并明确其审批要求。例如，CPTPP 将新金融服务条款纳入普遍义务的范围，客观上体现了对 CPTPP 缔约方必须接受另一缔约方新金融服务

的强制性要求，即缔约方不得以国内法律空白为由拒绝另一缔约方的服务提供者提供新金融服务；而对于国内监管法律空白的金融服务，除基于审慎例外的理由，缔约方必须在限定时间内授权给另一缔约方的服务提供者。[①] 这一方面体现了国际社会对于新金融服务贸易自由化的接受，另一方面也给金融发展落后的国家带来了潜在的金融风险——若允许新金融服务提供，则会因缺少相应的监管规则而存在风险。

表 2-1　FTA中跨境金融服务贸易市场准入规则一览表[②]

序号	缔约方	与GATS第16条相比较				
		含义	内容描述上	体例及承诺形式	有关数据跨境流动的内容	其他
1	中国香港—格鲁吉亚	相同	相同	相同	无	设“Trade in Service”和“Establishment”两章
2	欧盟—日本	包括跨境交付和境外消费两种模式	1. 限制性措施描述相同 2. 无类似GATS第16.1条的规定 3. 仅就“商业存在模式下的新金融服务”进行了规定	1. “跨境服务贸易”“监管框架”“电子商务”章节的相关条款都适用于金融服务 2. 普遍义务+负面清单 3. 无“以数量配额或经济需求测试要求的形式，限定特定服务部门或服务提供者可雇佣的、提供具体服务所必需且直接有关的自然人总数”的要求	1. 在“金融服务”部分设金融信息跨境流动和信息处理自由条款 2. 禁止要求转让或访问源代码 3. “电子商务”章节之信息流动	1. 服务贸易、投资自由化、电子商务构成一章 2. 在“电子商务”章节承认技术中立原则

① 参见曾辉、张薇薇：《TPP金融服务贸易条款解析及评价》，载《黑龙江金融》2017年第1期，第20页。

② 此表涉及2010年1月1日至2022年3月31日期间所有生效的FTAs，系笔者根据WTO官网的RTA database整理而成，http：//rtais. wto. org/UI/PublicAllRTAList. aspx，2022年4月18日访问。

（续表）

序号	缔约方	与GATS第16条相比较				
		含义	内容描述上	体例及承诺形式	有关数据跨境流动的内容	其他
3	日本、澳大利亚等	包括跨境交付、境外消费和自然人流动	1. 无市场准入的规定 2. 仅就“商业存在模式下的新金融服务”进行了规定	无市场准入的规定	无	1. 允许缔约方境内居民及国民购买跨境金融服务 2. 缔约方可要求跨境金融服务提供者获得东道国注册或授权 3. 设单独的“金融服务”章节
4	欧洲自由贸易联盟（EPTA）—菲律宾	相同	相同	相同	无	
5	秘鲁—洪都拉斯	包括跨境交付、境外消费和自然人流动	相同	普遍义务+负面清单	无	无单独的跨境金融服务贸易章节
6	土耳其—新加坡	包括跨境交付、境外消费和自然人流动	1. 无市场准入的规定 2. 仅就“商业存在模式下的新金融服务”进行了规定	无市场准入的规定	设金融信息的转移和处理自由条款	1. 允许缔约方境内居民及国民购买跨境金融服务 2. 缔约方可要求跨境金融服务提供者获得东道国注册或授权 3. 设单独的“金融服务”章节
7	中国—格鲁吉亚	相同	相同	相同	无	
8	中国香港—中国澳门	相同	无市场准入的规定	无市场准入的规定	无	以《内地与香港关于建立更紧密经贸关系的安排》为基础的规定

（续表）

序号	缔约方	与 GATS 第 16 条相比较				
		含义	内容描述上	体例及承诺形式	有关数据跨境流动的内容	其他
9	欧盟—加拿大	包括跨境交付和境外消费两种模式	相同	1. 正面清单 2. 允许跨境提供新金融服务	设金融信息转移和信息处理自由条款	设单独的“金融服务”章节，其中包括跨境金融服务内容
10	智利—泰国	相同	相同	相同	设金融服务数据处理自由条款	设单独的“金融服务”章节，采用 GATS 模式，并制定金融服务承诺减让表
11	EPTA—格鲁吉亚	相同	相同	相同	无	
12	EAEU—越南	相同	相同	相同	无	无单独的金融服务章节，跨境服务贸易模式同 GATS，采用正面清单模式
13	吉阿姆集团 (GUAM)	无	无	无	无	不存在相关的实质性权利义务关系内容
14	欧盟—哥伦比亚/秘鲁	包括跨境交付和境外消费两种模式	1. 限制性措施描述相同 2. 无类似 GATS 第 16.1 条的规定 3. 仅就“商业存在模式下的新金融服务”进行了规定	1. 金融服务适用“跨境服务贸易”“监管框架”“电子商务”章节的相关规定 2. 普遍义务＋负面清单 3. 无“以数量配额或经济需求测试要求的形式，限定特定服务部门或服务提供者可雇用的、提供具体服务所必需且直接有关的自然人总数”的要求	无	

（续表）

序号	缔约方	与GATS第16条相比较				
		含义	内容描述上	体例及承诺形式	有关数据跨境流动的内容	其他
15	太平洋联盟	无	无	无	无	仅存在框架性协议
16	哥斯达黎加—哥伦比亚	无	无	无	无	
17	韩国—哥伦比亚	无	无	无	无	
18	墨西哥—巴拿马	无	无	无	无	
19	日本—蒙古	相同	相同	相同	“金融服务”附件中设金融服务数据处理自由条款	1. 设“电子商务”章节，承认技术中立原则 2. 采用GATS的体例安排，设金融服务附件
20	韩国—越南	相同	相同	相同	“金融服务”附件规定数据处理自由（前提是在其境内的另一缔约方服务提供者，即商业存在模式下的数据处理自由）	
21	中国—韩国	相同	无跨境金融服务贸易市场准入规定	无跨境金融服务贸易市场准入规定	无	采用GATS的体例安排，单独设“金融服务”章节
22	澳大利亚—中国	相同	相同	相同	无	

（续表）

序号	缔约方	与GATS第16条相比较				
		含义	内容描述上	体例及承诺形式	有关数据跨境流动的内容	其他
23	韩国—新西兰	包括跨境交付、境外消费和自然人流动	统一适用跨境服务贸易的市场准入规定	普遍义务+负面清单	无	单独设“跨境金融服务贸易”章节，无金融服务章节
24	EAEU—吉尔吉斯共和国	无	无	无	无	仅存在框架性的协议
25	韩国—澳大利亚	包括跨境交付、境外消费和自然人流动	1. 无市场准入的规定 2. 仅就“商业存在模式下的新金融服务”进行了规定	无市场准入的规定	无	1. 允许缔约方境内居民及国民购买跨境金融服务 2. 缔约方可要求跨境金融服务提供者获得东道国注册或授权 3. 设单独的“金融服务”章节
26	EAEU	无	无明确的市场准入条款，但也包括相同的限制性措施	普遍义务+负面清单	无	采用欧盟模式的体系安排，单独设金融服务协议
27	EFTA—哥斯达黎加和巴拿马	相同	相同	相同	无	
28	中国香港—智利	相同	相同（市场准入条款，不区分跨境和商业存在）	相同	在“金融服务”附件中规定金融数据处理自由	采用GATS的体例安排，设单独的“金融服务”章节

（续表）

序号	缔约方	与 GATS 第 16 条相比较				
		含义	内容描述上	体例及承诺形式	有关数据跨境流动的内容	其他
29	冰岛—中国	相同	相同	相同	无	
30	欧盟—格鲁吉亚	包括跨境交付和境外消费	相同	1. 特定义务＋正面清单 2. 金融服务适用“跨境服务贸易”“监管框架”“电子商务”章节的相关规定	在“金融服务”部分设金融数据处理自由条款	采用欧盟体例，但采用 GATS 的承诺模式
31	欧盟—乌克兰	包括跨境交付和境外消费两种模式	1. 限制性措施描述相同； 2. 无类似 GATS 第 16.1 条的规定 3. 仅就“商业存在模式下的新金融服务”进行了规定	1. 金融服务适用“跨境服务贸易”“监管框架”“电子商务”章节的相关规定 2. 普遍义务＋负面清单 3. 无“以数量配额或经济需求测试要求的形式，限定特定服务部门或服务提供者可雇佣的、提供具体服务所必需且直接有关的自然人总数”的要求	在“金融服务”部分设金融信息转移和信息处理自由条款	服务贸易、投资自由化、电子商务构成一章

（续表）

序号	缔约方	与GATS第16条相比较				
		含义	内容描述上	体例及承诺形式	有关数据跨境流动的内容	其他
32	欧盟—摩尔多瓦	包括跨境交付和境外消费两种模式	1. 限制性措施描述相同 2. 无类似GATS第16.1条的规定 3. 仅就"商业存在模式下的新金融服务"进行了规定	1. 金融服务适用"跨境服务贸易""监管框架""电子商务"章节的相关规定 2. 普遍义务＋负面清单 3. 无"以数量配额或经济需求测试要求的形式，限定特定服务部门或服务提供者可雇用的、提供具体服务所必需且直接有关的自然人总数"的要求	在"金融服务"部分设金融信息转移和信息处理自由条款	服务贸易、投资自由化、电子商务构成一章
33	中国—瑞士	相同	相同	相同	无	
34	新加坡—中国台湾	相同	相同	相同	无	设"跨境服务贸易"章节，但排除金融服务的适用，金融服务仍然适用GATS的相关规定
35	墨西哥—中美	无	无	无	无	
36	萨尔瓦多—古巴	无	无	无	无	
37	新西兰—中国台湾	包括跨境交付、境外消费和自然人流动	相同	普遍义务＋负面清单	无	无单独的金融服务章节，适用"跨境服务贸易"章节的规定

（续表）

序号	缔约方	与 GATS 第 16 条相比较				
		含义	内容描述上	体例及承诺形式	有关数据跨境流动的内容	其他
38	哥斯达黎加—新加坡	相同	相同	相同	无	设“跨境服务贸易”章节，但排除金融服务的适用，金融服务仍然适用 GATS 的相关规定
39	墨西哥—乌拉圭	无	无	无	无	
40	智利—尼加拉瓜	无	无	无	无	
41	哥斯达黎加—秘鲁	无	无	无	无	
42	马来西亚—澳大利亚	相同	相同	相同	无	
43	乌克兰—黑山	相同	相同	相同	无	
44	欧洲经济区（EEA）	无	无	无	无	框架性协议
45	巴拿马—危地马拉	无	无	无	无	无
46	加拿大—巴拿马	包括跨境交付、境外消费和自然人流动	1. 无市场准入的规定 2. 仅就“商业存在模式下的新金融服务”进行了规定	无市场准入的规定	无	1. 允许缔约方境内居民及国民购买跨境金融服务 2. 缔约方可要求跨境金融服务提供者获得东道国注册或授权 3. 设单独的“金融服务”章节

（续表）

序号	缔约方	与 GATS 第 16 条相比较				
		含义	内容描述上	体例及承诺形式	有关数据跨境流动的内容	其他
47	欧盟—中美	包括跨境交付和境外消费两种模式	1. 限制性措施描述相同 2. 无类似 GATS 第 16.1 条的规定 3. 仅就“商业存在模式下的新金融服务”进行了规定	1. 金融服务适用“跨境服务贸易”“监管框架”“电子商务”章节的相关规定 2. 普遍义务＋负面清单 3. 无以数量配额或经济需求测试要求的形式，限定特定服务部门或服务提供者可雇佣的、提供具体服务所必需且直接有关的自然人总数”的要求	在“金融服务”部分设金融信息转移和信息处理自由条款	服务贸易、投资自由化、电子商务构成一章
48	巴拿马—尼加拉瓜	无	无	无	无	
49	美国—巴拿马	包括跨境交付、境外消费和自然人流动	1. 无市场准入的规定 2. 仅就“商业存在模式下的新金融服务”进行了规定	无市场准入的规定	无	1. 允许缔约方境内居民及国民购买跨境金融服务 2. 缔约方可要求跨境金融服务提供者获得东道国注册或授权 3. 设单独的“金融服务”章节
50	EFTA—中国香港	相同	相同	相同	无	
51	哥伦比亚—北三角	无	无	无	无	
52	EFTA—乌克兰	相同	相同	相同	无	

（续表）

序号	缔约方	与 GATS 第 16 条相比较				
		含义	内容描述上	体例及承诺形式	有关数据跨境流动的内容	其他
53	美国—哥伦比亚	包括跨境交付、境外消费和自然人流动	1. 无市场准入的规定 2. 仅就"商业存在模式下的新金融服务"进行了规定	无市场准入的规定	无	1. 允许缔约方境内居民及国民购买跨境金融服务 2. 缔约方可要求跨境金融服务提供者获得东道国注册或授权 3. 设单独的"金融服务"章节
54	巴拿马—秘鲁	无	无	无	无	
55	智利—危地马拉	无	无	无	无	
56	美国—韩国	包括跨境交付、境外消费和自然人流动	1. 无市场准入的规定 2. 仅就"商业存在模式下的新金融服务"进行了规定	无市场准入的规定	无	1. 允许缔约方境内居民及国民购买跨境金融服务 2. 缔约方可要求跨境金融服务提供者获得东道国注册或授权 3. 设单独的"金融服务"章节
57	中国—哥斯达黎加	相同	相同	相同	无	投资、服务贸易和商务人员临时入境构成一章
58	日本—秘鲁	包括跨境交付、境外消费和自然人流动	相同，但无外国资本额度比例的限制	与其他跨境服务贸易共同适用市场准入规则	包括金融数据转移和处理自由条款	"金融服务"作为单独的附件，附属于"跨境服务贸易"章节

（续表）

序号	缔约方	与 GATS 第 16 条相比较				
		含义	内容描述上	体例及承诺形式	有关数据跨境流动的内容	其他
59	秘鲁—墨西哥	无	无	无	无	
60	新西兰—马来西亚	相同	相同	相同	无	
61	多米尼加共和国—中美	无	无	无	无	
62	秘鲁—智利	无	无	无	无	
63	智利—洪都拉斯	无	无	无	无	
64	加拿大—哥伦比亚	包括跨境交付、境外消费和自然人流动	1. 无市场准入的规定 2. 仅就“商业存在模式下的新金融服务”进行了规定	无市场准入的规定	无	1. 允许缔约方境内居民及国民购买跨境金融服务 2. 缔约方可要求跨境金融服务提供者获得东道国注册或授权 3. 设单独的“金融服务”章节
65	印度—日本	相同	相同	相同	无	
66	EFTA—哥伦比亚	相同	相同	相同	无	
67	印度—马来西亚	无	无	无	无	

（续表）

序号	缔约方	与 GATS 第 16 条相比较				
		含义	内容描述上	体例及承诺形式	有关数据跨境流动的内容	其他
68	秘鲁—韩国	包括跨境交付、境外消费和自然人流动	1. 无市场准入的规定 2. 仅就“商业存在模式下的新金融服务”进行了规定	无市场准入的规定	无	1. 允许缔约方境内居民及国民购买跨境金融服务 2. 缔约方可要求跨境金融服务提供者获得东道国注册或授权 3. 设单独的“金融服务”章节
69	危地马拉—中国台湾	相同	相同	相同	无	
70	欧盟—韩国	包括跨境交付和境外消费两种模式	1. 限制性措施描述相同 2. 无类似 GATS 第 16.1 条的规定 3. 仅就“商业存在模式下的新金融服务”进行了规定	1. 金融服务适用“跨境服务贸易”“监管框架”“电子商务”章节的相关规定 2. 普遍义务＋负面清单 3. 无“以数量配额或经济需求测试要求的形式，限定特定服务部门或服务提供者可雇佣的、提供具体服务所必需且直接有关的自然人总数”的要求	在金融服务部分设金融信息转移和信息处理自由条款	服务贸易、投资自由化、电子商务构成一章
71	中国香港—新西兰	相同	相同	相同	无	将 GATS 的金融服务条款直接纳入其中，其他服务贸易采用负面清单模式

（续表）

序号	缔约方	与 GATS 第 16 条相比较				
		含义	内容描述上	体例及承诺形式	有关数据跨境流动的内容	其他
72	哥伦比亚—墨西哥	无	无	无	无	
73	ASEAN—印度	相同	相同	相同	无	
74	ASEAN—韩国	相同	相同	相同	无	
75	韩国—印度	相同	相同	相同	无	
76	欧盟—塞尔维亚	无	无	无	无	未对金融服务贸易作出实质性的规定
77	ASEAN—澳大利亚—新西兰	相同	相同	相同	在“金融服务”附件中设金融数据转移和处理自由条款	GATS 模式
78	萨尔瓦多—洪都拉斯—中国台湾	相同	相同	相同	无	
79	秘鲁—中国	相同	相同	相同	无	

第三章

FTA 跨境金融服务贸易的非歧视待遇规则

非歧视待遇是实现跨境金融服务贸易自由化和维持国内外平等竞争环境的重要保障。然而，跨境金融服务贸易应具有的安全稳健性、国际义务与国家安全间的平衡性以及金融数据跨境流动的特殊性决定了其与GATS项下关于跨境交付与境外消费的区别问题、服务原产地的认定问题、非歧视待遇条款中的同类性问题以及事实上歧视性待遇的解释问题等既具有共同性，又具有自身的特殊性。新一代的FTA均对上述问题作出了微弱的回应，但是未来跨境金融服务贸易的非歧视待遇规则应更具有灵活性与可预期性，以解决例外条款举证之困难、金融服务同类性判断标准不确定等问题，并构建以要素为基础的灵活性非歧视待遇标准。

第一节　跨境金融服务贸易非歧视待遇的特殊性

金融服务业不同于一般服务业，它一方面服务于实体经济，另一方面也依靠自身运营实现价值。金融安全稳健的合法性检验、国际义务与国家安全间的平衡以及金融数据跨境的特殊性等使得跨境金融服务贸易非歧视待遇具有一定的特殊性，这种特殊性导致跨境金融服务贸易规则在贸易规制体系中的重要性略显微弱。

一、非歧视待遇的内涵

最惠国待遇和国民待遇统称为“非歧视待遇”，都是为了创建平等竞争的国际贸易平台，并体现了衡平论的观点，即在贸易自由化和国内管理自治的政策目标之间存在着平衡。最惠国待遇的目的是实现“外外平等”，即保证外国产品、服务和服务提供者之间、知识产权的持有者之间的平等竞争；而国民待遇的目的是实现“内外平等”，即实现进口产品、服务和服务提供者、知识产权持有者与国内产品、服务和服务提供者、知识产权持有者在国内市场上的平等竞争。[①] 非歧视待遇一方面尊重缔约方为国内特定政策目标而采取的自由方式，另一方面也要求缔约方遵守非歧视待遇的承诺，不能损害、贬低其他贸易伙伴的权利，危及多边体制的发展。

（一）最惠国待遇

最惠国待遇萌芽于 11 世纪。当时，地中海沿岸的意大利、法国、西班牙的商人到外国做生意，开始总想独占市场，挤走别的竞争者；在此点不可得时便退而求其次，要求在各该国市场获得同等竞争机会。最惠国待遇的原始形态就是作为市场竞争“机会均等”的一种权利形式出现的。[②] 在 18、19 世纪，各种友好通商条约通常包括有条件或无条件的最惠国待遇条款，要求一方保证给予任何其他国家的贸易优惠必须给予对方。WTO 体系中的最惠国待遇具有如下特征：一是自动性，即当一成员方给予其他国家的优惠超过 WTO 其他成员方享有的优惠时，这种机制就会启动，其他成员方便能够自动地享有这种优惠。二是同一性，即当一成员方给予其他国家的某种优惠自动适用于其他成员方时，受惠标的必须相同。三是相互性，即任何成员方既是给惠方，又是受惠方，在承担最惠国待遇义务的同时，享有最惠国待遇的权利。四是普遍性，即最惠国待遇适用于全部进出口产品、服务贸易的各个部门以及所有种类的知识产权所有者和持有者。

在服务贸易领域，部分国家对最惠国待遇持有保留意见，原因在于最惠国待遇常常存在搭便车的现象，尤其是在金融服务贸易领域。无条件的最惠国待遇要求单方减让多边化、无须受益国实行对等的互惠减让，这就导致在金融服务业此等高度管制的领域，许多国家不仅担心贸易方面的自由化，更加担忧管制方面的问题，即通过最惠国待遇获得市场准入的国家可能对于金融服务存在管制不足的问题，从而间接影响母国金融体系的稳定。事实上，最惠国待遇

---

① 参见曹建明、贺小勇：《世界贸易组织（第三版）》，法律出版社 2011 年版，第 102 页。

② 参见赵维田：《世贸组织（WTO）的法律制度》，吉林人民出版社 2000 年版，第 52 页。

可营造和谐的国际经贸关系、促进市场在资源配置中的主导作用以及有利于减少交易成本，若各国政府在干预国际贸易时不再考虑产品的原产地，不同国家和地区的产品与服务的竞争条件将更加充分和平等，市场对于产品和服务的生产和配置功能也将更有效率。

（二）国民待遇

WTO 中的国民待遇，是指对其他成员方的产品、服务和服务提供者、知识产权所有者和持有者所提供的待遇，不低于本国相同产品、服务和服务提供者、知识产权所有者和持有者所享有的待遇。国民待遇与最惠国待遇一样，都是非歧视待遇规则在多边贸易体系中的具体表现。国民待遇在国内法层面营造了平等的竞争机会，从经济层面而言，能够保障各成员方在市场准入方面所作的承诺不因国内管理措施而受到减损。从政治层面而言，国民待遇原则有利于成员方政府抵御贸易保护主义的政治压力，能有效地防止政府在国内利益集团的压力下实施贸易保护政策。① 因为贸易自由化往往会遇到国内生产者组成的强大利益集团的政治阻力，要求政府以国内管理或国内税收主权为名，采取歧视性的贸易保护措施。早期的国民待遇定位于外国人与本国国民在享受权利和承担义务方面拥有平等的法律地位，但随着经济活动的频繁和多元利益的出现，原本抽象性的“人”已经不能涵盖国民待遇的适用范围，尤其是在服务贸易领域，国民待遇更是同时适用于服务提供者和服务本身。

GATS 第 17 条第 1 款是关于国民待遇含义的总体性规定：“在列入服务贸易承诺表的服务门类中，在遵守其中所列条件与限制的情况下，每个成员方给予任何其他成员方服务和服务提供者的待遇，在影响服务提供的所有措施方面，在优惠上不得低于它给予本国相同服务和服务提供者的待遇。”第 17 条第 2 款和第 3 款进一步规定，成员方可以在形式上给予任何其他成员方服务、服务提供者与本国相同服务、服务提供者相同或不同的待遇，只要这种形式相同或不同的待遇不对外国服务、服务提供者形成不利的竞争条件。由此可

---

① 参见曹建明、贺小勇：《世界贸易组织（第三版）》，法律出版社 2011 年版，第 103 页。

以看出，GATS 的国民待遇具有以下特点：第一，GATS 中的国民待遇属于特定义务，即 GATS 允许 WTO 成员方在其服务贸易承诺表中就国民待遇适用的条件和限制进行具体谈判和规定，除谈判明确的条件和限制外，任一成员方须给予其他成员方的服务、服务提供者不低于给予本国相同服务、服务提供者的待遇。第二，GATS 中的国民待遇不仅仅适用于服务，而且还适用于服务提供者。第三，GATS 国民待遇标准是事实上的而非形式上的，即成员方给予外国服务、服务提供者的待遇可以在形式上不同于本国相同服务、服务提供者享受的待遇，但只要实际执行效果能够达到"竞争条件"平等就可以了。据此，不论外国服务、服务提供者与国内相同服务、服务提供者享有形式相同还是形式不同的待遇，只要能使二者的竞争条件平等，就符合 GATS 中的国民待遇原则。反之，如果某种措施在形式上是相同的，但却实际上改变了竞争条件，从而使本国的服务、服务提供者与任何其他成员方的同类服务、服务提供者相比处于有利地位，则该形式相同的措施应被认定违反了 GATS 中的国民待遇原则。

二、跨境金融服务贸易非歧视待遇的特殊性

（一）金融安全稳健的合法性检验

金融业的安全稳健是金融法的核心价值。[①] 因而，维护跨境金融服务贸易的安全稳健是贸易正常进行的前提条件。跨境金融服务贸易不同于商业存在模式下的金融服务，如在商业存在模式下金融服务贸易通常采取子行或分行的形式。具体而言，外国银行通过子行经营，由于子行是东道国的法人，因而完全受东道国的安全稳健经营制度的制约。出于安全性考虑，东道国政府通常会采取与管理本国银行同样的手段，如资本金要求和对审计、高级管理人员等的限制性措施，以确保子行的安全稳健运营。在此种情况下，东道国不一定会十分在意外国母行的经营状况，因为即使外国母行破产，也

① See J. J. Norton, *et al*. (eds.), *International Banking Regulation and Supervision: Change and Transformation in the 1990s*, Kluwer Academic Publishers, 1994, p. 378.

不会导致其子行所有权的变更，此时子行在东道国还可以正常运营。但对于跨境金融服务贸易，由于外国的金融服务提供者在东道国没有相应的经营场所，对于其跨境交付金融服务，东道国只能依赖于跨境金融服务提供者所在国政府的有效监管。这样，在国际社会达成并采取统一的国际规则时，情况可能较为乐观，如银行业采用巴塞尔委员会制定的统一规则等。但是，若东道国不能依据属地管辖原则对跨境金融服务提供者进行监管，则很有可能威胁到其金融安全稳定。因而，东道国对跨境金融服务和服务提供者进行有效监管往往成为跨境金融服务贸易市场准入的壁垒。

此外，通过网络实现的跨境金融服务贸易的市场准入一般会涉及内容审查，如金融信息的跨境提供。2008 年，欧盟、美国、加拿大分别就中国影响金融信息服务和外国金融信息服务提供者的措施向 DSB 提出与中国磋商，最终各方通过磋商达成谅解备忘录。该案涉及的金融信息跨境转移争端的起因就在于中国政府对隐藏的不安全金融信息没有合理的规范，从而造成违反 WTO 规则的误解。[①] 在互联网服务领域，监管独立性、国民待遇和最惠国待遇等国际法规则和原则都有可能被触及。

（二）国际义务与国家安全间的平衡

在大数据时代，更多的数据被创造出来并被采集和存储，可以说我们处在透明的社会里，这也就给公共安全和个人隐私带来了更大的威胁。[②] 一方面，国家在监管过程中必须顾及自身的国际义务，如最惠国待遇、国民待遇、市场准入方面的承诺等；另一方面，国家还必须考虑其自身安全。2013 年的“斯诺登事件”让各国意识到网络安全的重要性。2014 年 5 月，中国中央国家机关政府采购中心发布《关于进行信息类协议供货强制节能产品补充招标的通知》，要求国家机关在进行协议供货强制节能产品采购时，“所有计算机类产品不允许安装 Windows 8 操作系统”。这也许违反 WTO 规则以

① 参见漆彤：《中国影响金融信息服务措施案探析》，载《国际经济法学刊》2008 年第 3 期，第 251 页。

② 参见王迁：《知识产权法教程》，中国人民大学出版社 2011 年版，第 127 页。

及中国入世承诺，但在国家安全方面，这是非歧视待遇必须考虑的首要因素。

（三）金融数据跨境的特殊性对待

金融数据跨境是跨境金融服务贸易的载体，在给予跨境金融服务本身以及跨境金融服务提供者非歧视待遇的同时，关于金融数据的非歧视待遇尚处于空白状态。例如，业已签署的 FTA 主要针对金融数据的跨境自由流动问题，没有涉及金融数据的待遇问题。欧盟的《通用数据保护条例》（GDPR）被认为是史上最严格的个人信息保护规范，其数据传输的限制主要针对欧盟外国家，即以特定国家、地区、国际组织是否对个人信息提供了“充分的保护”为标准，通过对宏观的法治现状、所参加的与数据保护相关的国际条约以及是否存在独立的监管机构等设定“白名单”，“白名单”上的国家不受数据跨境传输的限制。由于 FTA 中没有明确数据本身的地位，因而，在欧盟以“数据保护是否达到自身的安全标准”为参考系对国家进行划分时，不会涉及非歧视待遇问题。但是，随着跨境金融服务贸易的发展，金融数据的跨境自由流动必将成为不可逆转的趋势，给予金融数据跨境的非歧视待遇也必将被纳入考虑范围。

第二节　GATS 非歧视待遇规则在跨境金融服务贸易中适用的困境

非歧视待遇规则是 WTO 的基石，主要通过 GATS 第 2 条“最惠国待遇”和第 17 条“国民待遇”的规定予以体现。据此，该规则同样适用于跨境金融服务贸易。WTO 成立至今，有关非歧视待遇条款的争议较多，其中与跨境金融服务贸易有关的问题有跨境交付与境外消费的区别问题、服务原产地的认定问题、非歧视待遇条款中的同类性问题以及事实上的歧视性待遇的解释问题。

一、GATS 非歧视待遇规则的实践争议

（一）跨境交付与境外消费概念的重叠

服务产品生产、交换和消费的同时性和不可存储性意味着服务产品的使用不必从产地转移到销地，并且国际社会也一直没有对“服务贸易”进行直接的定义，GATS 只是根据服务的提供方式将其划分为跨境交付、境外消费、商业存在和自然人流动四种模式。除了跨境交付模式的服务贸易，其他三种模式的服务贸易均要求服务提供者与服务消费者之间存在相邻性。WTO 成立之初，传统的通信技术难以克服存在的地理差距，跨境交付模式的服务贸易较少。然而，随着信息技术的迅速发展，服务提供者和服务接受者完全可以在互联网的虚拟空间中实现“相邻”，要准确地识别相关服务是跨境交付还是境外消费模式就存在较大的难度，尤其是在金融服务贸易领域。

跨境交付和境外消费的区别问题，关系到 WTO 成员方有关服务的开放的识别与落实。然而，互联网技术带来的跨境交付和境外消费混同现象，极易导致成员方在境外消费模式下作出较高水平的承诺，而对于跨境交付则采取相对保守的方式。同时，在资本自由转移方面，GATS 仅对跨境交付模式下的资本转移进行了规定，对于境外消费并未作规定。此外，跨境交付模式下的消费者权益由母国提供保护，而境外消费模式下的消费者权益原则上只能由东道国进行管辖，在两者关系尚未理清的情况下，通常会引起管辖权方面的冲突。[①] 对于金融服务风险防范而言，在跨境交付模式下，风险极易传播到作出承诺的成员方境内；而在境外消费模式下，服务发生在境外，风险也就集中在境外。成员方为了维护本国的利益，通常不会对跨境交付模式下的金融服务作出承诺，而这必然有违逐步实现跨境金融服务贸易自由化的目标。

在乌拉圭回合谈判后，不少 WTO 成员方就跨境交付和境外消费的混同问题提交了提案，这些提案大致可以分为以下五类：

---

① 参见韩龙：《WTO 金融服务中跨境提供与境外消费关系的廓清》，载《上海财经大学学报》2013 年第 4 期，第 32 页。

表 3-1 关于跨境交付和境外消费混同问题的提案[①]

类别	提案	评价
1	“跨境交付”为发生在成员方境内非居民服务提供者与居民消费者之间的金融服务交易	1. 优点在于，符合国际通行的贸易收支统计 2. 缺点是，如果金融服务的发生地是以费用或佣金的支付地为基础，则背离了 GATS 关于服务交付地决定服务提供地的一般规则
2	依据金融交易的法律依据划分；如果依据本国法划分，则属于“跨境交付”，反之为“境外消费”	1. 各成员方的管辖权存在差异，不易划分 2. 境外消费模式下的交易不具有限制的可能性
3	根据是否伴有“招揽”划分：如有为“跨境交付”，反之为“境外消费”	改变了传统的将“服务交付地”作为划分服务提供模式的划分标准，并且，“招揽”的含义也存在很大的不确定性
4	适用于金融服务提供者的措施属于“跨境交付”，而适用于消费者的措施则属于“境外消费”	现实中可能存在同时适用于“跨境交付”和“境外消费”的措施
5	将“境外消费”与“跨境交付”合并	在整个服务贸易体系下，此举不具有可行性

WTO 秘书处曾以样板“首注”（headnote）的形式分别以上述提案 3 和提案 4 为基础进行解释，但并没有解决服务交付地和招揽的问题。事实上，在金融服务贸易领域二者区分难的问题至今仍未解决。但是，在金融服务电子化的背景下，界分跨境交付和境外消费成为金融服务贸易透明度必然的要求。

（二）原产地标准的缺失

服务、服务提供者的原产地决定了相关服务、服务提供者能否享有相应的待遇问题，尤其是一些国家在互惠基础上签订的服务贸易自由化协定，如 NAFTA 等对于不同来源的服务给予不同的待遇，这就要求能够确定服务的原产地。服务的原产地相当于服务的国籍，

① 参见韩龙：《WTO 金融服务贸易的法律问题研究》，湖南人民出版社 2004 年版，第 146 页。

在国际贸易中它与服务及其服务提供者受到的待遇有直接的关系。乌拉圭回合达成的《原产地规则协定》(Rules of Origin Agreement)仅仅适用于货物贸易，并不适用于服务贸易，并且GATS全文中并没有“原产于”(originate in)一词。在货物贸易领域，各国通常采取“最后的实质性改变”(last substantial transformation)标准来确定货物的原产地，即将所交易的货物归于应当被考虑为货物生产者的国家。[①] 同时，货物的原产地规则是在货物进入一国关境之前或之时一次性最后确认的。[②] 对于服务贸易的原产地，只有当服务提供完毕后才可能最终予以确定。[③] 而对于跨境金融服务贸易，自1970年以来，为节约成本，将部分事务性业务外包的金融服务外包[④]现象逐渐普及，而此种金融服务往往通过跨境交付的方式完成，通常涉及基金管理业或保险业的投资管理、基金单位定价及托管、索赔支付等，同时往往还涉及信息技术、后台业务操作等。[⑤]

服务与服务提供者通常紧密地联系在一起，那么，服务的原产地是否等同于服务提供者的来源地？对于服务提供者的来源地，即服务提供者的国籍，通常采用自然人的国籍、永久居住规则以及法人的实际拥有或控制规则来确定。[⑥] 但实践中，服务外包现象大量存在，能否将服务提供者的国籍等同于被提供的服务原产地本身？只有当实际的服务提供者就是原服务合同中的提供者时才能将二者等同，否则可能产生不合理的结果。例如，美国的证券基金分析公司

① See Bernard M. Hoekman, Rules of Origin for Goods and Services—Conceptual Issues and Economic Considerations, *Journal of World Trade*, Vol. 27, No. 4, 1993, p. 83.

② See Edwin A. Vermulst, Rules of Origin as Commercial Policy Instruments—Revisited, *Journal of World Trade*, Vol. 26, No. 6, 1992, p. 76.

③ See Aly K. Abu-Akeel, Definition of Trade in Services under the GATS: Legal Implications, *The George Washington Journal of International Law and Economics*, Vol. 32, No. 189, 1999, p. 205.

④ 根据巴塞尔委员会联合论坛的解释，金融服务外包是指受监管实体持续地利用外包服务商（为集团内的附属实体或集团以外的实体）来完成以前由其自身承担的业务活动。

⑤ 参见龚柏华:《论中国承接金融服务离岸外包相关法律问题》，载《上海财经大学学报》2007年第1期，第51页。

⑥ See GATS, Art. 28 (f)(k) (m) (n) .

向中国的客户提供咨询服务，但实际的服务提供者是来自印度的金融分析师或者是位于巴西的智能投资顾问，此时将美国视为服务的原产地可能就存在不合理性。

WTO 欧共体香蕉案和加拿大汽车案曾就最终控制权问题进行过讨论。因为在实践中，签订合同的服务提供者通常会为另一国家的法人所控制，即存在多层股权控制问题。例如，由甲国 A 公司控制的乙国 B 公司向丙国跨境交付金融服务，此时 B 公司是否享有丙国所承诺的非歧视待遇就成为一个问题。在欧共体香蕉案中，欧共体认为，戴尔蒙特公司的实际控制权属于一个巴勒斯坦/约旦公司，不再属于墨西哥，因而墨西哥无权提出诉求。[①] 而墨西哥则认为，只需要判断欧共体分销体制建立起来时戴尔蒙特公司是否为 GATS 第 28 条（m）项下的墨西哥公司即可。专家组认为实际控制权与服务的来源地并无关系，即只要该公司在墨西哥境内成立并在 WTO 成员方境内从事实质性的业务活动即可。[②] 加拿大汽车案专家组也同样没有考虑实际控制权的情况。[③]

GATS 第 28 条（m）项设定了 WTO 成员方境内法律实体的判断标准，即符合“实际拥有”或“实际控制”的条件，在此条件之外，任何实体不享有 GATS 赋予的相应待遇。在服务外包的情况下，实际服务提供者的身份在合同签订的时候往往并未明确，而且在实际履行过程中也常常会发生改变。通过采用法律意义上的服务者国籍来判断原产地的方法存在不合理之处，因为这会否认成员方通过合适的原产地规则去追踪和明确服务在真正经济意义上的原产地。[④] GATS 并未排除成员方自行制定服务原产地标准的权力，但可以预测的是，此种标准相较于货物贸易的原产地规则将更加复杂和难以实施。从 GATS 的谈判历史看，服务贸易的原产地问题并不是谈判

---

① See Panel Report, European Communities-Regime for the Importation Sale and Distribution of Bananas, WT/DS27/R/USA, May 22, 1997, para. 4. 694.

② Ibid., para. 7. 318.

③ See Panel Report, Canada-Certain Measures Affecting the Automotive Industry, WT/DS139/R, Feb. 11, 2000, para. 10. 258.

④ 参见石静霞：《WTO 服务贸易法专论》，法律出版社 2006 年版，第 57 页。

组关注的要点，后续也没有成员方在提案中涉及，但此问题将会随着信息技术的发展而逐渐凸显。

（三）同类性标准解释的差异

GATS 第 2 条第 1 款以及第 17 条都涉及同类性的判断问题，即“相同的服务和服务提供者”(like services and service suppliers）的问题。在具体适用中，货物贸易的同类性判断可依据相关 WTO 成员方的海关进出口产品分类表，而对于服务贸易尤其是跨境金融服务贸易，由于不存在具体的服务和服务提供者分类表以及金融服务本身的复杂性等，很难判断相关服务是否为“同类”或“直接竞争或可替代的服务”，以及相关服务提供者是否为“同类的服务提供者”。而在实践中，同类性的判断问题会直接影响到非歧视待遇的判断。

与此同时，随着信息技术的发展，越来越多的服务通过电子方式传输和提供，如跨境金融服务贸易，相应地对于此种新兴的服务提供方式与传统的金融服务提供是否为“同类服务”也引发了众多的讨论。WTO 电子商务工作组（Work Programme on Electronic Commerce）建议采取“个案认定”的方式，其中服务的提供方式只是认定同类性的众多因素中的一个。那么，一种金融服务如果通过不同的方式提供，是否可以构成服务不同种类的理由？实际上，服务的提供方式应当被作为同类性判断的关键因素，其原因在于服务提供方式的不同可能造成服务本身的极大差异，如跨境交付电子支付服务与通过实体金融机构柜台提供的支付服务具有明显的不同，并且在监管方式、竞争条件等方面都存在较大的差异，二者不可能存在相互替代的关系。在美国博彩案中，第三方日本认为，如果给予跨境交付模式下的服务及其服务提供者不低于本国不同服务提供模式下的服务及其服务提供者的待遇，会给服务进口国造成极大的压力。[①] 有人认为，不应将服务提供模式作为考量的因素。在美国博彩案中，第三方欧共体认为，不同的提供模式不应当阻碍服务本身的特性以及对其同类性的认定，并且如果依据服务提供者不在服务

---

① See Panel Report, United States-Measures Affecting the Cross-Border Supply of Gambling and Betting Services, WT/DS285/R, Nov. 10, 2004, paras. 4.42-4.46.

进口国境内这一事实就断定其不具有同类性，则很有可能破坏GATS规则的严肃性。[①] 因而，在此类案件中如何认定同类性往往成为DSB需要解决的焦点问题。

由于GATS文本没有对“相同服务和服务提供者”进行明确的定义，因而在实践中往往存在较大的争议。在DSB处理的案件中，专家组虽然会对“相同服务和服务提供者”进行指引，但专家组毕竟不是WTO协定规定的有权解释主体。

1. 对“相同服务”的辨别

GATS并没有对如何判断“相同服务”提供明确的指引，从WTO争端解决实践看，欧共体香蕉案和加拿大汽车案虽对此问题有所涉及，但并未深入。在货物贸易领域，“相同产品”判断标准适用产品国际关税分类表——《商品名称及编码协调制度》(Harmonized Commodity Description and Coding System，HCS)，服务贸易领域则存在W/120，并且与CPC相对应，即当两种服务同时对应W/120和CPC时，则可判断其属于“相同服务”。然而问题在于，并不是每个WTO成员方都采用W/120和CPC分类，同时相同部门的服务也有可能“不相同”，比如“医疗和牙医服务”属于“商业服务”部门中的“专业服务”，已经是一个最小的、没有再分的项目，但是很难说内科与外科医疗服务是“相同服务”。

2. 对“相同服务提供者”的辨别

对于如何判断“相同服务提供者”，GATS也未规定明确的标准。在欧共体香蕉案中，专家组就欧共体各香蕉经营者是否为“相同服务提供者”发表了意见：“根据联合国临时核心产品分类所规定的批发服务的性质和特点，无论香蕉经营者是从事欧共体当地香蕉的批发还是进口香蕉的批发，也无论香蕉经营者是从哪里进口香蕉，其作为批发商所提供的服务都是相同的服务。”专家组进一步指出：“仔细比较每一项服务活动的区别，可以看出仅香蕉的原产地存在区别，其他方面基本上完全相同，因而，从香蕉经营实体的角度看，

---

① See Panel Report, United States-Measures Affecting the Cross-Border Supply of Gambling and Betting Services, WT/DS285/R, Nov. 10, 2004, para. 3. 186.

服务提供的内容是相同的，因而，服务的提供者亦为相同的服务提供者。”由此可见，该案专家组对于“相同服务提供者”的判断聚焦于提供相同的服务产品。然而，决定服务提供者是否相同的因素除服务产品外，还包括其他多种因素，诸如相关实体的历史、规模、雇佣人数、人员素质、交易数额、设备、技术力量、业务范围等因素，也会对服务提供者产生影响。

在阿根廷金融服务案中，上诉机构认为，同类性的判断标准在于服务和服务提供者之间的竞争关系“是否存在”以及“存在程度的大小”。[①] 据此，当服务的原产地是给予服务和服务提供者差别待遇的唯一判断因素时，可以对同类性作出肯定的判断。[②] 但是，对于是否存在其他影响竞争关系“是否存在”以及“存在程度的大小”的因素，DSB 并没有给出明确的答案。

（四）事实上的非歧视待遇适用的模糊

歧视性待遇包括“法律上的歧视性措施”(*de jure* discriminatory measures) 和“事实上的歧视性措施”(*de facto* discriminatory measures)。法律上的歧视性措施直接将差别待遇与服务和服务提供者相联系；而事实上的歧视性措施则是在“中立的标准”的基础上支持国内服务和服务提供者，包括任何影响服务贸易并且修改了竞争条件的措施，但这种竞争条件的改变必须是由于 WTO 成员方本身的行为造成的。GATS 并未明确歧视性待遇的判断标准，因而实践中对于其是否涵盖事实上的歧视性待遇存在争议。在欧共体香蕉案中，欧共体认为，只要其制度在目的和效果方面没有明显的歧视性，就满足了 GATS 第 2 条的要求。在阿根廷金融服务案中，阿根廷认为，成员方出于监管目的采取的对服务提供者适用的差异措施未必构成歧视性待遇。有学者认为，对“事实上的歧视性待遇”进行广义的

① See Appellate Body Report, Argentina-Measures Relating to Trade in Goods and Services, WT/DS453/AB/R, Apr. 14, 2016, para. 6. 34.

② See Panel Report, China-Measures Affecting Trading Rights and Distribution Services for Certain Publications and Audiovisual Entertainment Products, WT/DS363/R, Aug. 12, 2009, para. 7. 975; Appellate Body Report, Argentina-Measures Relating to Trade in Goods and Services, WT/DS453/AB/R, Apr. 14, 2016, para. 6. 52.

解释可能违反成员方的监管主权。[①] 但随着立法技术的提升，成员方往往能有效地规避法律上的歧视性措施，从而出现大量事实上的歧视性措施。因此，是否在解释“事实上的歧视性措施”时纳入“必要性测试”(necessity test)、“目的和效果测试”(aims and effects test)以及合法的监管区分限制等一直是争议的焦点。

1. DSB 对合法的监管区分限制的支持

在阿根廷金融服务案中，阿根廷政府对合作方、非合作方的服务和服务提供者设定了不同的税收标准。巴拿马认为，阿根廷有八项措施违反了 GATS 规定的非歧视待遇，影响了阿根廷消费者与巴拿马金融服务供应商之间的跨境金融服务贸易。专家组基本上支持巴拿马提出的阿根廷违反 GATS 第 2 条和第 17 条非歧视待遇的请求，但对于“不低于待遇”，专家组认为，服务提供者应当考虑到“与竞争条件有关的对服务供应商的监管”。因此，专家组从 GATS 的适用范围、服务和服务提供者的参考资料以及成员方为满足国内政策目标而固有的监管权三个方面进行了分析，[②] 认为成员方所采取的基于监管目的而对服务提供者适用的差异措施未必构成歧视性待遇。[③] 而上诉机构认为，并不能通过引入措施的监管因素来修改相关的竞争性条件。首先，GATS 非歧视待遇条款较为宽泛的适用范围并非独创，GATT 第 3 条第 4 款同样适用范围较广但并没有被纳入监管目标；其次，服务提供者的参考资料并没有改变“不低于待遇”的法律标准；最后，GATS 序言中的“国家政策目标”是指遵守 GATS 承诺的成员方可以自主制定其认为合适的国家政策目标。但是，追求国家政策目标并不是对 GATS 项下义务的违反，只有在特殊情况下，例外情况才可被用于说明成员方有权追求与 GATS 不一致的目标。[④] 基于上述因素，上诉机构认为，对于“不低于待遇”这

---

① See Nicolas F. Diebold, *Non-Discrimination in International Trade in Services: “Likeness” in WTO/GATS*, Cambridge University Press, 2010, pp. 396-420.

② See Panel Report, Argentina-Measures Relating to Trade in Goods and Services, WT/DS453/R, Sep. 30, 2015, para. 7.212-7.217.

③ Ibid., para. 7.232.

④ See Appellate Body Report, Argentina-Measures Relating to Trade in Goods and Services, WT/DS453/AB/R, Apr. 14, 2016, paras. 6.108-6.111.

一术语的解释并不妨碍成员方追求国家的政策目标。

2. DSB 对目的和效果测试的否定

目的和效果测试是指如果成员方所采取措施的意图不是保护主义并且没有保护主义效果，则不被认为具有歧视性。据此，对于一些中立性的措施，如果被证明其目的并非保护主义，纵使成员方修改了竞争条件支持国内服务和服务提供者，也不构成事实上的歧视性措施。目的和效果测试最早出现在美国麦芽糖饮料案中，[①] 依据 GATT 第 3 条第 1 款，缔约方不应采取内部措施以对国内生产提供保护。在日本酒类税案中，专家组和上诉机构均因为相关措施没有涉及"为了保护国内生产"而拒绝适用目的和效果测试，[②] GATS 规则也同样不予以适用。在欧共体香蕉案中，上诉机构认为，GATS 第 2 条或第 17 条中没有关于某项措施的目的和效果在确定该项措施是否与其他措施不一致方面具有相关性的主张。[③] 在多米尼加共和国影响香烟进口和国内销售措施案[④]、欧共体生物技术产品案[⑤]中，专家组认为："即使一项措施修改了竞争条件有利于国内生产者，也不意味着与产品原产地无关的因素导致了此不利影响，并因此认为该措施带来了不利的待遇。"因此，事实上的歧视性待遇只有在类似的服务和服务提供者的待遇低于成员方国内同类服务和服务提供者时才会出现，并且这种不利影响与服务和服务提供者的原产地/国籍有关。反之，则不会被视为事实上的歧视性待遇。此外，尽管一项措施存在一定的目的和效果，且为正当的目的与效果，但在该措施是

---

① See GATT Panel Report on United States-Measures Affecting Alcoholic and Malt Beverages, DS23/R, adopted on June 19, 1992, BISD 39S/206.

② See Panel Report, Japan-Taxes on Alcoholic Beverages, WT/DS8/R, WT/ DS10/R, WT/DS11/R, adopted Nov. 1, 1996, as modified by Appellate Body Report WT/DS8/AB/R, WT/DS10/AB/R, WT/DS11/AB/R, paras. 6.15-6.19.

③ See Appellate Body Report, European Communities-Regime for the Importation, Sale and Distribution of Bananas, WT/DS27/AB/R, Sep. 9, 1997, para. 241.

④ See Appellate Body Report, Dominican Republic-Measures Affecting the Importation and Internal Sale of Cigarettes, WT/DS302/AB/R, Apr. 25, 2005, para. 96.

⑤ See Panel Report, European Communities-Measures Affecting the Approval and Marketing of Biotech Products, WT/DS291/R, WT/DS292/R, WT/DS293/R, Sep. 29, 2006, Add. 1 to Add. 9 and Corr. 1.

否为歧视性措施的判定上，关键是衡量该措施是否修改了服务提供者之间的竞争条件、构成不对等的竞争。

3. 理论界对必要性测试的否定

必要性测试旨在确定一项措施是否有利于实现政策目标，反映了 WTO 体系在维护成员方选择实现其监管目标措施的自由与防止成员方采取或维持不当的贸易限制性措施之间的平衡的考量。[①] 有学者认为，应当扩大事实上的歧视性措施的范围、模糊竞争条件，以支持国内服务和改变必须采取严格的限制性措施的界限。此时，在进行国民待遇评估时必须纳入必要性测试。这样，一旦相关措施被质疑对于外国服务和服务提供者不利，被申请方即应承担证明合法监管目标的责任。也有学者支持在 GATS 第 17 条“国民待遇”中纳入第 14 条“一般例外”的必要性测试，以确认监管者的合法权利并保证不对外国服务和服务提供者提供较为不利的待遇。[②] 但随之而来的问题是，GATS 第 14 条虽然允许成员方在特殊情况下可以偏离其应承担的义务，但减损贸易自由化的政策目的清单是穷尽的，并不能真实反映服务贸易尤其是跨境金融服务贸易领域的所有情形。虽然将新的政策目标重新纳入目标清单中是一个潜在的解决方案，但上诉机构并不认为这是其职权范围内的工作，并且谈判者之间也不关注此问题。[③] 此外，必要性测试也存在与 GATS 第 6 条相重合的情形。也有学者认为，国民待遇中的必要性测试可以从因果关系理论、文本和语境分析以及有效性理论中得出，并且在欧盟，必要性测试并非消极的协调或放松管制，而是旨在消除可能出现的更加隐

---

① See WTO Working Party on Domestic Regulation, “Necessity Tests” in the WTO, Note by the Secretariat, S/WPDR/W/27, Dec. 2, 2003.

② See Aaditya Mattoo, National Treatment in the GATS: Corner-Stone or Pandora’s Box?, *Journal of World Trade*, Vol. 31, No. 1, 1997, pp. 107-135; Aaditya Mattoo & Arvind Subramanian, Regulatory Autonomy and Multilateral Disciplines: The Dilemma and a Possible Resolution, *Journal of International Economic Law*, Vol. 1, No. 2, 1998, pp. 303-322.

③ See Appellate Body Report, European Communities-Measures Prohibiting the Importation and Marketing of Seal Products, WT/DS400/AB/R, WT/DS401/AB/R, May 22, 2014, para. 5. 118.

蔽的事实上的歧视性措施，这种模式可以比照适用于WTO。[①] 虽然这种模式较好地平衡了国民待遇与必要性测试的关系，但欧盟体系不同于WTO规则体系，必要性测试的纳入会引起GATS第14条和第6条的冲突。虽然有学者认为GATS第14条为在有限的范围内采用现代化的监管工具提供了合理的基础，[②] 但WTO毕竟是政府间组织，以维护成员方的权利为前提，故专家组并不会根据《关于争端解决规则与程序的谅解》第3.2条增加或限制成员方的权利义务。

（五）监管环境的合理抗辩

跨境金融服务贸易的服务提供者通常位于东道国之外，在国际上尚未达成一致性监管的情况下，不同成员方的服务提供者所处的监管环境存在较大的差异。例如，资本充足率是保证金融机构稳健运行的重要因素之一，当东道国与服务提供者母国的监管存在较大差异之时，如何确保跨境金融服务贸易的安全稳健就成为制定跨境金融服务贸易规则的考量因素之一。在阿根廷金融服务案中，阿根廷将是否能够获得其他成员方的税收信息作为划分合作方和非合作方的标准，并认为该标准是跨境金融服务贸易的监管环境措施，不受非歧视待遇规则的约束，即因监管环境的不同而采取的歧视性措施可以成为歧视性待遇的抗辩理由。[③] 专家组支持了阿根廷的观点，认为服务贸易的非歧视待遇涵盖服务和服务提供者，根据服务提供者所处的监管环境给予不同的待遇符合GATS序言的“实现国家政策目标”。[④] 然而，上诉机构否定了专家组的观点，认为非歧视待遇的判断标准在于争议措施是否改变了竞争条件，监管环境的不同不能成为抗辩歧视性待遇的理由。[⑤] 同时，上诉机构认为，服务贸易非歧视待遇规则的目的在于营造“公平的竞争机会”(equality of oppor-

---

① See Gaëtan Verhoosel, *National Treatment and WTO Dispute Settlement: Adjudicating the Boundaries of Regulatory Autonomy*, Hart Publishing, 2002, pp. 74-106.

② Ibid.

③ See Panel Report, Argentina-Measures Relating to Trade in Goods and Services, WT/DS453/R, Sep. 30, 2015, para. 7.201.

④ Ibid., para. 7.213.

⑤ See Appellate Body Report, Argentina-Measures Relating to Trade in Goods and Services, WT/DS453/AB/R, Apr. 14, 2016, para. 6.126.

tunities to compete in the marketplace)，而非“同等竞争”(equally competitive)。[①]

二、GATS 非歧视待遇规则适用困境的原因分析

科技创新改变了传统金融服务的运作模式，也对相关的法律规范提出了挑战。关于 GATS 跨境金融服务非歧视待遇规则适用的争议，在科技层面是由于技术的革新产生的冲突，在法律层面则是由于技术的革新引发相关主权国家管辖权的变化、监管规则的差异以及部分领域法律规范空白造成的。

（一）管辖权之变化

近些年来，随着客观上的经济全球化以及主观上的“美国优先”的战略需求，有关“长臂管辖权”的讨论成为国际社会的热点。以美国为主导的发达国家频繁对涉中国事项行使“长臂管辖权”并将其理念逐渐渗入国际法中。传统国际法确认了属地原则、国籍原则、保护原则和普遍管辖原则的合法性，但以效果原则为基础的“长臂管辖权”并未得到普遍的承认，[②] 虽然它已经实质性地影响到国际法的发展。“长臂管辖权”突破了传统的以地域为边界的管辖权范围，拓宽了管辖权适用的领域，也为跨境交付模式下的金融服务提供了便利。例如，越来越多的企业在外国证券交易所上市，有的企业甚至在多国证券交易所上市，按照传统的 GATS 规定的管辖权理论，一国证券法只能在本国境内有效，不能在其境外适用，但是证券交易的跨国化打破了国家地理边界的限制，使得一些主权国家希望通过管辖权的扩张来维护本国服务提供者及其消费者的权益。此外，“长臂管辖权”也突破了国籍原则，模糊了服务原产地规则，尤其是在当前“金融＋科技”背景之下，即使对于跨国咨询、金融服务外包等常见的服务，简单的国籍原则也难以判断其真实来源地，管辖权的扩张会更加增大服务来源地的判断难度。

---

① See Appellate Body Report, Argentina-Measures Relating to Trade in Goods and Services, WT/DS453/AB/R, Apr. 14, 2016, para. 6.144.

② 参见肖永平：《“长臂管辖权”的法理分析与对策研究》，载《中国法学》2019 年第 6 期，第 41 页。

（二）监管规则之差异

金融服务的特殊性以及市场失灵决定了必须对金融业进行“强监管”。[①] GATS 制定初期，由于金融服务国际化程度不高以及 WTO 成员方难以就本国金融服务市场开放达成一致意见，跨境金融服务贸易的特殊性被忽略，而且对于金融服务同类性的判断标准也与其他服务同类性的判断标准相一致。然而，2007 年美国次贷危机的爆发使得各国监管当局都不得不思考如何实现对金融服务的高效、安全监管，出现了规则性监管和原则性监管的差异化监管模式。以美国为代表的国家通常会制定详细的描述性规则，以规范各类金融机构和金融机构的运营阶段、不同金融市场和不同的金融产品等，如美国《联邦储蓄制度 Q 条例》（Federal Savings System Q Regulations）、《证券交易法》（Securities Exchange Act）、《投资公司法》（Investment Company Act）、《威廉斯法》（Williams Act）等；而采用原则性监管的日本、加拿大、新加坡等国家则更多地依赖高位阶的抽象性的监管规范来确定金融活动所应遵循的标准。问题是，跨境金融服务贸易的不同监管模式直接影响到跨境金融服务非歧视待遇同类性标准的认定，如英国金融服务管理局（Financial Services Authority，FSA）2005 年认定花旗银行的欧洲政府债券交易行为未能满足审慎监管要求而对其处以罚款，在美国只有违反具体行为规则才会被认定构成同类性。在已有的实际案例中，如阿根廷金融服务案、中国电子支付案等已将金融监管规则纳入同类性标准的认定中。由上可知，监管规则的差异已成为传统跨境金融服务非歧视待遇规则适用困境的重要原因之一。

（三）法律规范之空白

金融科技改变甚至颠覆了传统金融行业，变革了传统金融市场的主体、交易工具、交易方式、交易价格等重要因素，实现了信用支付渠道和方式的创新。[②] 此种创新虽能提高金融效率，但也给现有

---

① 参见韩龙、彭秀坤、包勇恩：《金融风险防范的法律制度研究——以我国金融业对外开放为重心》，中国政法大学出版社 2012 年版，第 14—24 页。

② 参见沈伟：《金融科技的去中心化和中心化的金融监管——金融创新的规制逻辑及分析维度》，载《现代法学》2018 年第 3 期，第 71 页。

的法律规范带来了冲击。金融产品以及金融商业模式的创新使得GATS项下的法律规范难以应对，尤其是在同类性认定以及事实上的非歧视待遇的判断标准上，并且由于缺乏统一的服务和服务提供者分类表以及受“技术中立”理念的影响，实践中很难基于公平公正的标准作出判断。同时，科学技术的快速发展使得大部分的金融科技业务尚未处于监管框架中或处于监管的交叉地带，这就促使各国家及地区不得不寻求监管理念的转变，金融科技也变革了传统的金融监管理念，即由“中心化”的监管理念向“去中心化”的监管方向转变。但是，由于金融科技尚处于起步阶段，多数主权国家的国内法规范以及国际法规范均处于空白状态，传统法律规范的继续适用难免会引起冲突。

第三节　FTA对GATS跨境金融服务贸易非歧视待遇规则适用困境的回应

新一代FTA中有关服务贸易的章节更新了传统的GATS关于服务贸易模式的安排，与市场准入条款相对应，FTA可以分为GATS型、CPTPP型、欧盟型以及其他型。这些FTA均规定了非歧视待遇，除了GATS型的FTA，其他型的FTA均对“跨境交付”和“境外消费”关系问题、原产地的判断问题以及事实上的歧视性待遇问题进行了回应；CPTPP型的FTA改变了GATS中有关同类性的认定标准，增加了更多的考量因素。

一、概念的重新划分：跨境金融服务贸易

（一）CPTPP型的FTA

CPTPP型的FTA并没有采用GATS界定“金融服务贸易”的四种模式，而是对“金融服务跨境交付”进行了定义，即从一缔约方境内向另一缔约方境内提供金融服务、在一缔约方境内向另一缔约方的人提供金融服务或者一缔约方的国民在另一缔约方境内提供

金融服务。可见，CPTPP 型的 FTA 直接将 GATS 的服务贸易模式一、模式二、模式四合并为“跨境金融服务贸易”，与商业存在模式下的金融服务相并列。CPTPP 型的 FTA 与前述表 3-1 之提案 5 相类似，并且将自然人流动纳入其中，能够最大限度地统一跨境金融服务贸易的开放水平。

CPTPP 型的 FTA 除要求缔约方给予跨境金融服务提供者非歧视待遇外，还要求缔约方允许其境内的自然人及不论位于何地的本国国民向位于该缔约方之外的其他缔约方境内的跨境金融服务提供者购买金融服务，即也允许“境内非居民”向境外购买金融服务。但此种情形并不属于 GATS 的规制范围，CPTPP 型的 FTA 将其纳入其中，实质上是扩大了给予非歧视待遇的范围。① 同时，出于保护本国消费者可能因遭受损失而难以获得救济的考量，CPTPP 型的 FTA 还借鉴了前述表 3-1 之提案 3，保留对“经营”或“招揽”进行解释的权利。

（二）欧盟型的 FTA

欧盟型的 FTA 除了 CETA 延续了 CPTPP 型的 FTA 的模式外，其他 FTA 均采用了欧盟特有的模式，即将“跨境交付”和“境外消费”两种金融服务的提供模式合并称为“跨境金融服务贸易”，以保证该两种模式下的承诺水平的统一。但欧盟型的 FTA 并未对“招揽”问题进行回应，其原因是，由于欧盟推崇高度的市场一体化，对招揽行为进行规制可能影响跨境金融服务贸易的自由化，并且若各缔约方均保留“招揽”问题的自主权，可能影响到跨境金融服务贸易的可预期性。

虽然新一代 CPTPP 型的 FTA 和欧盟型的 FTA 均对“跨境交付”和“境外消费”两种模式进行了或多或少的回应，但据统计，2010 年后上述两种类型的 FTA 仅占所有生效的 FTA 的 1/4 左右，② 绝大多数的 FTA 在立法技术上还是采用 GATS 的四种定义模式。

---

① See Nicolas F. Diebold, *Non-Discrimination in International Trade in Services: “Likeness” in WTO/GATS*, Cambridge University Press, 2010, p. 131.

② 笔者对 WTO 数据库进行统计，截至 2021 年 12 月 21 日，共 78 个含有金融服务贸易内容的 FTA，其中 CPTPP 型、欧盟型的 FTA 共计 21 个。

在尚未厘清两者关系的情况下，后者仍然面临着相同的问题。有学者主张，将因“招揽”而发生的金融服务归为“跨境交付”模式；对于不因“招揽”而发生的金融服务贸易，可以考虑以金融服务交易发生地作为界分标准，将非居民提供者和居民消费者之间发生的所有交易划归“跨境交付”模式，将缔约方境外发生的所有交易划归“境外消费”模式。[①]

总之，对跨境交付和境外消费模式的划分直接影响到有关互联网传输服务贸易的承诺、管辖权以及国内监管政策的制定。在 GATS 项下，超过 80%的 WTO 成员方对境外消费模式下的电信服务进行了承诺，但仅有不到 20%的成员方承诺跨境交付模式下的电信服务。[②] 总体而言，WTO 成员方对于境外消费模式下的服务承诺大于跨境交付模式下的服务承诺。[③] 但境外消费模式未必就优越于跨境交付模式，如跨境交付模式下的资本流动不受限制，这对于跨境互联网转移服务至关重要，因为金融交易通常是互联网跨境服务的基础，而境外消费模式下的服务交易通常会因缺乏相应的保障而对业务产生更大的限制。[④]

笔者认为，可以基于传统互联网的“拉技术”（Pull Technology）、“推技术”（Push Technology）来区分跨境交付和境外消费模式。Pull 技术要求用户在服务提供者响应之前输入查询内容（如谷歌搜索引擎），而 Push 技术则在用户签署服务协议后主动推送信息（如 BBC 新闻的实时更新推送），是在用户尚未主动要求获取信息的

---

① 参见韩龙：《WTO 金融服务中跨境提供与境外消费关系的廓清》，载《上海财经大学学报》2013 年第 4 期，第 27—34 页。

② See Emad Tinawi & Judson O. Berkey, E-services and the WTO: The Adequacy of the GATS classification framework, http://kavehs.com/my%20Document/KCL/WTO/e-services%20and%20the%20wto%20the%20adequacy%20of%20the%20GATS%20classification%20framework.pdf, last visited on June 21, 2021.

③ See Sacha Wunsch-Vincent, The Internet, Cross-Border Trade in Services, and the GATS: Lessons from US-Gambling, *World Trade Review*, Vol. 5, No. 3, 2006, p. 324.

④ See Andrew D. Mitchell, Towards Compatibility: The Future of Electronic Commerce Within the Global Trading System, *Journal of International Economic Law*, Vol. 4, No. 4, 2001, p. 683.

情形下向用户推送信息。[①] 然而，Push 技术在传统上被视为侵入用户的网络体验，因此只占互联网流量的一小部分。当今，互联网移动智能手机技术已发展到允许服务提供商比以往推送更多的信息，特别是对于下载应用程序并同意接受自动实时更新的用户。可见，Push 技术下的信息传送更像跨境交付，而 Pull 技术下的信息传送则更像境外消费。有学者对于消费者和服务提供者对以网络空间中消费者和服务提供者所处的位置作为模式划分的标准表示困惑，[②] 而基于互联网技术的划分可以解决上述问题，并且不需要重新更改传统模式。

二、基准的重新界定：同类情形

CPTPP 型的 FTA 对同类性问题进行了回应，改变了 GATS 模式下“相同的服务和服务提供者”的表述，转而采用“同类情形下（in like circumstances）的服务和服务提供者”的表述，并以脚注的形式对“同类情形”作了进一步的明确，即“根据整个情形来确定，包括相关待遇是否依据合法公共福利目标对服务或服务提供者进行了区分”。根据《跨太平洋伙伴关系协定》（TPP）起草者的解释，“同类情形”的界定需要基于特定事实并考量整体状况，这些状况不仅包括相关业务或经济部门的竞争，还包括适用的法律和监管框架以及差别待遇是否基于合法的公共福利目标等情况。[③] 由于跨境金融服务贸易领域尚未出现“同类情形”的问题，在 NAFTA 有关投资仲裁的争议中，仲裁庭认为，对于“同类情形”的“情形”一般应对相关情况进行整体审查；[④] 并且支持与合法公共福利目标相关

---

① See Kenneth W. Umbach, What is “Push Technology”? *California State Library*, *California Research Bureau*, CRB Note, Vol. 4, No. 6, 1997, pp. 4-6.

② See Somkiat Tangkitvanich, Assessing Global E-Commerce Policies: A Perspective from Thailand, https: //www. thaiscience. info/Journals/Article/TQR/10475180. pdf, last visited on July 1, 2022.

③ See Drafters' Note on Interpretation of “In Like Circumstances” Under Article 9. 4 (National Treatment) and Article 9. 5 (Most-Favoured-Nation Treatment), https: // www. tpp. mfat. govt. nz/assets/docs/Interpretation% 20of% 20In% 20Like% 20Circumstances. pdf, last visited on July 1, 2021.

④ See Archer Daniels Midland Co. , *et al*, v. The United Mexican States, ICSID Case No. ARB (AF) /04/05, Award, Nov. 21, 2007, para. 197.

的投资者和投资之间的差别待遇，以及对投资者或投资是否受到法律要求的约束予以重要考量。①

GATS对非歧视待遇的规定为“在优惠上不会形成不利的竞争条件”，确保的是竞争机会的平等，但并不保证外国服务和提供者所面临的商业竞争及其成败。这就会导致在较为封闭的国家，享有盛誉的境内服务提供者可能占有竞争上的优势，而来自文化差异较大国家的外国服务及其提供者可能处于不利的地位，但这并不属于GATS所规制的范畴。②

CPTPP型的FTA将GATS非歧视待遇条款中的由“相同的服务和服务提供者”修改为“同类情形下的服务和服务提供者”，没有“相同的服务”或“相同的服务提供者”的概念，并在比较结果上删除了GATS中“在优惠上不会形成不利的竞争条件”的表述。CPTPP型的FTA改变了GATS项下对优惠措施比较基准的“相同的”“不利的竞争条件”的规定，转而强调“同类情形”下给予本国或第三国服务和服务提供者的待遇。这表明，符合合法的公共福利目标的监管措施会越来越成为区别不同的服务和服务提供者的重要依据。换言之，尽管服务提供者提供的服务都是相同的，由于两国监管环境不同，允许出于合法目标给予相同服务贸易的服务提供者不同的待遇。

美国与欧盟对于基础电信市场准入问题的立场反映了判断“相同的服务和服务提供者”问题的复杂性。1997年《全球基础电信协定》达成以后，美国联邦信息委员会（The Federal Communications Commission，FCC）颁布了《外国电信准入规定》(Foreign Participation Order)，该规定主要体现了美国在基础电信领域中的承诺。该规定一方面允许WTO成员方电信企业进入美国市场，同时FCC保留对可能在竞争方面对公共利益产生负面影响的外国电信企业市

① See Grand River Enterprises Six Nations Ltd., *et al*. v. United States of America, UNCITRAL, Award, 12 January 2011, paras. 166－167; Gami Investments Inc. v. Mexico, UNCITRAL, Award, Nov. 15, 2004, paras. 111-115.

② 参见石静霞：《WTO服务贸易法专论》，法律出版社2006年版，第104页。

场准入进行部分限制的权利。[①] 欧盟认为，美国基于外国电信企业在国际市场上的市场地位而限制其进入的做法不符合 GATS 最惠国待遇规则，因为占支配地位的外国企业与不占支配地位的其他外国电信企业是“相同的服务提供者”。FCC 则认为，美国关于基础电信市场的准入标准没有违反 GATS 最惠国待遇规则，因为该市场准入禁止不是基于服务提供者的国籍，而是基于服务提供者的市场地位，而这种市场地位会对美国的市场竞争产生负面的影响，并且这种风险是美国反不正当竞争法不能消除的。又如，在阿根廷金融服务案中，争议双方就服务提供者母国“监管框架”的不同是否构成“相同的服务/服务提供者”判断的因素存在不同意见。巴拿马认为，阿根廷的差别待遇是基于“唯一的原产地”因素，根据中美出版物案专家组的观点，“当原产地是唯一的判断因素时，服务提供者即为相同的”。[②] 同时，“监管环境”的不同仅仅是外部的考量因素，不应被用于相同性的分析。[③] 阿根廷则认为，监管环境的不同会影响服务提供者的市场营销方式，从而影响竞争环境。专家组认为，并非原产地本身决定了分类名单，而是由于监管环境与原产地有着千丝万缕的联系。[④] 因而，服务提供者母国监管框架构成服务/服务提供者相同性的判断因素。

三、要素的首次增加：原产地规则

至此，国际社会尚未对服务贸易的原产地规则达成一致的意见，然而，作为 FTA 中非歧视待遇等权利义务关系的依据，服务贸易的原产地问题至关重要。虽然从上文分析可知，服务贸易的原产地并不能完全通过服务提供者的身份来确定，但目前的 FTA 均通过服务提供者的身份来进行确定。

---

① See FCC, Rules and Policies on Foreign Participation in the U. S. Telecommunications Markets, IB Docket No. 97-142, Nov. 26, 1997, pp. 7-8.

② See Panel Report, Argentina-Measures Relating to Trade in Goods and Services, WT/DS453/R, Sep. 30, 2015, para. 7. 118.

③ Ibid. , para. 7. 121.

④ Ibid. , para. 7. 136.

其中，对于法人身份的认定主要有“注册地标准”“实质商业运作标准”“本国所有和控制标准”以及“国内雇佣标准”。[①] “注册地标准”是国际上通行的判断服务提供者身份的规则，要求服务提供者依据出口国国内法律注册并具有营业或执业资格。“实质商业运作标准”是指服务提供者除了获得出口国的商业经营许可外，还要符合当地政府所要求的最低销售额、营业场地以及缴纳的税额等。“本国所有和控制标准”是指只能由 FTA 缔约方国民所有和控制的服务提供者才能享有特殊的待遇。“国内雇佣标准”要求服务提供者必须雇用特定的人员达到一定的比例。而对于自然人身份的认定，FTA 的要求则较为简单，一般有国籍标准、经常居所地标准以及缴纳个人所得税标准等。

实际上，现行的 FTA 多采用混合模式来认定服务提供者的身份，如 CPTPP 规定，若服务提供者系由非缔约方控制并且在缔约国没有重要的商业活动，则一方可以拒绝给予另一方服务提供者优惠待遇，即要求“注册地标准＋本国所有和控制标准”。然而，对于金融服务这种特殊服务领域，缔约方通常作出特殊性的规定，加拿大在 NAFTA 中就金融服务作出了相关的保留，即保留对由一缔约方一名或多名居民控制的另一缔约方企业采取或维持措施的权利，如由一名或多名居民控制的企业法人必须满足企业投票权的 50％以上由该一名或多名居民所控制，且这些投票权足以选举该企业的大多数董事。[②]

也有一些 FTA 仅采用单一标准。例如，《泰国—澳大利亚 FTA》（Thailand-Australia Free Trade Agreement）、《印度—新加坡 FTA》（India-Singapore Free Trade Agreement）主要通过服务提供者或控制人的国籍来确定服务的原产地。《泰国—澳大利亚 FTA》规定，由非缔约国国籍的自然人或法人控制的在缔约国境内建立和

① 参见何军明：《服务贸易原产地规则：概念与效应》，载《亚太经济》2011 年第 4 期，第 45 页。

② See North American Free Trade Agreement Annex Ⅶ：Reservations，Specific Commitments and Other Items，http：//sice. oas. org/trade/nafta/anx7. asp＃Canada，last visited on July 1，2022.

注册的服务提供者不享有相应的待遇，即必须是在泰国、澳大利亚本地注册服务提供者或者其自然人提供的服务才能享受协定项下的利益。又如，日本对外缔结的 FTA 均只要求在缔约方境内有实质性的商业运作，但并没有明确何为“实质性的商业运作”。而对于“所有和控制标准”,《日本—新加坡 FTA》(Japan-Singapore Free Trade Agreement) 规定，“所有”是指缔约方的居民拥有 50%以上的控股权，“控制”是指缔约方有权任命绝大多数企业董事或者能够合法进行企业决策。

以前，服务贸易原产地规则的不统一多集中于难以认定多层股权控制、服务外包等情形。但随着科学技术的发展，诸如金融服务外包等情形逐渐增多，亟须统一服务贸易的原产地规则。

笔者认为，对于自然人服务提供者来源的认定，惯常居所或经常居住地早已成为属人法的判断标准，在服务贸易规则中引入惯常居所地标准不仅能够实现规则的统一，而且更能反映现在国际经济交往的现实。对于非商业存在模式下的法人服务提供者，特别是在跨境服务贸易模式下，混合标准更利于服务贸易的发展。GATS 采用了注册地标准确定服务的原产地，这种方法虽然可行，但也存在较大的弊端：当事人为了寻求利益的最大化，通常会选择法律规避的方式在限制较少国家登记注册，这样就会导致法律上的认定与经济实质不统一，无法确定实际控制人，并且可能进而引起缔约方之间权利和义务的不对等，出现“搭便车”的现象。[①]

在国际私法上，法人国籍的认定标准主要有注册地说、管理中心说以及资本控制说等。其中，注册地说通常立足于法人资格的获取，是当下 FTA 主要采取的模式，但也存在上文所述的弊端；管理中心说能够直观地反映法人的控制中心，但也通常存在管理中心与实际经营地相分离的情况；资本控制说最能反映服务贸易的实际来源地，但由于服务提供者经常处于不断的变动中，因此很少有 FTA 单独采用此种模式认定服务提供者的来源地。而混合标准逐渐被接

① See Prapanpong Khumon, Rules of Origin for services in Asia-Pacific Trade Agreements, *Asian Journal of WTO and International Health Law and Policy*, Vol. 10, 2015, pp. 591-618.

受，即采用两种或两种以上的标准来认定服务提供者的来源地。最早采取此标准的是1957年的《欧洲经济共同体条约》（Treaty Establishing the European Economic Community），规定欧共体内的法人不仅需要在一成员国境内注册，而且其总部或主营业地也应当位于欧共体的境内。[①] 新近的FTA，如《韩国—哥伦比亚FTA》（Korea-Colombia Free Trade Agreement）、《墨西哥—巴拿马FTA》（Mexico-Panama Free Trade Agreement）等，采用的是“注册地说＋资本控制说”或者“注册地说＋住所地说”等。总之，资本控制标准更能反映经济联系的实质，FTA也逐渐关注到采取此种模式的益处。但是，由于投资者会随时发生变化，加之跨国公司本身的复杂性，资本来源的确定绝非易事。注册地标准虽然存在弊端，但它是经过长期实践才形成的，固然也存在其合理性。因而，将资本控制标准与注册地标准相互结合能够较好地作出服务贸易原产地的判断。

四、适用的方式创新：事实上的非歧视待遇

现行的FTA都规定了非歧视待遇条款，但对于如何解释“事实上的歧视性待遇”问题，由于尚不存在相关的FTA争议案件，因此并不存在一致性的解释方法。笔者认为，由于“事实上的歧视性待遇”具有较为广泛的适用范围，并且可能以GATS谈判者未能预料到的方式侵犯WTO成员方的监管自主权，因此，GATS的众多条款在设计时已考虑到成员方内部的监管自主权。据此，对于“事实上的歧视性待遇”应当进行狭义上的解释，并不需要引入新的解释机制。其一，GATS第17条的适用范围是有限的，仅适用于GATS第14条未列出的争议措施（GATS本身并未规定歧视性措施的评定方式）。其二，非歧视待遇中的国民待遇是特定义务，如果WTO成员方没有承诺，非歧视待遇的问题也就不会出现。WTO的目标在于逐步实现自由化，对“事实上的歧视性待遇”进行较为宽泛的解释可能违背成员方逐步开放国内市场的初衷。

有学者讨论了事实上的歧视性措施的数量限制，设计了“对角

---

① See Treaty Establishing the European Economic Community, Art. 58.

线测试"(diagonal test) 和"非对称冲击测试"(asymmetric impact test),分别针对"进口产品是否比国内产品获得更低的待遇"以及"比较国内外同类产品"。"非对称性冲击测试"比"对角线测试"更具实用性,因为服务提供者很难证明某些进口产品的待遇低于同类国内产品。相反,服务提供者可以声称东道国的监管负担可能给进口产品/服务施加负面的影响。① 事实上的歧视性待遇一般表现为三种贸易壁垒,即居住要求、名称限制以及当地存在要求,这些要求都会提高贸易的成本。禁止事实上的歧视性待遇是针对原产地中立的措施,与其他WTO成员方提供的同等待遇相比,这些措施改变了有利于国内服务和服务提供者的竞争条件。同时,这些义务的适用范围具有实践意义,因为几乎任何影响服务贸易或服务的措施都会影响到竞争条件,仅采取跨境监管多元化会给相关服务提供者带来更高的负担。而对于跨境金融服务贸易,由于其本身具有的风险性和易传导性,如果给予"事实上的歧视性待遇"较为宽泛的解释,则很有可能导致大量的跨境金融服务贸易得不到合理的监管,进而造成较大的风险。

第四节 FTA跨境金融服务贸易非歧视待遇应具有灵活性和可预期性

非歧视待遇在国际经贸关系中有着悠久的历史,已经成为当代国际经济法的核心支柱之一,适用于各种形式的贸易壁垒,如跨境监管措施和内部监管措施。非歧视待遇不仅适用于法律上的歧视性措施,还有限地适用于事实上的歧视性措施。尽管不同经济条约中非歧视待遇具有共性,但其在国际经济法中存在各种各样的衡量标

① See L. Ehring, *De Facto* Discrimination in World Trade Law: National and Most-Favoured-Nation Treatment—or Equal Treatment? *Journal of World Trade*, Vol. 36, 2002, pp. 921-977.

准，并不存在明确的定义。[①] 在 WTO 框架下，DSB 对于“不低于待遇”“同类性”“监管目标”等非歧视待遇构成要素有着不同的解释。在特定情况下，需通过成员方的不同意图、目标和预期或具体的歧视性条款以及条约的整体结构来进行解释。实际上，对于非歧视待遇存在争议的缘由在于，与国内市场参与者相比，外国市场参与者在寻求相同的市场竞争条件时受到了歧视性的待遇。

跨境金融服务贸易的非歧视待遇条款应具有灵活性和可预期性，以实现国家政策目标，并且确保政府和当事人的可预期性也是 WTO 体系所追求的目标。但是，灵活性和可预期性分别对应不同的规则内容，灵活性支持主权国家的自由决策，而可预期性在某种程度上会限制主权国家的自由决策。因而，只能在维护国家主权的基础上寻求两个目标之间的平衡。

一、非歧视待遇应具有灵活性与可预期性的必要性

跨境金融服务贸易自由化的目的在于降低全球金融服务贸易壁垒，而通过给予跨境金融服务和服务提供者非歧视待遇来实现自由化难点在于“不低于待遇”“同类性”和“监管目标”等非歧视待遇构成要素在跨境金融服务贸易中的特殊性。

（一）与跨境金融服务贸易本质相关的因素

跨境金融服务贸易兼具“金融”和“服务贸易”的双重属性，既需要对金融风险进行合理的防范，又需要降低服务贸易壁垒，逐步实现自由化。跨境金融服务贸易主要是在“开放、平等、协作、分享”的互联网精神指导下，依托云计算、大数据、第三方支付等，实现全球范围内的资金融通，其本质仍然属于金融服务，具有金融风险的突发性、普遍性、传染性和隐蔽性等特点。[②] 同时，信息不对称、虚假信息以及信息欺诈等带来的新的金融风险在国际化环境中会产生更大的危害。

---

① See Catherine Barnard & Joanne Scott, *The Law of the Single European Market: Unpacking the Premises*, Hart Publishing, 2005, pp. 181-182.

② 参见许多奇：《互联网金融风险的社会特征与监管创新》，载《法学研究》2018 年第 5 期，第 21 页。

（二）与消费者权益保护相关的因素

跨境金融服务贸易增强了金融服务网络中各要素之间的互动频率，众多消费者参与的金融市场反映了普惠金融的理念，而由消费者整体承担个体化的风险可以分散整体的风险。但是，在整个金融市场发生动荡时，任何一个要素都有可能成为风险的传递者，危及整个金融体系。对于消费者而言，其危害是破坏性的，因为在金融服务领域，各国通常保留其专属管辖权，这使得各国难以对跨国的消费者侵权施以保护。因而，如果完全采用非歧视待遇，则很有可能出现管辖范围外的风险造成的整个系统性的风险。

（三）与市场相关的因素

当金融服务成为国际竞争性产品时，主权国家会更加关注其对国内服务提供者竞争能力的影响。由于可替代性的竞争产品或多或少会对国内市场造成一定的影响，因此对于跨境金融服务贸易非歧视待遇的设计必须考虑到产品的替代程度，以及可能增加消费者成本或者替代品使用效果等相关的市场问题。

（四）东道国本身的因素

东道国的人口规模和国家发展水平会直接影响到服务贸易的发展。相对而言，人口少或者发展水平低的国家一般拥有更加有限的行政资源，因此，在承担相应的国际义务时，所面临的困难往往要大于人口众多和发展水平较高的国家。同时，东道国的监管目标和经济特征决定了不同国家在制定非歧视性的行政措施时通常存在较大的差异，而且文化传统的不一致也可能带来一定的差异性。

基于上述背景，跨境金融服务贸易的非歧视待遇需要具有较高程度的灵活性，以应对上述种种复杂因素。但是，在应对复杂性的同时，也需要给予跨境金融服务提供者一定程度的可预期性。

二、现有的非歧视待遇条款并没有满足灵活性与可预期性要求

（一）例外条款举证之困难

除了最惠国待遇和国民待遇条款本身，一般例外条款也能够为跨境金融服务贸易的非歧视待遇提供一定的灵活性与可预期性，但依然存在不足。主权国家援引一般例外条款需承担举证责任，即需

要逐一满足一般例外条款所设定的条件。就 GATS 而言，首先需要证明其采取的措施符合相应的政策目标，包括人类、动植物生命健康、可用竭自然资源等穷尽性列明的措施。其次，需要证明其采取的措施与政策目标存在一定的关系，即必要性要求。在 WTO 体系下，成员方负有一项相当严格的义务，即应采用可用于实现相关目标的最少限制贸易的措施。[①] 最后，成员方所采取的措施不应当是武断的，不能在成员方之间造成不合理歧视或者是对贸易的一种伪装性限制。这些附加给成员方的举证责任无形中增加了成员方的负担，限制了相关措施的灵活性。[②]

（二）服务同类性判断标准不一

从上文分析可知，服务同类性的判断标准在 WTO 体系下还存在一定的争议，“目的与效果测试”在某种程度上能够实现一定的灵活性，但 DSB 并不支持该测试在 WTO 体系下适用。WTO 对于服务同类性的判断并不存在统一的标准，一般根据 W/120 和联合国的 CPC 进行划分，但并不是每个成员方都采用 W/120 和 CPC 分类，并且许多新兴服务并未被 W/120 和 CPC 分类涵盖。此外，在通过“最终用途”确定“相同服务”时，通过对有形的服务对象或所涉及的货物进行比较，可以有效辨别无形的服务是否为“相同服务”。由于非歧视待遇都强调“竞争条件”的平等性，因此，如果两种服务的对象是相同的，那么就表明两种服务争取的潜在消费者是相同的，存在非常强的竞争关系，彼此之间也存在较强的可替代性。[③] 但是，这些标准均存在较大的不确定性，降低了服务提供者的可预期性。

---

① See Timothy Meyer, Free Trade, Fair Trade, and Selective Enforcement, *Columbia Law Review*, Vol. 118, 2018, pp. 491-565.

② See Siqing Li, Convergence of WTO Dispute Settlement and Investor-State Arbitration: A Closer Look at Umbrella Clause, *Chicago Journal of International Law*, Vol. 19, 2018, pp. 191-231.

③ 参见曹建明、贺小勇：《世界贸易组织（第三版）》，法律出版社 2011 年版，第 250 页。

三、以要素为基础的灵活性非歧视待遇标准

国际上对于跨境金融服务贸易的非歧视待遇尚缺乏统一标准，因而无论是对FTA的缔约方还是对服务提供者和消费者来说，非歧视待遇都存在极大的不确定性。笔者认为，可设定以要素为基础的非歧视待遇标准来实现跨境金融服务贸易的灵活性和可预期性。

有学者认为，非歧视待遇分析应当将“同类性”作为首要性问题，并将“不低于待遇”作为实质性的测试标准，再通过综合性的考量来判断差别待遇是否是基于原产地标准。[①] 下文将在此观点的基础之上将非歧视待遇的衡量标准作为整体、视为门槛问题展开讨论，即不再依据严格的法律标准讨论申请方或被申请方证明“不低于待遇”“同类性”以及其他模糊性因素，如“以便提供保护”“监管目标”等，而是通过衡量所有相关因素以最终得出该措施是否构成非法的歧视。

（一）差别待遇基础的判断

差别待遇的基础可分为法律上的歧视和事实上的歧视。所有在法律上影响竞争条件的差别待遇都构成非法的歧视，该歧视的效果不需要过多分析，但被诉方仍然有机会通过提出合法的政策目标、争议措施与审查目标之间的密切联系以及其国内市场缺乏同类的产品等证明其不存在国内市场的竞争优势。对于事实上的歧视，其分析需要基于特定的市场环境。

（二）被诉措施的形式

被诉措施是针对单个市场行为者的具体性行政行为还是适用于整个市场的抽象性行政行为，也是需要考虑的要素。措施本身的形式对于衡量非歧视待遇并没有价值。换句话说，决定本身比监管措施更具有歧视性，但必须在特定背景下看待措施的形式及其效果。例如，只有在国内、国外服务提供者处于同等监管条件下，

---

① See Nicholas DiMascio & Joost Pauwelyn, Nondiscrimination in Trade and Investment Treaties: Worlds Apart or Two Sides of the Same Coin? *American Journal of International Law*, Vol. 102, No. 1, 2008, p. 48.

外国的跨境金融服务提供者才能声称国内同类竞争者不受制于竞争限制。相反，如果国内、国外同类服务提供者并没有受到相同措施的不利影响，则外国的跨境服务提供者不能声称受到歧视性待遇。①

（三）同类服务提供者之间的竞争关系

FTA中的非歧视待遇通常涉及“同类”(like)或“相似”(similar)的服务/产品，但这并不能合理地解决国内外市场参与者之间的竞争关系问题。传统的FTA条款通常要求裁判者考虑监管的目的，这种方式从实务的角度看是合适的，但它不符合法律的稳定性、一致性和透明度的要求。而新近的FTA条款可能要求裁判者在根本不具有竞争关系的市场实体之间寻找非法的歧视性措施，这种做法无限扩大了各种无关的比较主体，偏离了非歧视待遇最初的目的、范围。② 因为那些对国内外同类服务提供者没有影响的监管措施不应根据非歧视待遇规则进行评判，而应当加以综合考量。笔者认为，可通过替代性的经济需求理论来评估国内外同类服务提供者间的竞争关系。

（四）被诉措施的竞争效果

在确定国内外同类服务提供者的竞争关系的范围后，裁判者需要从定性、定量以及国内外影响因素的比率方面衡量东道国是否给予国外服务提供者不利待遇。

1. 定性分析的角度

对歧视性措施的定性分析需要确定相应的竞争参数，如价格、数量、质量、营销、一般条件、交付条件、客户服务等。例如，对于禁止外国服务进入本国市场的措施需要衡量上述所有相关的因素。又如，技术监管等行政管理责任可能降低相应的定性负担，申请人

---

① See Marina Trunk-Fedorova, Regulatory Autonomy and International Trade in Services: The EU Under GATS and RTAs, *World Trade Review*, Vol. 16, Vol. 4, 2017, p. 121.

② See Lucian Cernat & Zornitsa Kutlina-Dimitrova, Thinking in a Box: A 'Mode 5' Approach to Service Trade, *Journal of World Trade*, Vol. 48, No. 6, 2014, pp. 1109-1126.

一般只需要证明该措施如何以及在多大程度上使国外服务处于竞争劣势。

2. 定量分析的角度

对竞争效果的定量分析主要取决于争议措施是否给国外服务提供者带来额外的负担。在理想状态下，应首先根据成本进行评估。然后，将争议措施的量化效果与竞争关系相关联，如果外国、国内服务提供者处于非常密切的竞争关系中，那么诸如小额差别税或小额行政负担等具有小额数量效应的措施就足以构成对非歧视待遇的违反。反之，如果外国、国内服务提供者之间仅仅存在远距离的竞争关系，那么该措施的量化效果需要达到更高强度才能构成对非歧视待遇的违反。

3. 比率分析的角度

“平衡测试”(weighing and balancing test) 需要考量的一个重要因素是争议措施对国内外服务提供者的竞争效应。歧视性的措施可能对相关的市场主体产生正面、负面的影响或者没有任何影响，相应地比率分析要求评估该措施在国内外服务提供者间的积极、消极或中立效果。裁判者不应当强加预先设定的标准，如采取“不成比例的劣势测试”或“最佳处理办法”，而应根据竞争关系、相关市场等情况形式灵活地权衡相关比率。据此，如果一项措施对外国服务提供者产生负面影响（即具有强大的竞争关系和高需求弹性），则该措施很可能构成对非歧视待遇的违反。总体而言，受歧视性措施影响的服务提供者之间的竞争关系越高，受该措施负面影响的国外服务提供者就越少（即“最佳待遇”方法）；[①] 反之，如果受某项措施影响的国内外服务提供者仅存在较弱的竞争关系，则只有当该措施对国外服务提供者产生较强的负面影响时才构成非歧视待遇的违反（即“不成比例影响”方法）。[②]

---

① See Zdzislaw W. Puślecki, Current Trends in Foreign Trade Theory and Policy, *Polish Political Science Yearbook*, Vol. 46, 2017, pp. 135-149.

② See Batshur Gootiz & Aaditya Mattoo, Services in the Trans-Pacific Partnership: What Would Be Lost? World Bank Group, Development Research Group Trade and International Integration Team, Feb. 2017, Policy Research Working Paper 7964.

4. 供给的可替代性和时间考量因素

供给的可替代性聚焦于在特定的成本和时间框架内服务提供者将A服务转换为B服务的问题。在非歧视待遇的背景下，重点不在于国外服务提供者的市场地位，而在于其在成本和时间方面的能力。例如，某一跨境金融服务提供者由于没能满足东道国程序审查方面的要求而被禁止提供服务，但它可以相对容易地进行完善，从而降低歧视性的后果。因此，较高的供给可替代性可被视为对一项措施不构成对非歧视待遇违反的支持。在理想状态下，国外服务提供者将不合规服务转换为合规服务的成本应该与该措施所追求的政策目标的重要性和价值相关联。

（五）被诉措施的监管目的

监管措施的目的是影响一项措施是否构成对非歧视待遇违反的关键性因素，但笔者认为，监管目的应具有其自身的价值，不应当仅仅被纳入上述的要素分析中。

1. 保护主义目的

一般来说，申诉方有义务提供一项措施具有保护主义目的的证据，但在极少数情况下，有直接证据[①]表明一项措施只寻求保护主义目的，则该措施可直接被认为是对非歧视待遇的违反。在多数情况下，申诉方只能通过间接证据指出政府的保护主义意图。然而，最重要的间接证据是措施本身的影响，但它已经被作为自身因素加以考量，并且间接证据与特定措施的设计、结构和适用均相关。[②] 认定歧视性措施需要考量的因素包括国家政策目标、法规本身所要传达的字面含义以及立法草案中难以解释的变化和不同标准的适用。此外，缺乏可信的非保护主义目的也可被视为具有保护主义目的的间接证据。

2. 非保护主义目的

申诉方试图寻找保护主义目的，而被申诉方可以通过提交证据

---

① 直接证据可以从相关的官方文件或与该措施的立法历史相关的新闻报道中获取。

② See Robert Howse & Donald Regan, The Product/Process Distinction-An Illusory Basis for Disciplining ‘Unilateralism’ in Trade Policy, *European Journal of International Law*, Vol. 11, 2000, pp. 249-265.

证明其采取的措施是基于公共利益，如人类的生命健康、公共道德、公共秩序、环境和自然资源保护等。需要明确的是，这种所谓的非保护主义目的不仅要与上文提到的要素保持平衡，还必须在必要性原则或更广泛的比例原则下进行分析。

（1）公共利益的重要性。FTA的缔约方可以在谈判中将可能违反非歧视待遇的措施列入公共利益清单，但在多数情况下，缔约方很难就现有的例外规定达成共识。然而，为防止管辖范围的无限扩大，裁判者应有权评估所受保护的公共利益的客观价值或重要性，而这又需要分析不同制度、政治和宗教传统的缔约方的价值观。因此，公共利益的价值本身并不能成为分析中的决定因素，而只能被作为参考性因素，以强化相关因素的倾向。例如，对于较弱的公共利益的维护，如果该措施只适用于存在微弱竞争关系的同类服务者之间且影响力较低，则该措施不具有歧视性。反之，对于较强的公共利益如人类的生命健康的维护，则可认定该措施被用于维护具有较强竞争关系的同类服务者，具有歧视性。

（2）公共利益与国家主权范围间的关系。根据国际公法上的一般管辖权原则，主权国家不得采取侵犯另一主权国家主权的境外措施。因此，在监管目的方面，需要考虑监管国家所追求的政策目标与其领土之间是否存在关联以及在何种程度上存在关联的问题。对于跨境金融服务贸易，主权国家享有一切对内对外货币融通事务上独立自主的权利，即金融的独立决策权、操纵权和控制权等。[①] 由于重在对外，这种金融自主权利的行使极易出现公共利益与国家主权范围冲突的问题，特别是当一主权国家出于追求本国经济发展大力推动与其国家能力不相符的跨境金融服务贸易自由化时，更易出现公共利益与国家主权范围间的冲突。

（3）措施与目标之间的关系。在监管目的分析中，需要考虑的最重要因素是贸易限制性措施与其目标之间的联系或因果关系的程度。以要素为基础的灵活性非歧视待遇标准并非要求设定一个固定

① 参见饶艳：《试论金融全球化发展中国家的金融主权》，载《行政与法》2004年第1期，第53页。

的阈值，如“必要性”或“相关性”，而是通过对相关因素的分析明确裁判者权衡的具体要素。例如，“必要性测试”要求裁判者衡量以下因素：第一，该措施所维护的利益的相对重要性；第二，该措施对所维护的政策目标和公共利益的贡献；第三，该措施对贸易的影响；第四，是否存在替代性措施。此外，在以要素为基础的灵活性非歧视待遇标准的方法下，裁判者不受特定门槛的约束，但会增加整体要素的分析，即相关措施在多大程度上有助于实现政策性的目标。

第四章

FTA 跨境金融服务贸易的审慎例外规则

金融服务的特殊性以及市场失灵决定了必须进行审慎规制，尤其是跨境金融服务贸易，服务提供者和消费者常常处于不同的管辖权范围内，审慎例外条款成为协调二者的重要手段。但是，审慎例外条款本身具有原则性监管的性质，因而具有较大程度的灵活性。在GATS早期，实践中对审慎例外条款存在较大的争议，其中阿根廷金融服务案是WTO争端争决实践中专家组作出的首例关于审慎例外条款解释的案件，但该解释存在过于宽泛的弊端。FTA对于GATS审慎例外条款存在的问题从条款名称、关系需求、反滥用要求等方面进行了革新，以期更加符合跨境金融服务贸易的发展。此外，欧盟金融服务市场一体化的相互承认原则对跨境金融服务贸易的审慎例外条款也具有一定的借鉴意义。

第一节　审慎例外条款的性质界定

国际上并不存在专门针对跨境金融服务贸易设置的审慎例外条款，审慎例外条款一般适用于贸易协定的整个金融服务贸易章节。审慎例外条款最早出现在1994年生效的NAFTA中，是NAFTA第1410条审慎例外条款的组成部分。此后，审慎例外条款在GATS以及其他FTA中得以延续。但是，国内外对于该条款的讨论集中于对该条款的解释（下文详述），对于该条款的性质却鲜有涉及。然而，随着国际金融市场的迅速扩大，金融服务贸易尤其是跨境金融服务贸易量急剧增加，审慎例外条款成为各贸易协定中缔约方维护其金融监管主权的工具，因而，如何准确地定性该条款是准确解释该条款的前提条件。

一、金融服务贸易的规则性监管与原则性监管

金融服务的特殊性以及市场失灵决定了必须对金融业进行“强监管”(heavy regulation)。一方面，金融业与社会资源的优化配置息息相关，只有对金融业进行监管才能实现稳定整个金融体系的目标。另一方面，金融业的高风险性以及金融信息的不对称性要求国家通过对金融机构的监管来保持资本的充足性和流动性。[①] 2007 年美国次贷危机爆发后，各国监管当局都在思考如何实现有效的监管。从金融监管法的层面进行划分，金融监管可以分为“规则性监管”（rule-based regulation）和“原则性监管”（principle-based regulation）。

（一）规则性监管

规则性监管是指金融监管机构基于具体的法律法规等为监管对象设定明确的权利义务关系，从而保证各种金融业务安全稳健运营。[②] 在该模式下，监管的具体规则占据主导地位，监管者会制定不同的详细的描述性规则，针对各类金融机构及其不同运营阶段、不同的金融市场和不同的金融产品等进行监管。[③] 同时，该模式以过程和产品为核心，[④] 重点监管金融服务的业务流程而非业务的结果和行为。同时，由于监管规则具有较强的可操作性，监管人员在监管过程中受到主观因素影响较小。在实际操作中，监管者主要采取广泛的现场调查方法以及问卷核查方式进行监管，机械地遵守各种监管标准。

美国是采取规则性监管的代表性国家，1933 年《银行法》（Banking Law）是美国金融业规范化发展的开端。此后，美国又相

---

① 参见韩龙、彭秀坤、包勇恩：《金融风险防范的法律制度研究——以我国金融业对外开放为重心》，中国政法大学出版社 2012 年版，第 14—24 页。

② 参见刘轶：《金融监管模式的新发展及其启示——从规则到原则》，载《法商研究》2009 年第 2 期，第 153 页。

③ 参见方添智：《规则导向与原则导向：当代金融监管模式的缺陷与解决对策》，载《甘肃政法学院学报》2011 年第 1 期，第 97 页。

④ 参见时辰宙：《英国式金融监管的悖论与启示》，载《上海经济研究》2010 年第 2 期，第 56 页。

继颁布了1933年《联邦储蓄制度Q条例》、1934年《证券交易法》、1940年《投资公司法》、1968年《威廉斯法》等，形成了较为规范完整的金融监管法律体系。2002年，美国又颁布《萨班斯-奥克斯利法》(Sarbanes-Oxley Act)，进一步强化了规则性监管模式。[①] 美国的金融监管体系采取地方和联邦共同监管的模式，联邦和州分别拥有相应的金融监管权，并且美联储、财政部、联邦存款保险公司、证券交易委员会、储蓄管理局等多个联邦层面机构均有权出台相应的规则对金融业实施监管。这种模式在金融产品单一的情况下易于有效地防范金融风险。

（二）原则性监管

原则性监管来源于会计、税务、公司治理领域的准则，最初由英国金融服务管理局（FSA）提出并作为金融领域的监管方式之一。后来，日本、加拿大、新加坡也纷纷涉足原则性监管。根据FSA对原则性监管的描述："原则性监管更多地依赖于原则并以结果为导向(outcomes-based)，以高层次的规则（high level rules）作为手段，以期达到监管者所要实现的目标。"[②] 日本金融厅将原则性监管描述为"一系列行为的关键准则，或者是作为法律或规章等法定规则基础的一般行为规则……原则性监管的目的在于鼓励市场主体的自愿努力……"[③] 可见，原则性监管并非依据详细性规定，而是以具有普遍概括性的原则作为监管的依据来规范金融机构的行为。相对于规则性监管，原则性监管的特征表现在：

首先，原则性监管具有普遍适用性。法理学界通常对原则和规则进行区分，认为原则具有抽象性和模糊性，是特定价值维度的体现，需要裁判者的自由裁量；而规则是明确、具体的，不具有价值

---

① 参见刘轶：《金融监管模式的新发展及其启示——从规则到原则》，载《法商研究》2009年第2期，第153页。

② See Financial Services Authority, Principles-based Regulation: Focusing on the Outcomes that Matter, http://www.fsa.gov.uk/pubs/other/priciples.pdf, last visited on Aug. 16, 2021.

③ 参见刘媛：《金融领域的原则性监管方式》，载《法学家》2010年第3期，第84页。

维度，裁判者可以直接适用。[①] 据此，原则性监管更多地依赖高位阶的抽象性的监管规范来确定金融活动所应遵循的标准。FSA认为，原则本身也是监管规范的一种，监管部门能够单独依据原则采取措施。[②] 例如，FSA曾在2005年对花旗银行的欧洲政府债券交易行为违反基本原则进行罚款。相较于规则性监管，原则性监管可以减少监管规则在具体适用中的复杂程度，具有一定的灵活度，也更加有利于市场的发展以及金融产品和服务的创新。

其次，原则性监管以结果为导向。监管机构往往仅将金融机构的经营过程作为监管的一部分，更加侧重于其要实现的结果。英国FSA首席执行官Hector Sants曾强调："原则性监管的重点不在于所提出的原则本身，而是根据原则所进行衡量的监管对象的行为结果。"[③] 实际上，结果导向的监管方式更加贴近市场需求。由于监管者更加关注金融活动的最终结果，使得金融机构及其管理层能够在经营活动中合理安排其实现目的的行为、措施，而不局限于每一个特定的行为规则，这样更有助于合理地利用监管者和行业的资源。与结果导向相对的是过程性监管，后者更加注重程序性规则，但是这些程序性规则通常是在监管者信息不对称的基础上形成的，可能存在虚假成分。

最后，原则性监管强调更加关注监管对象管理层的责任和能力。在原则性监管中，监管对象具有较大的自主权和灵活性，这也就要求其管理层合理安排其行为、措施，如自行建立和优化其内部合规程序、风险评估政策以及培训要求等，这些均考验管理层的行为和能力。而监管者所扮演的角色从前端介入转为事后监督，更能体现监管者的角色定位。

---

① 参见刘叶深：《法律规则与法律原则：质的差别?》，载《法学家》2009年第5期，第121页。

② See Julia Black, Martyn Hopper and Chrisia Band. Making a Success of Principles-based Regulation, *Law and Financial Markets Review*, Vol. 3, 2007, p. 197.

③ See Financial Services Authority, Business Plan, http://www.fsa.gov.uk/pubs/plan/pb2009—10, last visited on Aug. 16, 2021.

二、审慎例外条款属于原则性监管

（一）GATS 的审慎例外条款

GATS 第 19 条第 2 款规定：“在自由化进程中，应给各成员方的国家政策目标以及各个成员方在总的和各个（服务）门类的发展水平以应有的尊重。对发展中成员方，允许他们开放较少的服务门类和较少自由化的交易类型。按其情况逐步扩大市场准入。”如果说允许发展中成员方渐进式开放金融服务领域尚无具体落实措施，并且在实践中主要取决于双边或多边谈判的话，那么尊重各成员方政策目标的规定始终具有很强的现实意义。GATS《关于金融服务的附件》第 2 条第 1 款规定，GATS 任何条款均“不得妨碍一成员方以审慎理由而采取的措施，包括为保护投资人、存款人、投保人或者金融服务提供者对之负有托管责任的人，或者保证金融系统的完善和稳定而采取的措施。这些措施凡不符合 GATS 者，则不得用作逃避 GATS 项下成员方承诺的义务”。审慎措施不在成员方的承诺表中，因为它没有被 GATS 规定为对市场准入、国民待遇的限制。不可否认的是，审慎措施确立了如何处理金融服务贸易开放与保持足以防范金融危机和金融风险的措施这一对主要矛盾的指导原则。

（二）审慎例外条款的性质

虽然国内外对于规则性监管、原则性监管的优缺点各有不同的论述，但对于审慎例外条款，笔者认为其具有原则性监管的特征，在具体适用时主权国家具有较大的自由裁量权。

首先，审慎例外条款也具有普遍适用性。无论是 GATS 还是 FTA，都对审慎例外条款的适用范围进行了规定。GATS《关于金融服务的附件》以“尽管有本协定的其他规定”作为审慎例外条款的开头。FTA 的审慎例外条款则各不相同，有的将其限定于特定的某个章节，如《日本—澳大利亚 FTA》（Japan-Australia Free Trade Agreement）规定审慎例外条款只可适用于“金融服务”章节，《日本—蒙古 FTA》规定审慎例外的抗辩范围仅限于“投资”章节；有的则将其适用范围扩大至多个章节，如《美国—韩国 FTA》《美国—秘鲁 FTA》（U. S. -Peru Free Trade Agreement）、《加拿大—韩国 FTA》（Canada-Korea Free Trade Agreement）即将审慎例外条款适用于“金融”“投资”“电信”“电子商务”章节。

其次，审慎例外条款也以结果为导向并且具有较大的灵活性。关于“审慎例外条款”的解释，国内外学者有着不同的看法，大体上可以分为主观识别和客观识别标准。支持主观识别标准的学者认为，GATS和一些FTA中的“为审慎原因”(for prudential reason)的措辞，说明其所强调的措施必须出于审慎之目的，即以目的为导向且采取较为宽松的方式确保金融审慎措施的灵活性空间，重点在于目的。这种标准并非穷尽式地列举审慎措施，说明其并非考察某项措施的客观效果，对于特定措施是否是出于审慎目的而构成国际条约中的审慎措施，应由主权国家自由裁量，具有较大的灵活性。[①] 主张客观识别标准的学者认为，应当限制审慎例外条款的滥用，国际上各主权国家发展程度各不相同，一国主观上认定的国内法意义上的“审慎措施”可能并非国际法上的“审慎”，这就极易造成法律适用和解释上的冲突。[②] 同时，金融市场瞬息万变，由于其复杂性和金融创新的不断涌现，监管措施也时刻处于变化中，况且审慎措施偶尔会与其他监管措施相互交叉，使得情况更加错综复杂，因而应加强对审慎例外条款的认可。[③] 2008年全球金融危机爆发后，WTO总干事曾于2009年向贸易政策复审机构（Trade Policy Review Body）提交了涉及审慎例外条款的专门报告，认为GATS《关于金融服务的附件》并没有明确WTO成员方可采取的审慎措施类型，仅仅规定了所采取措施必须基于的审慎理由，因此审慎例外条款可能涵盖成员方认为适当的任何行为。[④] 虽然该报告不具有法律上的约束力，但也透露出WTO秘书处对该问题的看法，间接支持了审慎例外条款的原则性和灵活性。

最后，跨境金融服务贸易需要原则性的审慎例外条款。跨境金

---

① 参见韩龙：《国际金融法前沿问题》，清华大学出版社2010年版，第56页。

② 参见彭岳：《例外与原则之间：金融服务中的审慎措施争议》，载《法商研究》2011年第3期，第95页。

③ 参见刘笋、吴永辉：《GATS框架下的审慎监管制度》，载《现代法学》2004年第2期，第45页。

④ See WTO, Report to the TPRB from the Director-General on the Financial and Economic Crisis and Trade-Related Developments, Mar. 26, 2009.

融服务贸易的服务提供者与消费者处于不同的国家，消费者所在国不可能对其管辖权之外的服务提供者设定较为具体的监管措施，因而只能请求服务提供者所在国给予相应的支持。

第二节 GATS 审慎例外条款在跨境金融服务贸易中适用的困境

美国主导的 NAFTA 后来成为推动 WTO 乌拉圭回合谈判的重要参考文本，也为 GATS 的审慎例外条款提供了基本的模板。WTO 成立近 30 年来，对 GATS 中的审慎例外条款仍存在学理上的讨论，并且分歧仍然较大。在阿根廷金融服务案中专家组虽对审慎例外条款的适用范围进行了一定的解释，但也存在过分扩大解释的嫌疑，有违法学理论关于解释的基本原则。

一、GATS 有关审慎例外条款的谈判

WTO 金融服务工作组于 1990 年 7 月正式启动《关于金融服务的附件》内容的谈判。[①] 其间，工作组就审慎例外条款举办了四次官方研讨会。[②]

第一次工作组会议提出了五种审慎例外条款的处理方法，其中前四种涉及范围问题，具体包括：（1）审慎例外仅适用于国民待遇条款；（2）审慎例外涵盖所有合理的审慎措施；（3）前两种所列所有可能措施；（4）审慎例外无条件限制；（5）列出明确的措施以降低法律的不确定性。[③] 但是，会议最终并未给出明确的结论，为实施必要的审慎措施预留了足够灵活的空间。在第二次工作组会议召开之前，

---

① See Panagiotis Delimatsis & Nils Herger (eds.), *Financial Regulation at the Crossroads: Implications for Supervision, Institutional Design and Trade*, Kluwer Law International, 2011, p. 280.

② See The reports of the meetings can be found in WTO documents MTN. GNS/FIN 1 to 4.

③ See WTO, Working Group on Financial Services including Insurance, Note on the Meeting of June 11-13, 1990, MIN. GNS/FIN/1, para. 78.

欧共体和美国分别提交了议案。欧共体认为，应当采取“合理的”措施以维护金融体系的稳定性，但这些措施不构成任意的或不合理的歧视。[①] 美国也认为，应当允许 WTO 成员方为审慎理由而采取必要的合理措施，以保护投资人、存款人和保单持有人等。[②] 马来西亚在第三次工作组会议之前提交了标题为“国内规制”的议案，涵盖内容极其宽泛，提出服务贸易的多边框架的表现形式、金融部门对有关规定的注解合规不应影响监管机构的权利，并涉及审慎例外条款：(1) 对在其国内经营的外国金融机构进行充分和适当的监督；(2) 制定规则与条例确保外国金融机构审慎行事；(3) 采取必要的行动保护存款人和投资者；(4) 允许各国政府灵活地采取措施维持金融体系的稳定。[③] 此外，日本认为“审慎规则措施”的概念应当因国家的不同而有所差异。[④] 临时服务谈判组主席在会议后提出改革方案，认为应在 GATS 第 14 条“一般例外”中纳入基于审慎原因的合理措施。[⑤]

到 1990 年年底，在比利时布鲁塞尔举办的 WTO 部长级会议上出现了两种版本的审慎例外条款，一种是由加拿大、日本、瑞典和瑞士提议的审慎例外条款，即“允许为审慎理由而采取合理的措施，以保护投资者、存款人、保单持有者或金融服务提供者所负信托之人或维护金融体系的完整性和稳定性”[⑥]。另一种是东南亚国家提议的删除“合理的”要求，并且审慎理由不可诉诸 WTO 争端解决机构。[⑦]

从 WTO《关于金融服务的附件》内容的谈判中可以看出，其

---

① See WTO, Working Group on Financial Services including Insurance, Communication from the European Communities, July 10, 1990, MTN. GNS/FIN/W/1, Art. 13. 1.

② See WTO, Working Group on Financial Services including Insurance, Communication from the United States, July 12, 1990, MTN. GNS/FIN/W/2, p. 2.

③ See WTO, Working Group on Financial Services including Insurance, Communication of the Delegation of Malaysia, Sep. 12, 1990, MTN. GNS/FIN/W/3, p. 6.

④ See WTO, Working Group on Financial Services including Insurance, Note on the Meeting of Sep. 13-15, 1990, MTN/GNS/FIN/3, para. 22.

⑤ See WTO, Report by the Chairman of the Sectoral Ad Hoc Working Group to the GNS, MTN. GNS/W/110, Nov. 6, 1990, p. 10.

⑥ See WTO, Trade Negotiations Committee, Communication from Canada, Japan, Sweden and Switzerland, Dec. 2, 1990, MTN. TNC/W/50, p. 5.

⑦ See WTO, Trade Negotiations Committee, Communication from Malaysia, Dec. 4, 1990, MTN. TNC/W/52, p. 2.

一，谈判者虽然考虑到所有可能允许的审慎措施，但没有采纳，转而依据审慎理由进行条款的编写，充分尊重成员方的权利。其二，删除“合理的”要求，充分说明各成员方之间的相互妥协。但是，谈判中并未直接涉及“审慎”的含义，仅有一条评论可能提供参考，即“除了审慎原因之外的原因……最常见的是协议企图减少的原因”[①]。

二、GATS 审慎例外条款的争议

GATS《关于金融服务的附件》第 2 条被认为是审慎例外条款规定，然而，GATS 实施至今已近 30 年，对该条款的争议不胜枚举。例如，有学者质疑 GATS 的审慎规则规定较为模糊，需要对其进行重新分类；[②] 也有学者质疑该条所规定的措施是否必须基于审慎理由；[③] 还有学者认为，需要对 GATS《关于金融服务的附件》第 2 条第 1 款、第 2 款之间明显存在的矛盾进行进一步的澄清，[④] 并且担心该条款可能被用于伪装保护主义措施等。[⑤] 总体上来说，以上争议可分为两个方面的问题，即关系需求和控制机制。

对于关系需求，理论界和实务界争议较大的在于如何解释审慎例外条款中的“出于审慎原因”(for prudential reasons)。有学者认

① See WTO, Working Group on Financial Service Including Insurance, Note on the Meeting of July 12-13, 1990, MTN/GNS/FIN/2, para. 37.

② See J. H. Dalhuisen, Liberalisation and Re Regulation of Cross-Border Financial Services—The Situation in the EU and WTO/GATS, *European Business Law Review*, Vol. 284, No. 10, 1999, p. 167.

③ See G-20 Pittsburgh Summit, Special Pittsburgh G-20 Report from Public Citizen's Global Trade Watch, No Meaningful Safeguards for Prudential Measures in World Trade Organization's Financial Service Deregulation Agreements, 2009, pp. 10-17.

④ Ibid. , pp. 3-5.

⑤ See J. H. Dalhuisen, Liberalisation and Re Regulation of Cross-Border Financial Services—The Situation in the EU and WTO/GATS, *European Business Law Review*, Vol. 284, No. 10, 1999, p. 155.

为应当聚焦于争议措施的主观目的，[①] 也有学者认为应聚焦于客观的标准，如密切性测试、手段与结果测试或合理性测试等。[②] 在阿根廷金融服务案中，专家组对该条款进行了解释，但笔者认为该解释存在值得商榷的地方（下文详述）。

对于控制机制，争议焦点在于如何解释“不得用作逃避该成员方在本协定项下的承诺或义务的手段”。有学者认为，这句话的目的在于防止“纯粹的或主要的保护主义措施”，但尚未证实。也有学者认为，该反规避条款类似于 GATT 第 20 条或者 GATS 第 14 条的“任意或不合理的歧视”以及“对服务贸易的变相限制”。[③] 对于此问题，WTO 专家组/上诉机构至今尚未给出解释，阿根廷金融服务案的专家组因为“司法经济”（judicial economy）原则也没有对该条款进行解释。

三、阿根廷金融服务案中对 GATS 审慎例外条款的解释

阿根廷金融服务案是 WTO 成立至今唯一一起涉及审慎例外条款的案例，该案上诉机构基本上支持了专家组对审慎例外条款的解释。该案的争议焦点在于审慎例外条款的适用范围问题。巴拿马认为，阿根廷对于再保险服务以及证券市场准入的限制性措施不属于审慎例外条款的适用范围，该限制性措施的适用仅限于“国内规制”（domestic regulations）。[④] 对此，专家组提出了审慎例外条款适用的三个因素：（1）影响金融服务的提供；（2）基于审慎理由；（3）不被

---

① See J. Steven Jarreau, Interpreting the General Agreement on Trade in Services and the WTO Instruments Relevant to the International Trade of Financial Services: The Lawyer's Perspective, *North Carolina Journal of International Law and Commercial Regulation*, Vol. 25, 1999, p. 1.

② See Eric H. Leroux, Trade in Financial Services Under the World Trade Organization, *Journal of World Trade*, Vol. 36, 2002, p. 413.

③ See Antoine P. Martin & Bryan Mercurio, Towards a Convergence of Trade and Investment Law: A Right to Take Prudential Measures for the Preservation of Financial Stability, *The International Lawyer*, Vol. 51, 2018, p. 567.

④ See Notification of an Appeal by Panama, Argentina-Measures Relating to Trade in Goods and Services, WT/DS453/7, Oct. 30, 2015.

用来作为规避成员方承诺或义务的措施。[①] 专家组认为，“影响”(affecting) 的含义和范围比“监督”(regulating)、“管理”(governing) 更宽泛，即只要对具有金融性质的服务贸易行为有所影响即可。[②] 对基于“审慎理由”而采取的措施，专家组认为，“审慎”意味着“预防性”(precautionary)，旨在防止特定结果的措施或阻碍其结果的措施；[③] 由于 WTO 成员方有足够的自由根据其自身的价值尺度来衡量“审慎理由”，因而，“审慎理由”的含义会随着时间的推移而变化；[④] 对“审慎”一词的灵活性、宽泛性的解释符合国际社会对金融风险性质的关切。[⑤] 上诉机构支持了专家组的观点，认为只要成员方为审慎理由而采取影响金融服务提供的措施，该措施即可为 GATS 的审慎例外条款所涵盖。

但是，笔者认为，无论是从该条款的字面含义、上下文解释还是从 GATS 文本的整体目标来看，上述专家组对审慎例外条款适用范围的解释都过于宽泛。

第一，从字面含义来看，专家组主要通过查询西班牙语和法语字典的方式将“审慎”的含义限定为“预防性”的措施，这是有待考量的。一方面，在美国博彩案中，上诉机构对于仅通过字典进行字面含义的解释持保留态度。[⑥] 另一方面，对于金融服务的审慎理由，任何措施如在经济衰退后采取的迅速恢复措施均可能被视为“预防性”的审慎措施，那么何种原因可以被专家组视为非审慎理由呢？西班牙语和法语字典并没有明确“审慎”一词的含义，《牛津英文词典》(*Oxford English Dictionary*) 将“审慎的”定义为：“具有审慎性质的；通过预见或仔细斟酌后表现出的谨慎；或属于谨慎范

---

① See Panel Report, Argentina-Measures Relating to Trade in Goods and Services, WT/DS453/R, Sep. 30, 2015, para. 7.779-7.851.

② Ibid., para. 7.857.

③ See Panel Report, Argentina-Measures Relating to Trade in Goods and Services, WT/DS453/R, Sep. 30, 2015, para. 7.865.

④ Ibid., para. 7.871.

⑤ Ibid., para. 7.875.

⑥ See Panel Report, United States-Measures Affecting the Cross-Border Supply of Gambling and Betting Services, WT/DS285/AB/R, Apr. 7, 2005, para. 164-166.

围内的事项。”将“审慎”定义为：“能够辨别出最合适的、最有利可图的行为；实践中的智慧、自由裁量或智慧、事务的知识和技能。”[①]《牛津简明英语词典》(*Concise Oxford Dictionary*)将“审慎的”定义为“涉及或以谨慎为特征的；谨慎行事，尤其在商业活动中”，将“谨慎”解释为“谨慎的品质；或智慧；或事务的知识或技能；或远见”。[②]《韦氏大学英语词典》(*Merriam-Webster's Collegiate Dictionary*)将“审慎的”解释为“属于、关于或谨慎行事”；[③]将“审慎”解释为“通过使用理性来管理和训练自己的能力”，或者“在事务管理中的睿智或精明”，或者“在使用资源方面的技巧和良好判断”，或“作为”对危险或风险的小心或谨慎”。[④]从上述英文词典的解释来看，“审慎的”含义区别于专家组给出的“预防性”的措施，所有这些定义均要求“审慎”必须基于充分明智的考虑，并表现出合理的判断。

第二，从上下文解释来看，根据《维也纳条约法公约》第 31 条的规定，条约应依其用语按其上下文并参照条约之目的及宗旨所具有之通常含义，善意解释之。在美国博彩案中，专家组援引了解释条款的上下文、GATS 本身以及 WTO 其他涵盖协定。[⑤]在阿根廷金

---

① *Oxford English Dictionary* defines “prudential” as “of, belonging to, or of the nature of prudence; involving prudence, characterized or prescribed by forethought and careful deliberations”, or as “matters that fall within the scope or province of prudence” . *Oxford English Dictionary*, 2nd ed. , Oxford University Press, 1991, pp. 728-729.

② *Concise Oxford Dictionary* defines “prudential” as “of involving, or characterized by prudence; exercising prudence, esp. in business affairs”, and defines “prudence” as “the quality of being prudent”, or as “wisdom; knowledge of or skill in a matter”, or “foresight; providence” . *Concise Oxford Dictionary*, 3rd ed. , Oxford University Press, 1993, p. 2396.

③ *Merriam-Webster's Collegiate Dictionary* defines “prudential” as “of, relating to, or proceeding from prudence”, or as “exercising prudence” . *Merriam-Webster's Collegiate Dictionary*, 11th ed. , Springfield, 2005, p. 1002.

④ *Merriam-Webster's Collegiate Dictionary* defines “prudence” as “the ability to govern and discipline oneself by the use of reason”, or as “sagacity or shrewdness in the management of affairs”, or as “skill and good judgment in the use of resources”, or as “caution or circumspection as to danger or risk” . *Merriam-Webster's Collegiate Dictionary*, 11th ed. , Springfield, 2005, p. 1002.

⑤ See Panel Report, United States-Measures Affecting the Cross-Border Supply of Gambling and Betting Services, WT/DS285/AB/R, Apr. 7, 2005, para. 179-181.

融服务案中，专家组审查的是形容词“审慎的”，即并非措施本身而是该措施所基于的理由。专家组认为，虽然审慎措施和为审慎理由而实施的措施不是相互排斥的，并且在大多数情况下这两者可能重叠，但这种文本上的区别在确定审慎例外条款的适用时至关重要。[①] 实践中，对于何为“审慎理由”更易达成共识。这是由于同一审慎理由可能对应多种审慎措施，而审慎措施的要求会减少主权成员方对实施哪些措施的自由裁量权，因此在审慎理由的要求下，成员方对于所采取的审慎措施将有更大的自由裁量权。

在阿根廷金融服务案中，与审慎例外条款毗邻的上下文规定的“审慎理由”是“为保护金融消费者，如投资人、存款人和保单持有人等，或是为了保证金融体系的完整和稳定”。专家组仔细审查了所采取的措施与“审慎理由”之间的关系，虽然专家组认为所列理由均为“预防性的”，[②] 但当这些措施是基于“明智的”或“合理性的”考量时，则不再属于“审慎的”措施范围。

此外，从整个GATS的涵盖范围看会更易于辨别是否为“审慎理由”。如果GATS的其他条款为某些措施提供了例外规定，那么基于条款解释的有效性，有效提供该例外的原因将不能成为“审慎理由”的一部分。可见，审慎例外条款并非包罗万象。例如，经济一体化协定的例外条款往往并不涵盖审慎例外，因为该种协定一般仅存在于部分缔约方之间。因而，审慎例外条款的原因不可能包括区域贸易自由化或减少区域贸易壁垒方面的措施。同样，WTO成员方也不能主张以GATS第12条规定的“解决严重的国际收支平衡和外部财政困难及其威胁”作为审慎抗辩的理由，否则，成员方可以实施一项歧视性措施以防止GATS第12条第2款（a）项所禁止的国际收支困难的威胁。

第三，从GATS的目的解释来看，WTO成员方有权在其境内

---

① See Panel Report, Argentina-Measures Relating to Trade in Goods and Services, WT/DS453/R, Sep. 30, 2015, para. 7.831.

② Ibid., paras. 7.868-7.869.

引入新的监管规定以实现国家的政策目标。专家组认为，GATS 成员方对于审慎措施的范围拥有自由裁量权。[①] 但是，该自由裁量权应当受到限制，否则会导致 GATS 其他条款相对于金融服务的无意义。同时，GATS 在序言中提到“服务贸易对于世界经济增长和发展的重要性”以及“逐步实现服务贸易的自由化”。[②] 据此，尽管审慎例外条款含有实现国家政策目标的目的，但也不宜给予过宽的解释，因为逐步自由化和服务贸易自由化也是 GATS 的目标。

第三节 FTA 对 GATS 跨境金融服务贸易审慎例外规则适用困境的回应

GATS 审慎例外条款的复杂性源于金融自由化与审慎监管之间存在的矛盾，2008 年全球金融危机后该矛盾进一步加深。可以理解的是，由于发展程度、国内金融要素以及产业结构等差异的存在，每个经济体都需要采取相应的方式以达到必要的平衡。这也是为什么在多边体系下难以达成一致性意见的原因所在。FTA 是在小范围内达成的贸易协定，虽然根据《维也纳条约法公约》的规定，WTO 专家组不可援引其他 FTA 来解释其成员方之间的关系，但在实践中，美国虾案专家组却援引了区域性国际条约作为解释性的参考依据。因而，FTA 的实践对于未来审慎例外规则的发展具有一定的指引作用。

一、含有审慎例外条款的 FTA

根据 GATT 1994 第 24 条以及 GATS 第 5 条的规定，WTO 成员方有义务将缔结的 FTA 通知 WTO。截至 2021 年 12 月，成员方已通知

① See Panel Report, Argentina-Measures Relating to Trade in Goods and Services, WT/DS453/R, Sep. 30, 2015, para. 7.872.

② See GATS, preamble.

WTO的生效FTA共计301个，其中含有审慎例外条款的FTA（又称“审慎FTA”）有104个。据统计，1948—2021年，含有审慎例外条款的FTA呈稳定增长的趋势，但在近些年有所放缓（如图4-1）。

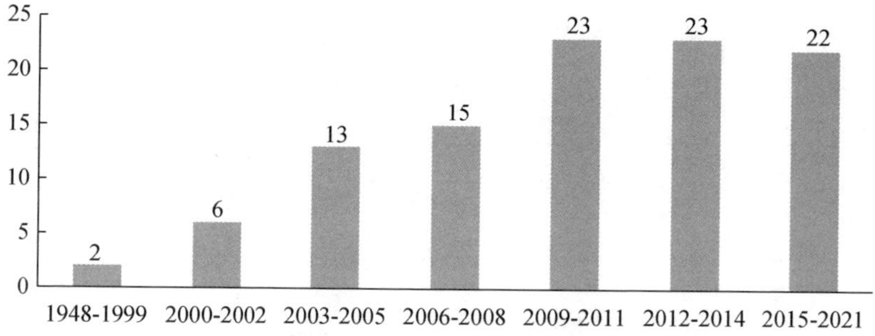

图4-1　不同时期含审慎例外条款的FTA[①]

在WTO成员方缔结的FTA中，包含审慎例外条款最多的欧盟和日本缔结的FTA，均为15个；排在其后的分别是新加坡13个、美国12个、巴拿马11个。值得注意的是，拉丁美洲国家也注重在缔结的FTA中纳入审慎例外条款，如秘鲁、哥伦比亚分别有11个、8个FTA包含审慎例外条款（如图4-2）。

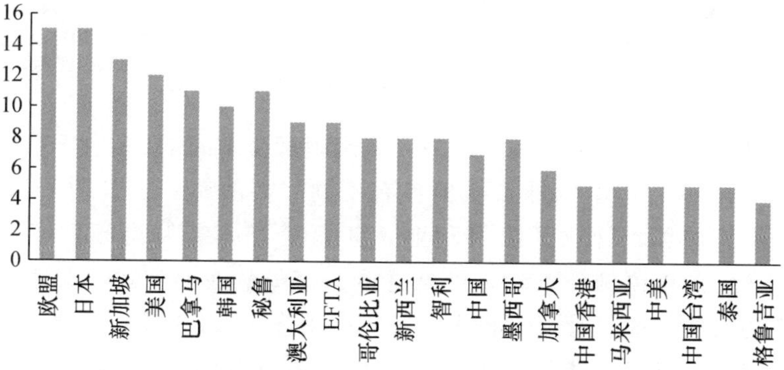

图4-2　不同国家/地区缔结的含审慎例外条款的FTA[②]

---

① 数据信息来源于WTO官网的FTA数据库，并参考Alex Yueh-Ping Yang，The Evolving Prudential Exceptions in Regional Trade Agreements，*Asian Journal of WTO and International Health Law and Policy*，Vol. 13，No. 2，2018，pp. 405-408整理而成。

② 同上。

此外，在上述104个含有审慎例外条款的FTA中，48个没有完全复制GATS型的审慎例外条款，即为“非GATS型”，其中包括对审慎理由的修改。这说明部分经济体对GATS型的审慎例外条款持有异议，并着手对其进行修改。2008年全球金融危机之前，采用GATS型审慎例外条款的FTA比较多，并且呈持续增长的趋势（2000—2002年为33.33%，2006—2008年为73.33%）。然而，金融危机之后，该趋势逐渐转向，采用GATS型的审慎例外条款的FTA从65.22%（2009—2011年）下降到40.91%（2015—2021年）（如图4-3）。

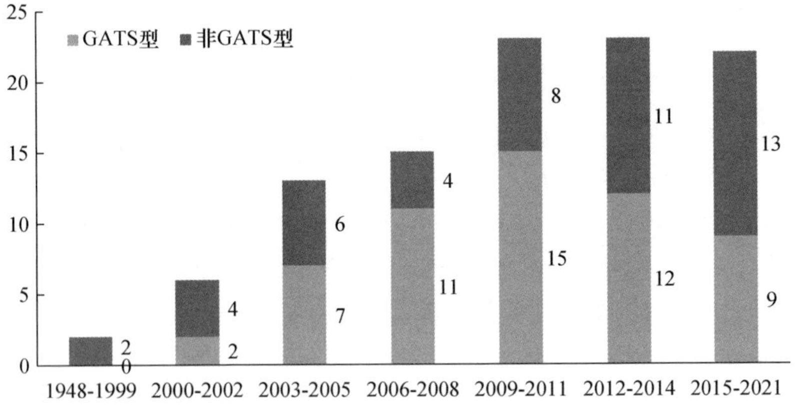

图4-3　不同时期FTA审慎例外条款的类型①

具体到各主要国家可以发现，不同国家缔结的FTA对于是否复制GATS型的审慎例外条款也各有不同（如图4-4）。其中，日本、美国、新加坡、韩国、澳大利亚、新西兰、加拿大均倾向于采用GATS型的审慎例外条款，可见这些国家虽然在GATS《关于金融服务的附件》谈判时提出较多意见，但对于GATS型的审慎例外条款却持肯定态度。欧盟（包括EFTA）、拉丁美洲（尤其是墨西哥）等则成为非GATS型的审慎例外条款的推进者。

① 数据信息来源于WTO官网的FTA数据库，并参考Alex Yueh-Ping Yang, The Evolving Prudential Exceptions in Regional Trade Agreements, *Asian Journal of WTO and International Health Law and Policy*, Vol. 13, No. 2, 2018, pp. 405-408整理而成。

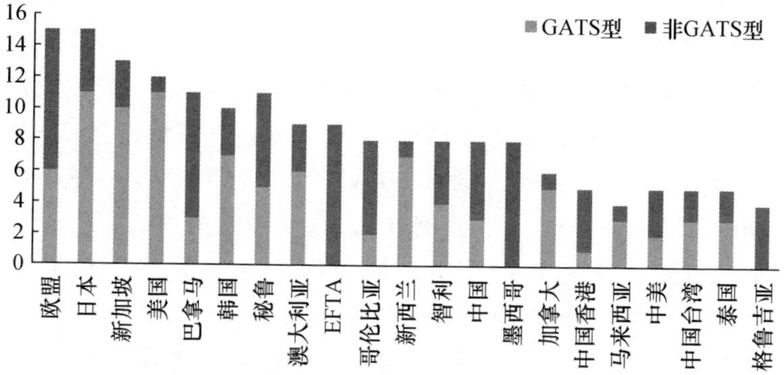

图 4-4　不同国家/地区 FTA 审慎例外条款的类型[①]

二、FTA 对 GATS 审慎例外实体规则的改变

FTA 对 GATS 的审慎例外条款作了较多的修改，分别表现在条款名称、关系需求、反滥用要求以及其他方面。

（一）条款名称的改变

GATS《关于金融服务的附件》将实质上为审慎例外的条款命名为“国内规制”，与 GATS 正文中的第 6 条相同。部分 FTA 沿袭了 GATS 的方式，如《中国—瑞士 FTA》《中国—澳大利亚 FTA》(China-Australia Free Trade Agreement) 等中国对外签署的部分 FTA 将具有审慎例外性质的条款命名为“国内规制”。但是，这种方式极易造成两者混淆，如在阿根廷金融服务案中，巴拿马认为，由于 GATS《关于金融服务的附件》第 2 条第 1 款与正文第 6 条均为“国内规制”，因此基于审慎理由所采取的措施必然是与市场准入措施等相对的“国内规制”措施。[②] 但是，阿根廷、专家组、上诉机构均认为审慎例外条款不限于国内规制性质的措施。GATS《关于金融服务的附件》的谈判文件显示，有 WTO 成员方认为该第 2 条

---

① 数据信息来源于 WTO 官网的 FTA 数据库，并参考 Alex Yueh-Ping Yang, The Evolving Prudential Exceptions in Regional Trade Agreements, *Asian Journal of WTO and International Health Law and Policy*, Vol. 13, No. 2, 2018, pp. 405-408 整理而成。

② See Panel Report, Argentina-Measures Relating to Trade in Goods and Services, WT/DS453/R, Sep. 30, 2015, para. 6. 248.

第 1 款具有例外属性，而 GATS 正文第 6 条则不具有，故两条款不宜使用相同的名称。

新一代 FTA 对审慎例外条款名称进行了一定的修改。其中，有的 FTA 将其直接命名为“prudential measures”(审慎措施)，如《中国—新西兰 FTA》《日本—蒙古 FTA》等。更多的 FTA 将其命名为“prudential carve-out”（审慎例外)，欧盟缔结的 FTA 习惯以此命名，如《欧盟—韩国 FTA》等。而美国主导的 FTA，如 CPTPP、USMCA 等则直接采用“exception”（例外）命名，将审慎例外条款作为其中之一。虽然有学者认为两者在举证责任方面存在细微的差别，[①] 但笔者认为，无论是“carve-out”还是“exception”，均是按“例外”的效果来适用的。

（二）关系需求的改变

对于关系需求，在 GATS 下争议较多的是“出于审慎原因”。除了 GATS 型的规定，还存在审慎措施要求、必要性要求以及相关性要求等非 GATS 型的规定。

1. 审慎措施要求

“审慎措施”不同于“基于审慎理由的措施”，阿根廷金融服务案专家组明确了这两个概念的不同，即“基于审慎理由的措施”的重点在于其目的和理由是“审慎的”，而非措施本身；但“审慎措施”则强调该措施本身的特殊性，如基于巴塞尔银行委员会制定的标准的特殊措施。[②] 根据该案专家组的意见，“审慎措施”的涵盖范围明显小于“基于审慎理由的措施”。因而，在判断是否为“审慎措施”时需要考量是否存在国际性的标准，而不能完全依赖 WTO 成员方的自我裁定。采用此种模式的主要为巴拿马、墨西哥等拉丁美洲国家及地区，如《中国台湾—巴拿马 FTA》中规定：“本章中的任何内容均不得解释为阻止一方采取或维持审慎措施……”

---

① See Kelsey Jane, How the Trans-Pacific Partnership Agreement could heighten financial instability and foreclose governments regulatory space, *New Zealand Yearbook of International Law*, Vol. 8, 2010, pp. 3-43.

② See Panel Report, Argentina-Measures Relating to Trade in Goods and Services, WT/DS453/R, Sep. 30, 2015, para. 7. 861.

2. 必要性要求

部分 FTA 在审慎例外条款中纳入必要性要求，以解决 GATS 规定的审慎例外条款中审慎理由存在的模糊性，具体有四种模式：一是直接替代审慎理由；二是间接替代审慎理由；三是作为审慎理由的补充性条件；四是相关性要求。

采取第一种模式的非 GATS 型 FTA 完全更新了 GATS 的审慎理由要求。如 EFTA 中规定："在金融方面，本章不妨碍缔约方基于审慎理由所采取的必要性措施，以确保对投资者、存款人、保单持有人或负有信托责任的人的保护，或金融体系的完整性和稳定性。"[①] 该种模式的 FTA 数量较少。

第二种模式是仍然采用审慎理由的用法，同时增加必要性要求。如欧盟与墨西哥在 1995 年签订的《经济伙伴、政治合作协议》(Economic Partnership, Political Coordination and Cooperation Agreement) 中规定："本章的任何内容均不得解释为阻止一方因审慎原因采取或维持合理措施，例如……这些措施不应超过实现其目标所必需的负担 (these measures shall not be more burdensome than necessary to achieve their aim)，并且与其自身的金融服务供应商相比，不得歧视另一方的金融服务提供者。"[②] 此种模式虽然保留了审慎理由的用法，但由于增加了必要性要求，其实质是提高了相应的要求，即"审慎理由＋必要性要求"。此种模式对于欧盟参与的 FTA 影响较大，欧盟近年来签订的 FTA 中均采取了此种模式，如 CETA、EPA 等。

第三种模式类似于第二种模式，但缩小了必要性要求的适用范围，仅适用于部分审慎措施。如《日本与泰国经济伙伴协定》(Economic Partnership Agreement Between Japan and Thailand) 中规定：

---

① See Convention Establishing the European Free Trade Association, https://www.efta.int/sites/default/files/documents/legal-texts/efta-convention/Vaduz%20Convention%20Agreement.pdf, last visited on Aug. 21, 2021.

② See Economic Partnership, Political Coordination and Cooperation Agreement, https://eeas.europa.eu/sites/eeas/files/28.10.2000_mexico.pdf, last visited on Aug. 21, 2021.

“尽管有本章的任何其他规定，不得阻止一方采取：(a) 出于审慎理由的措施，包括…… (b) 确保宏观经济或汇率稳定的措施。”“注：上文 (b) 分段提到的措施包括与货币政策有关的措施或阻止投机性资本流动的措施。这些措施不应超过确保宏观经济或汇率稳定的目标 (such measures shall be no more than necessary to meet the objectives of ensuring the stability of the macroeconomy or the exchange rate)。确保宏观经济或汇率稳定的措施不包括与促进或保护某一特定部门有关的措施。”① 这种模式将必要性要求限定在确保宏观经济和汇率的稳定上，即将确保宏观经济和汇率的稳定排除在审慎理由之外。此种模式较多见于东亚国家的 FTA，如 2010 年《东盟—澳大利亚—新西兰 FTA》(ASEAN-Australia-New Zealand Free Trade Agreement)、2016 年《韩国—越南 FTA》等。

第四种模式采用“相关性”(relating to) 要求，即所采取的措施与目标之间存在相关性。NAFTA 是采取此种模式的典型代表。NAFTA 第 1410 条规定：“本部分不得阻止缔约方采取或维持基于审慎理由的合理措施，例如……缔约方为维持金融机构或跨境金融服务贸易提供者的安全、稳健、完整或金融责任公平而非歧视、善意地采取的措施可阻止或限制金融机构或跨境金融服务提供者向关联机构进行转让。”此种模式规定所采取的措施仍然适用于审慎理由的标准，只有当所采取的措施适用于“阻止或限制金融机构或跨境金融服务提供者向关联机构进行转让”时，才与“为维持金融机构或跨境金融服务贸易提供者的安全、稳健、完整或金融责任公平而非歧视、善意地采取的措施”具有相关性。这种模式与传统规定不同，采取详尽的清单列举方式，而不是一份公开清单列出符合条件的审慎理由。这种模式较多出现在拉丁美洲国家的 FTA 中，如巴拿马与美国、新加坡、加拿大等国家缔结的 FTA 中均采用此种模式。

(三) 反滥用要求的改变

反滥用要求是指不得随意适用审慎例外条款，应将其限定在一

---

① See Agreement Between Japan and the Kingdom of Thailand for an Economic Partnership, https://www.mofa.go.jp/region/asia-paci/thailand/epa0704/agreement.pdf, last visited on Aug. 21, 2021.

定的范围内。GATS 采用反规避条款的形式规定，若 WTO 成员方所采取的措施不符合 GATS 的规定，则该措施不得被作为逃避其在 GATS 中所作承诺或义务的手段。然而，对于此条规定本身却存在一定的争议。有人认为，该条为审慎例外条款的适用设置了较为宽松的条件，即只要所采取的措施与审慎理由之间存在合理的关系即可。[①] 也有人认为，如果政府明知其采取的措施违反市场准入、国民待遇等义务，纵使其采取该措施的目的是审慎的，也构成对该条款的滥用。[②] 部分 FTA 对 GATS 的此种规定进行了调整，具体可以分为以下四种形式：

第一，合理性要求是存在较多的对 GATS 反规避条款修改的一种形式，早在 GATS 谈判期间就有 WTO 成员方提出纳入合理性要求，但最终没有被采纳。然而，此后缔结的 FTA 中却逐渐加入了此内容，不过其具体的形式还存在细微的差别。例如，CETA 直接用“合理的措施”替代 GATS 的反规避内容：“本协定不得阻止缔约方采取或维持基于审慎理由的合理的措施。”欧盟与墨西哥之间的自由贸易协定也采取了此种形式。此外，还有 FTA 同时纳入“合理的措施”以及 GATS 的反规避内容，如《EFTA—韩国 FTA》(Free Trade Agreement Between EFTA and South Korea)。[③]

第二，以变相的限制要求作为新型的审慎例外反滥用要求，直接替代 GATS 的反规避条款，即不得采用对贸易造成变相限制要求的措施。例如，《马来西亚—澳大利亚 FTA》中规定“这些措施不应超过实现其目标所必需的负担，并且不得构成对其他缔约方的金融服务提供者与其自身金融服务提供者相比任意或不合理歧视的手

---

① See Bart de Meester, The Global Financial Crisis and Government Support for Banks: What Role for the GATS? *Journal of International Economic Law*, Vol. 13, No. 1, 2010, pp. 59-61.

② See Todd Tucher, PMD: “Strictly Business” Interpretations of a WTO Rule, https://citizen.typepad.com/eyesontrade/2011/04/reflections-on-meaning-of-prudential-language-in-the-wto.html, last visited on Aug. 22, 2021.

③ See Free Trade Agreement Between the EFTA States and the Republic of Korea, https://www.efta.int/media/documents/legal-texts/free-trade-relations/republic-of-korea/EFTA-%20Republic%20of%20Korea%20Free%20Trade%20Agreement.pdf, Art. 4.8.2, last visited on Aug. 22, 2021.

段，或对服务贸易的变相限制。"[①] 此种形式仿照了一般性例外的规定，相对于 GATS，显然是对审慎例外条款的适用设置了更高的标准。其他 FTA，如《中国—澳大利亚 FTA》《中国—格鲁吉亚 FTA》也纳入了变相的限制要求。

第三，平等和非歧视性要求也是对 GATS 反规避条款的替代性形式。以《中国台湾—巴拿马 FTA》为例，其中规定："缔约方为维持金融机构或跨境金融服务贸易提供者的安全、稳健、完整或金融责任公平、非歧视、善意地采取的措施可阻止或限制金融机构或跨境金融服务提供者向关联机构进行转让。"该形式要求：(1) 采取的审慎措施必须是"平等的和非歧视性的行为"，但对于如何衡量"平等的和非歧视性的行为"却存在较大的模糊性；(2) 对于非关联机构转让行为，不适用于该平等和非歧视性要求。

第四，有些 FTA 直接删除反滥用要求，不涉及反规避条款、合理性要求、变相的限制要求、平等和非歧视性要求。例如，《日本—墨西哥关于加强经济伙伴关系的协定》(Agreement Between Japan and Mexico on Strengthening the Economic Partnership) 中规定："尽管有本章的规定，不应阻止缔约方在金融服务方面采取或维持的基于审慎原因的措施……"[②] 据此，只要所采取的措施是基于审慎理由即可。

（四）其他改变

除了上述对 GATS 审慎例外条款主要认定条件的改变外，一些 FTA 的审慎例外条款还存在其他改变，如增加非歧视待遇内容、吸收国际最佳实践以及保证金融自由化的最低水平等。

1. 增加最惠国待遇的内容

《韩国—越南 FTA》附件 8-A 第 2 (a)(iii) 条将"对于确保汇率稳定的措施包括防止投机性资本流动"列为审慎理由之一，但必

---

① Malaysia-Australia Free Trade Agreement, https://fta.miti.gov.my/miti-fta/resources/Malaysia-Australia/MAFTA.pdf, Art. 5.2, last visited on Aug. 22, 2021.

② Agreement Between Japan and the United Mexican States for the Strengthening of the Economic Partnership, https://www.mofa.go.jp/region/latin/mexico/agreement/agreement.pdf, Art. 110, last visited on Aug. 22, 2021.

须以“最惠国待遇为基础”。[①] 需要注意的是，此条的最惠国待遇不同于GATS第2条“最惠国待遇”，后者诉诸审慎例外条款，即基于审慎理由可采用非最惠国待遇的措施；前者的最惠国待遇是审慎例外条款适用的边界，即一项审慎措施如果不是基于最惠国待遇，则不可以审慎例外条款作为抗辩。就上述第2(a)(iii)条来说，该例外仅限于“与汇率稳定有关的措施”。

2. 增加国民待遇的内容

欧盟和EFTA缔结的FTA往往将国民待遇列入审慎例外条款中，如《EFTA—墨西哥FTA》(Free Trade Agreement Between EFTA and Mexico) 中规定：“这些措施（审慎措施）不应超过实现其目标所必需的负担，并且与其自身的金融服务供应商相比，不得歧视另一缔约方的金融服务提供者。”[②] 与审慎例外条款中的最惠国待遇相同，该国民待遇内容亦是审慎例外条款适用的边界，但其适用于所有的审慎措施。

3. 吸收国际最佳实践内容

对金融服务业规制的国际最佳实践包括巴塞尔委员会制定的银行业规则、国际保险监管委员会（IAIS）制定的保险业规则以及国际证券委员会（IOSCO）制定的证券业规则。部分FTA为完善审慎例外条款，直接吸收国际最佳实践内容。如《日本与新西兰经济合作伙伴协定》(Economic Partnership Agreement between Japan and New Zealand) 之金融服务附件第6条第2款规定：“各方应尽最大努力确保巴塞尔委员会的‘有效银行监管核心原则’、国际保险监督委员会和国际证券委员会的‘证券监管目标和原则’的标准和原则

---

① See Vietnam-Korea Free Trade Agreement, http: //www.wtocenter.vn/upload/files/fta/174-ftas-concluded/189-vietnam---south-/237-full-text/ ANNEX_8_A.pdf, Annex 8-A, Art. 2 (a) (iii), last visited on Aug. 22, 2021.

② Free Trade Agreements between the EFTA States and the United Mexican States, https: //www.efta.int/media/documents/legal-texts/free-trade-relations/mexico/EFTA-Mexico%20Free%20Trade%20Agreement.pdf, Art. 36.2, last visited on Aug. 22, 2021.

在其地区实施。”[①]该条款直接将国际组织的最佳实践纳入其中，实质上是在审慎例外条款与国际金融法之间搭建了一个桥梁，增强了审慎例外条款的可预见性。

4. 保证金融自由化的最低水平

为了最大限度地规范审慎措施，部分 FTA 还要求跨境金融服务提供者进行登记注册。例如，CETA 规定：“在不损害跨境金融服务贸易的其他审慎监管手段的情况下，缔约方可以要求对方的跨境金融服务提供者和金融工具进行登记。”根据该规定，东道国可以自主决定是否要求金融服务贸易的服务提供者进行登记注册，这表明各缔约方拥有要求金融服务提供者注册的自由裁量权。[②] 同时，CETA 第 13.16（3）条规定：“缔约方可出于审慎原因禁止某项金融服务或活动。此类禁令不适用于所有金融服务或完整的金融服务子行业，如银行业务。”根据该条款，基于审慎理由，缔约方可能禁止部分金融服务或活动，但这种禁令不能完全禁止所有金融服务或完整的金融服务子行业，即审慎理由不能成为禁止所有金融服务或子部门的理由。

总之，不同国家及地区对外签订的 FTA 的演变以及相对于 GATS 的异同，反映了其对于金融服务发展的不同理念。对审慎例外条款适用限制较多的 FTA 往往呈现出较强的金融服务自由化趋势，反之，则表现为较为保守的态度。但总体来看，呈现出对审慎例外条款的限制性适用态度，以及支持金融服务的更加自由化。[③] 从限制适用审慎例外条款的角度来看，欧盟是最主要的代表，通过增加关系需求（如严格的必要性要求）来限制审慎例外条款的适用。传统的 GATS 审慎例外条款存在较大争议的原因在于概念的模糊性，尤其是反滥用要求的规定，而部分新的 FTA 已尝试纳入新的贸易法

① See Japan-Switzerland Economic Partnership Agreement, https://www.mofa.go.jp/region/europe/switzerland/epa0902/annex6.pdf, Annex 6, Art. 6 (2), last visited on Aug. 22, 2021.

② 参见葛辉、彭岳：《审慎例外条款实证分析——以中国自贸协定为例》，载《国际商务研究》2019 年第 3 期，第 75 页。

③ 参见徐昕：《区域贸易协定中的金融审慎例外条款研究》，载《上海对外经贸大学学报》2015 年第 2 期，第 58—67 页。

中的相关内容以明确其概念，但二者均存在限制审慎例外条款适用的趋势。

第四节 FTA 跨境金融服务贸易的审慎例外规则需要相互承认

GATS 审慎例外条款本身的原则性决定了其不可能在国际上形成统一适用的标准，并且从 GATS 近 30 年的实践以及新的 FTA 中有关审慎例外条款的规定可见，各主权国家对于金融自由化的理念还存在一定的差异，这无疑增加了达成一致性审慎例外条款的困难。欧盟在金融服务一体化市场上的成功经验值得借鉴，其相互承认原则也要求跨境金融服务贸易的审慎例外条款的适用需要各主权国家的相互承认与配合。

一、相互承认的必要性

（一）相互承认的缘起及动因

相互承认是处理国际关系的重要法律方法之一，其基本法律功能在于认可外国法律规定或者在外国实施的行为的有效性。相互承认在国际公法和国际私法领域都得到了广泛的应用，如承认外国人的国籍以及外国法院的判决等。[①] 在国际贸易法领域，相互承认的目的在于消除主权国家之间因国内规制而产生的非歧视性的贸易限制性措施。在国际经贸规则中，相互承认分为两种：一是自然人移动中的相互承认，二是金融服务贸易中的相互承认。前者是指主权国家之间相互承认在对方国家获得的教育、经历、其他已经取得的许可或证明等；而后者则涉及金融市场主体的市场准入、市场退出和持续经营等各个环节，是一个连续性的过程。

通过相互承认，一方面可以促进金融服务市场的自由化。这是

---

① 参见刘轶：《金融服务市场一体化的法律方法——欧盟的理论和实践》，法律出版社 2015 年版，第 175 页。

因为金融市场主体可以避免遵守多种贸易规则，免于支付由于规则冲突而额外增加的成本，削弱已有或即将获得的规模效益。另一方面，相互承认还可以鼓励主权国家提高金融监管标准。金融服务产品的风险原因之一在于信息的不对称，消费者若难以获得全部完整的信息则可能失去对跨境金融服务贸易的信心，而且金融服务涉及风险的转移和承担，信息不对称往往会间接地成为跨境金融服务贸易的壁垒，因而，主权国家通常维持较为严格的监管标准，以增强本国金融市场的吸引力以及提高本国金融市场的竞争力。同时，由于金融监管具有外部性特点，即一国的监管失败可能直接影响其他国家，也可能以系统性风险的形式蔓延至其他国家，因此主权国家提高其金融监管标准显然有助于降低外部性效应。

理论上讲，统一的规则更有益于实现贸易的自由化，然而实践中主权国家间往往很难达成一致。这就凸显出相互承认的重要性：其一，相互承认无须修改本国法律法规，可减轻主权国家国内法修改的压力；其二，相互承认可以保留各主权国家金融体系的差异性，形成良好的竞争关系，并给予主权国家较大的自由裁量权。

（二）国民待遇原则适用的不足

国际经贸协定中的非歧视待遇可保证相关主权国家给予市场主体充分平等的竞争机会，尤其是国民待遇，可保证在同等条件下东道国的监管规则给予其他金融服务提供者的待遇不低于给予本国金融服务提供者的待遇，即东道国优先监管。从表面上看，国民待遇可以实现非歧视，即外国金融服务提供者与东道国的金融服务提供者拥有了相同的竞争条件。但是，从整个国际市场来看，不同主权国家的监管规则很难达到有效的协调一致，跨境金融服务的提供者必然会面对所有东道国的监管规则，重复监管的现象较多，给跨境服务提供者增加较大的成本负担；从东道国的角度来看，承担国民待遇义务，必然需要对“相同的服务提供者”或者“同类情形”进行辨别，而这同样会增加东道国政府的成本。有学者认为，国民待遇下的监管模式属于“东道国控制”(host country control) 模式,[①] 但东道国优先监管更能体现在国民待遇下不同国家监管标准的适用要求。

此外，国民待遇可能导致各主权国家普遍提高监管标准，加大监管规则协调的难度。如果东道国政府均保留原有的监管规则，这就必然会使得各主权国家在协调一致性原则方面各持己见。为了限制其他主权国家的跨境金融服务提供者进入本国市场，以及提高本国跨境金融服务提供者在国外市场的竞争力，监管标准较高的国家通常会继续维持较高的监管标准。监管较为宽松的国家也会有提高监管标准的意愿，而监管标准较为严格的国家的跨境金融服务提供者必然会在合规上具有一定的优势。这样，就会出现各主权国家竞相提高监管标准的现象，进而导致各方更难以达成一致性规则。

（三）跨境金融服务贸易的特殊性

跨境金融服务贸易的最大特征之一在于服务提供者与服务消费者不在同一国家，根据属地管辖原则，主权国家通常难以行使管辖权。因此，如果没有相关主权国家之间的相互承认，对于跨境金融服务提供者而言，会增加其合规的成本；对于东道国而言，也会因不存在管辖权而难以实现有效监管。加之审慎例外条款本身具有模糊性，不同的主权国家、不同的FTA可能存在不同的解释，这就更加需要实现主权国家之间的相互承认，这样才能有效地推动审慎例外条款的适用。

二、GATS和FTA的相互承认实践

（一）GATS对审慎例外相互承认的规定

GATS有关相互承认的规定为正文第7条及其《关于金融服务的附件》第3条，前者适用于整个服务贸易领域，而后者仅针对审慎措施的相互承认。有学者认为，GATS相互承认的安排是为了减少审慎例外条款对最惠国待遇的影响，限制其例外的程度，促进

① See Patrick Van Cayseele & Dirk Heremans, Legal Principles of Financial Market Integration in 1992: An Economic Analysis, *International Review of Law and Economics*, Vol. 11, No. 1, 1991, pp. 84-85.

GATS 相互承认的多元化发展。[①]

首先，从 GATS 第 7 条以及其《关于金融服务的附件》第 3 条的内容来看，两者的区别主要表现在：(1) GATS 第 7 条是对 GATS 第 6 条国内规制措施的进一步延伸，重点在于对自然人流动资质的承认；GATS《关于金融服务的附件》第 3 条是仅仅针对金融审慎措施的相互承认。(2) GATS《关于金融服务的附件》第 3 条明确列出了充分给予具有利害关系的 WTO 成员方加入协定或安排的机会的要求，即在协定或者安排之间有相同的法律规范和监督措施，并且成员方之间存在共享的程序；GATS 第 7 条却没有进行明确规定，较为灵活。(3) GATS 第 7 条规定了非歧视待遇，即 WTO 成员方给予的承认方式不得构成在适用服务提供者获得授权、许可或证明的标准或准则时在各成员方之间进行歧视的手段，或构成对服务贸易的变相限制；GATS《关于金融服务的附件》第 3 条却没有作出详细规定。可见，GATS《关于金融服务的附件》第 3 条的相互承认具有更高的开放性，能够促进更多 WTO 成员方的参与。

其次，从相互承认的实现方式来看，GATS《关于金融服务的附件》第 3 条规定了三种，即协调、自动给予和其他。这说明，WTO 成员方采用协调方式作为审慎例外条款承认的前提和基础。同时，GATS 第 7 条第 5 款规定："在适当的情况下，成员方应当与有关政府间组织或非政府组织合作，以制定和采用关于承认的共同国际标准和准则，以及有关服务行业和行业的共同国际标准。"这表明各成员方对于通过相互承认的方式达到国际统一标准的认可。

最后，从相互承认的程序上看，GATS 第 7 条第 4 款要求 WTO 成员方应当履行对服务贸易理事会的通知义务，无论是已有的措施、新承认的措施还是对原有措施的重大修改，均应当提前通知服务贸易理事会。但是，GATS《关于金融服务的附件》第 3 条规定，如果一成员方正在考虑对任何其他成员方的审慎措施予以承认，则无须履行通知的义务。

---

① 参见刘轶：《WTO 金融服务法中的承认制度及其实践》，载《国际经贸探索》2008 年第 3 期，第 45—49 页。

总体上看，GATS对审慎例外条款的相互承认作了较为详尽的规定，但有学者认为其在实践中的效果并不令人满意，主要表现在：其一，国际实践中存在的相互承认，除欧盟市场一体化外，大多是以双边的形式呈现；其二，实践中相互承认的体制做法各不相同，如欧盟成员国之间是以最低限度协调为条件的，而德国与美国、德国与日本之间并不存在可协调的金融监管标准。其三，在WTO成立之后达成的相互承认协议屈指可数。可见，WTO虽对相互承认进行了确认，但没有营造相互承认的环境。[①]

（二）FTA对审慎例外相互承认的规定

当前，CPTPP文本代表了较高的国际经贸规则发展水平，其第11.12条依然沿袭了GATS《关于金融服务的附件》第2条的有关规定，规定缔约方之间应当对其他缔约方的审慎措施予以承认，并且明确三种实现方式：（1）自动给予；（2）通过协调和其他方式；（3）根据与另一缔约方或非缔约方的协定或安排。值得注意的是，CPTPP文本纳入了“另一缔约方与非缔约方”的协定或安排，相对于GATS的“有关国家”更加明确。同时，CPTPP第11.12.2条规定，如缔约方之间存在等效的监督、法规和实施，并且存在关于信息共享的程序，则缔约方应在适当的条件下给予另一缔约方审慎措施承认。由于审慎措施本身是对协议缔约方义务或承诺的限制，加强对各缔约方国内审慎措施的承认一方面能够促进缔约方之间的信息共享，减少贸易摩擦，另一方面也有助于加强各缔约方之间的金融监管协作，从而有效地防范金融风险。除CPTPP文本外，TiSA等协定中有关金融服务的规则也对审慎例外条款的承认进行了类似的规定。与GATS相比，这些FTA对于审慎例外条款承认的规定均未有明显的不同。

在FTA的实践之外，美国与欧盟曾于2017年达成《关于保险和再保险审慎措施的双边协定》（Bilateral Agreements on Prudential Measures for Insurance and Reinsurance），以解决各自市场主体不满

① 参见杨幸幸：《新一代FTAs中金融服务贸易规则研究》，对外经济贸易大学2018年博士学位论文，第81页。

对方国内法额外要求的矛盾，诸如美国企业不满欧盟关于外国保险规范需与欧盟保险规范具有“等效性”的要求，欧盟企业不满美国关于再保险担保的要求等。《关于保险和再保险审慎措施的双边协定》回归美欧各自的国内监管体系，仅要求双方企业遵守各自国内的法规，并且鼓励监管机构之间进行信息共享。该做法极大地降低了欧美企业在对方境内经营的成本，受到美国保险业及其保险协会等的好评。

三、欧盟相互承认原则的可借鉴性

跨境金融服务贸易的审慎例外条款属于主权国家金融监管的一部分，一方面，金融监管规则的完全协调必然会触及各主权国家监管政策的核心内容，也会带来高昂的成本，短期内无法实现。另一方面，以完全协调方式为基础的国民待遇忽视了市场机制的作用以及有关利益的平衡。[①] 因而，相互承认是跨境服务贸易审慎例外条款的最佳选择。

欧盟采取“指令”(directive) 的方式协调处理审慎例外监管措施，金融服务提供者只要在任一成员国获得许可，即可从事跨境金融服务。但欧盟采取指令的方式也是考虑到其本身的特殊功能，《罗马条约》(Treaty of Rome) 第 189 条规定：“指令对其所针对的成员国具有拘束力，但各成员国在指令的实施方式和方法上具有一定的自由裁量权。”即成员国之间虽然负有相互承认的义务，但也拥有一定的自由裁量权。这是由于金融监管权属于一国主权范围内的排他管辖权，往往触及成员国敏感的要害领域，完全的相互承认不具有可行性。因此，欧盟也是将相互承认建立在最低限度的协调的基础之上，即只是针对“审慎例外监管”的“关键领域”中的基本要素进行必要的协调。[②]《第二银行指令》(Second Bank Directive) 提出单一许可原则，根据该原则，欧盟任何成员国许可设立的信用机构

---

① 参见〔加〕温迪·多布森、〔法〕皮埃尔·雅凯：《WTO 中的金融服务自由化》，彭龙译，北京出版社 2000 年版，第 91 页。

② 参见刘轶：《欧盟金融服务法中的相互承认原则及其对 WTO 金融服务法的借鉴意义》，载《郑州大学学报（哲学社会科学版）》2008 年第 1 期，第 92 页。

均有权在其他成员国内自由设立分支机构以及从事跨境服务，无须东道国的重复许可或授权。需要强调的是，其前提是该业务活动属于《第二银行指令》附录所列的相互承认的业务活动范围，并且处于“最低限度协调”的母国充分监管之下。

“相互承认”的实质是要求东道国对母国的审慎措施予以承认，并强调承认是以互惠为基础的，而跨境金融服务贸易的审慎措施更是需要基于互惠予以承认。但值得注意的是，多边贸易体系并不是一个协调各主权国家审慎措施的合适平台，也不能像处理“资本自由流动”问题那样借助 IMF，将审慎措施的界定交给巴塞尔委员会等国际组织，因此只能进一步协调完善相互承认规则。

笔者认为，可单独针对跨境金融服务贸易设置较为细化的审慎例外相互承认条款。一方面，跨境金融服务贸易本身的特殊性决定了只有经过相互承认才能实现跨境金融服务贸易的运行；另一方面，国际上的大型 FTA 如 CPTPP 已经将跨境金融服务贸易单独列出，并以正面清单的形式列出了承诺开放的具体领域。因而，可参考欧盟的相互承认原则，以“最低限度协调”作为标准，在 FTA 缔约方之间维持最低的监管要求。

第五章

FTA 跨境金融服务贸易的数据跨境流动规则

金融行业的特殊性决定了对金融数据跨境流动的规制不同于其他行业数据的规制，而 GATS 的金融数据跨境流动规则已难以应对国际社会金融数据跨境流动的要求。目前为止，国际上业已达成的 FTA 尚未形成统一的金融数据跨境流动规则体系，不同国家及地区对金融数据跨境流动的规制在实施路径上呈现多重化、在法律渊源上呈现多样化、在规范内容上呈现差异化，从而在整体上呈现金融数据跨境流动规制的碎片化现象。其原因在于，欧盟、美国、日本和新兴经济体等存在内部价值取向的差异、规则主导权的争夺以及规制结果的相互冲突等问题。因此，有必要在《维也纳条约法公约》的框架内，通过国际组织间的合作和国家间的协调来缓解碎片化的现状，以逐步实现跨境金融服务贸易数据跨境流动规则的有序化。

第一节　金融服务贸易数据跨境流动规则的特殊性

跨境金融服务贸易数据跨境流动规则（以下简称“金融数据跨境流动规则”）既蕴含了跨境金融服务贸易基本含义，又囊括了数据跨境流动的基本要求，是国际金融法、国际贸易法以及数据管理法三者的融合，具有极大的特殊性，这种特殊性主要表现在与现行法律理论的冲突、与金融监管的亲密关系以及作为经济制裁的工具等方面。

一、金融数据跨境流动规则与现行法律理论冲突

大数据的发展给中国乃至整个世界金融法理论和制度都带来了挑战。前文阐述了跨境金融服务贸易对传统金融抑制理论的挑战，破坏性金融创新理论成为跨境金融服务贸易规则制定的理论基础，

相应地作为跨境金融服务贸易规则重要组成部分的金融数据跨境流动规则也在更细节的层面对现行法律理论提出了挑战。金融业是高度信息化的产业，其本质是信息产业。[①]

第一，在私法领域，金融数据跨境流动规则的出现对传统个人信息保护法、消费者权益保护法、金融消费者权益保护法等提出了挑战，如"投资"的具体含义是否可以扩张解释为"消费"的目的。传统的金融私权法律将金融私权视为一种消极性的防御权利，其保护手段主要依靠事后基于侵权法的民事诉讼救济。但在大数据时代，消极性的防御权利制度，使个人金融信息的财产价值无法发挥。[②]

第二，从公法的角度，"金融数据跨境流动规则"作为"数据跨境流动规则"的下位概念，自然脱离不了数据跨境流动规则的基础。有研究表明，近年来各国数据跨境流动规则治理理念千差万别，但均有境外扩张的现象。[③] 与此同时，国际社会尚未就金融数据跨境流动规则达成一致性的意见，而依托于金融数据跨境流动的规则又必然具有境外适用的效力，这就与金融主权的基本理念产生了冲突。

二、金融数据跨境流动规则与金融监管相联系

金融行业本身的高风险性决定了金融监管的必要性。作为金融行业发展的重要载体，金融数据也蕴含着高度的风险，因此对金融数据转移的规制已经成为各国家及地区关注的重点。传统的金融监管以属地管辖为主，然而国际化的金融服务尤其数据的线上线下转移突破了传统的物理界限。金融监管机构亟须更新监管标准，一方面，要加强不同国家及地区间的相互协作，减少不必要的监管，以解决不同管辖权之间存在的监管冲突；另一方面，要加强对金融资金流动的监管，银行间资金的转移通常以数据的形式对外展现，金

---

① 参见周小川：《信息科技与金融政策的相互作用》，载《中国金融》2019 年第 15 期，第 9 页。

② 参见邢会强：《大数据时代个人金融信息的保护与利用》，载《东方法学》2021 年第 1 期，第 50 页。

③ 参见孔庆江、于华溢：《数据立法域外适用现象及中国因应策略》，载《法学杂志》2020 年第 8 期，第 76 页。

融数据的跨境转移既包括日常银行运营管理数据的转移，又包括资金的相互流转。不同国家及地区监管规则的差异往往会引起监管套利行为，损害金融秩序及消费者的合法权益。

此外，金融数据在国际范围内的迅速流动，对于监管机构而言，便能够充分、准确地获得金融数据，而这是其进行评估和运营的重要方面。[①] 对于掌握主要金融数据的金融机构而言，享有信息优势使其具有较强的资金控制权，从而可能对金融秩序的平稳运行构成潜在的威胁。因此，那些监管能力较弱的国家，通常会出于保护金融体系的稳健与安全以及保障本国金融业利害关系方权益的考虑，对金融数据的跨境流动施加更多的限制。

三、金融数据跨境流动规则可被作为经济制裁的工具

近年来，美国频繁对外发动经济制裁，[②] 其中金融制裁逐渐成为经济制裁的重要手段之一。金融制裁主要通过冻结资产、拒绝金融服务、禁止投融资活动等金融手段，限制或阻碍被制裁对象的资金融通，损害被制裁对象正常的金融秩序和经济运行机制，从而达到其制裁目的。例如，2010 年，美国政府发布《伊朗金融制裁条例》，开始对伊朗实施次级经济制裁，即第三国如果明知与伊朗进行的金融活动有助于其在杀伤性武器方面的发展，则美国政府有权利对该国实施制裁。又如，欧盟、美国等西方国家在 2014 年以俄罗斯“侵占”克里米亚为由对其实施经济制裁，迫使维萨卡、万事达卡等国际信用卡组织中止在克里米亚地区和俄罗斯境内的支付服务，给俄罗斯境内的营商环境和人民生活造成了严重的影响。金融制裁主要是对金融数据流动的限制，由于美国掌握金融霸权，因此部分国家采取措施限制本国金融数据的跨境流动。

总之，金融数据的跨境流动是跨境金融服务贸易进行的必要条

---

① See Future of Privacy Forum, Financial Data Localization: Conflicts and Consequences, https://fpf.org/blog/financial-data-localization-info-graphic-conflicts-and-consequences/, last visited on Oct. 20, 2021.

② 如美国对伊朗、阿富汗、白俄罗斯等发动的经济制裁。参见杜涛：《国际经济制裁法律问题研究》，法律出版社 2015 年版，第 52 页。

件。然而，无论是金融数据本身的特殊性还是金融数据跨境流动规则对当前法律框架构成的挑战，都印证了关注跨境金融服务贸易之金融数据跨境流动规则的重要性和急迫性。

第二节　GATS 金融数据跨境流动规则的匮乏

金融服务业不仅是一个创造经济效益的普通产业部门，还是执行国家货币政策、调控宏观经济的一个重要工具，在国民经济中发挥着重要的作用。正是由于金融服务业在各成员方经济中的核心地位，在乌拉圭回合谈判中关于金融服务贸易的争论最为激烈。各谈判方受其发展水平、金融实力和监管能力的限制，在金融服务贸易开放方面存在着较大的差距。乌拉圭回合谈判虽然没有达成永久性金融服务贸易协定，但是制定了两个有关金融服务的附件（GATS《关于金融服务的附件》《关于金融服务的第二附件》）和《关于金融服务承诺的谅解》，为 WTO 成立后继续就金融领域进行谈判创造了条件。WTO 的多边贸易体系并未直接涉及金融数据的跨境流动，但从 GATS 项下有关金融服务的分类、部分成员方的具体承诺以及《关于金融服务承诺的谅解》中的专门条款，可以得出 GATS 对金融数据跨境流动规制有限的结论。

一、GATS 有关金融数据跨境流动条款的规定

GATS《关于金融服务的附件》《关于金融服务的第二附件》是 GATS 的重要组成部分，为 WTO 成立后继续进行金融服务的专项谈判奠定了基调。而《关于金融服务承诺的谅解》是各方妥协的产物，是由美国、欧盟、日本等主要发达国家提出建议并在乌拉圭回合谈判结束后达成的，WTO 成员方可以选择性加入，不具有普遍适用性。

（一）金融数据跨境流动的普遍义务条款

GATS《关于金融服务的附件》第 5 条对“金融服务”的含义作了规定，其中第（a）款（xv）项列出的金融服务活动包括“其他金

融服务提供者提供和转移金融信息、金融数据处理及相关软件”。据此，对于在承诺表中就该款作出承诺的 WTO 成员方而言，在金融数据的跨境传输方面应受到一定的约束。具体到 WTO 成员方的承诺表，不同成员方对“其他金融服务提供者”的理解也存在差异，如中国将“其他金融服务提供者”视为银行、证券、保险行业之外的金融服务提供者，而越南的“其他金融服务提供者”仅指证券服务提供者。

（二）金融数据跨境流动的特定义务条款

主要由 WTO 发达国家成员方参与的《关于金融服务承诺的谅解》专门就金融数据的跨境流动进行了规定。根据《关于金融服务承诺的谅解》中“信息的转移和处理”(Transfers of Information and Processing）的规定，任何成员方不得采取措施阻碍金融信息或金融信息的转移和处理，只要这种金融信息转移、金融信息的处理或设备转移是金融服务提供者开展正常业务所必需的。同时，不限制成员方保护个人信息、个人隐私、个人记录和账户之机密性的权利，只要此权利并非用来规避协定的条款。[①]

由此可见，《关于金融服务承诺的谅解》中对于金融数据跨境流动的规制水平明显高于 GATS 中普遍义务的规定。首先，就金融数据跨境流动的主体而言，由上文可知，不同成员方对于“金融服务”项下的金融数据跨境流动主体的规定是不同的，其金融数据是否可以跨境流动取决于成员方具体承诺减让表中的规定；而《关于金融服务承诺的谅解》并没有规定金融数据跨境流动的主体，仅约束所有与金融服务相关的服务提供者。其次，就金融数据跨境流动的内容而言，GATS《关于金融服务的附件》中规范的是金融服务提供者提供和转移金融信息、金融数据处理及相关软件；而《关于金融服务承诺的谅解》规范的则是“开展正常业务所必需的”(necessary for the conduct of the ordinary business)，既包括金融信息、金融数据处理及相关软件本身，又包含其附加的开展正常业务所必需的金融数据。最后，《关于金融服务承诺的谅解》还扩大涵盖了“金融信

① 参见《关于金融服务承诺的谅解》B 节第 8 段。

息的设备转移”(transfers of equipment)，可以说最大限度地追求金融数据跨境流动的自由化。但是，由于《关于金融服务承诺的谅解》仅约束部分自愿加入的成员方，其影响力是有限的。

总体而言，GATS《关于金融服务的附件》和《关于金融服务承诺的谅解》对金融数据跨境流动设置了一定的要求。但对于其具体适用，除了受成员方作出的承诺以及选择性加入的限制外，还受到 GATS 规定的三种例外的约束，即国际收支平衡例外、一般例外和国家安全例外。其中，GATS 一般例外条款还专门提到“为保护与个人信息处理和传播有关的隐私以及个人记录和账户秘密而采取的措施”。同时，在金融服务领域成员方还可以援引审慎例外条款作为抗辩理由。

二、单边模式下的金融数据跨境流动规则对 GATS 的超越

跨境金融服务贸易的服务提供者与消费者通常处于不同的国家，因而跨境服务得以迅速发展离不开信息技术应用的三个基本规则：金融数据跨境流动规则、接入和使用互联网规则、合理的互联网管理规则。在 GATS 时期，由于信息技术水平和金融服务发展的限制，各成员方并没有关注金融数据的跨境流动问题。然而，近些年来，随着对数据本地化讨论的日渐增多，金融数据的跨境流动也逐渐引起重视，GATS 规则显然难以满足新型金融服务对规则的需求，部分国家、地区性组织则通过单方面的立法来规制金融数据的跨境流动（即单边模式），从而绕开了国际经贸规则的体系。

单边模式普遍存在于国际社会，但由于相关国家、地区性组织经济实力以及国际影响力的不同，其推行效果也存在相应的差异。美国、欧盟等国家及地区凭借其强大的经济实力，主要采取一些制裁性的措施，单方推行其法律理念，迫使其他国家制定与其理念相一致的国内法律规范。① 例如，欧盟 2016 年制定的 GDPR 即通过保护个人权利和个人隐私的方式来限制向第三方或国际组织传输个人

① See Peter G. Danchin, U. S. Unilateralism and the International Protection of Religious Freedom: The Multilateral Alternative, *Colum. J. Transnat'l L.*, Vol. 41, No. 33, 2002, p. 47.

信息，并且 GDPR 在个人信息保护方面未区分金融数据与其他数据。有学者认为，GDPR 标准严格、苛刻，执行力度大，数据保护体系整体较为健全，无须区分。[①] 但在非个人信息领域，如银行业金融数据，欧盟则在 2015 年通过了《关于内部市场的支付服务指令》(欧盟指令，No. 2015/2366)，允许在欧盟单一市场内部的银行跨境提供金融服务。非欧盟成员国如阿尔巴尼亚、玻利维亚、马其顿等不少国家担心来自欧盟的“数据禁止传输”制裁，纷纷修改其国内法律以确保与欧盟法律理念相一致。相比之下，经济实力较弱的国家通常基于维护国内金融安全而限制金融数据的跨境流动。例如，土耳其法律规定，系统运营商、支付机构以及电子货币机构应将与该法所述事项有关的文件及记录至少保存 10 年，保存在境内安全的地方并随时可供查阅，同时将开展活动所需的信息系统以及其备份保留在境内。奥地利法律禁止直接跨境向第三方机构提供相关信息。[②]

由此可见，单边模式下的金融数据跨境流动规则相较于 GATS 中的规定更加明确具体，且更多地带有主权国家自身的价值取向。国际社会亟须达成统一的金融数据跨境流动规则，以实现跨境金融服务贸易的有序化。

第三节　FTA 金融数据跨境流动规则呈现碎片化

一、“碎片化”的含义

“碎片化”(fragmentation)[③] 最早由 C. Wilfred Jenks 在 20 世纪早期提出，他认为当时的造法性条约倾向于在一些历史背景、职

---

① 参见王远志：《我国银行金融数据跨境流动的法律规制》，载《金融监管研究》2020 年第 1 期，第 54 页。

② 参见马兰：《金融数据跨境流动规制的核心问题和中国因应》，载《国际法研究》2020 年第 3 期，第 94 页。

③ “碎片化”是对英语“fragmentation”的直译，指体系内部各要素之间缺乏有机联系和统一性。有学者将其翻译成“不成体系”。本书采用直译方式。

能定位和区域集团中形成，这些集团相互独立，类似于单独的国内法律体系。[①] 2002至2006年，联合国国际法委员会对“国际法的碎片化：国际法的多样化和扩展引起的困难”(Fragmentation of International Law: Difficulties Arising from the Diversification and Expansion of International Law）进行了专题研究，认为“碎片化”至少有两个方面的表现：一是法律规则达到相当的数量且存在差异；二是零碎规则之间相互冲突，彼此之间缺乏系统性和统一性。[②]

碎片化在法律层面具有重要的意义，已形成相对自主的法律集合体，如贸易法、人权法、环境法、海洋法等集合体。[③] 其问题在于，这些专门的立法和体制建设通常是在相互独立的领域，忽视了国际法的一般原则和惯例，其后果就是可能引起规则或规则体系之间的冲突，从而最终偏离对法律的总体看法。[④] 立法形式以及体系碎片化现状的重要意义毋庸置疑，但对这一现象的评估却存在差异。有学者认为，这是对一般国际法的侵蚀，引起了管辖权的冲突；也有学者认为，碎片化是国际法律行为实践的必然，可以通过技术精简和协调加以控制。[⑤] 对此，联合国国际法委员会在研究后认为：“一方面，碎片化确实引发了规则、原则、体系制度和机构实践之间的冲突；但另一方面，碎片化反映了国际法律活动迅速扩展到各种

---

① See C. Wilfried Jenks, The Conflict of Law-Making Treaties, *British Yearbook of International Law*, Vol. 30, 1953, pp. 401-451.

② See The Study Group of the International Law Commission, United Nation, Fragmentation of International Law: Difficulties Arising from the Diversification and Expansion of International Law, International Law Commission Fifty-eighth Session, 2006, p. 244.

③ See Andreas Fisher-Lescano & Günther Teubner, Regime-Collisions: The Vain Search for Legal Unity in the Fragmentation of Global Law, *Michigan Journal of International Law*, Vol. 25, 2004, pp. 999-1046.

④ See Sally Engel Merry, Legal Pluralism, *Law & Society Review*, Vol. 22, 1988, pp. 869-896.

⑤ See Martti Koskenniemi & Päivi Leino, Fragmentation of International Law? Postmodern Anxieties, *Leiden Journal of International Law*, Vol. 15, No. 3, 2002, pp. 553-579.

新领域以及技术的多样化。”①

二、FTA 金融数据跨境流动规则碎片化的具体表现

（一）实施路径的多重化

各国家及地区普遍认为，金融数据安全、有序、高效的跨境流动离不开科学合理的规范体系，因而各国家及地区纷纷对金融数据的跨境流动进行规范和约束。但是，依托于不同的政治、经济和社会发展水平，不同国家及地区的实施路径也各不相同。在国际贸易规则层面，这些实施路径可以分为双边模式和多边模式两种。

1. 双边模式

双边模式是两个国家或地区之间通过谈判达成协议，能够在最大范围内实现合作，具有较强的可操作性。《美国—韩国 FTA》是最早涉及金融数据跨境流动的双边自由贸易协定，虽然它仅约束缔约方境内设立的金融机构，但也为金融数据的跨境流动奠定了基础。② 此后，EPA、《美国—日本数字贸易协定》（U. S. -Japan Digital Trade Agreement）等双边自由贸易协定均仿效《美国—韩国 FTA》，纳入金融数据跨境流动条款，并逐步扩大其主体的适用范围。2019 年，欧盟委员会通过一项“充足性决定”声明，决定在强有力保护的基础上，允许个人信息在欧盟和日本之间自由流动。然而，双边协议的达成在很大程度上受限于缔约方自身的经济和政治力量，若双方实力悬殊较大，则必然会对弱国主权造成侵蚀或伤害。③ 同时，双边模式所达成的协议仅适用于缔约双方之间的金融数据跨境传输，适用范围也相对有限。而金融数据的跨境传输并不仅限于两国之间，金融全球化也必然需要多个国家及地区的共同参与

---

① The Study Group of the International Law Commission, United Nation, Fragmentation of International Law: Difficulties Arising from the Diversification and Expansion of International Law, International Law Commission Fifty-eighth Session, 2006, p. 14.

② See United States-Korea Free Trade Agreement, Annex 13-B, Specific Commitments, Section B.

③ See Mark B. Baker, No Country Left Behind: The Exporting of U. S. Legal Norms under the Guise of Economic Integration, *Emory Int'l L. Rev.*, Vol. 19, No. 3, 2005, p. 1231.

并达成多边性的协议。

2. 多边模式

按照联合国“多边主义与外交”的定义，多边模式是指三个或三个以上的国家进行国际合作的方式。[①] 在大数据时代，数据处理的国际化需要国际社会的共同努力和积极参与。[②] 因而，多边模式是切实落实金融数据跨境流动规制国际合作的最佳途径。

在国际金融法领域，具有刚性约束力的自由贸易协定与具有软法性质[③]的柔性规范并存。前者以USMCA为代表。作为具有刚性约束力的多边协定，USMCA首次纳入金融数据跨境流动条款，禁止金融数据存储本地化。[④] 在早前的《跨太平洋伙伴关系协定》(TPP)谈判中，美国财政部担心重蹈2008年全球金融危机时期政府监管数据获取困难的窘境，反对纳入金融数据跨境流动条款，以便为政府监管预留更大的政策空间。[⑤] USMCA打破了TPP的谈判内容，为金融数据跨境流动的多边模式奠定了基础。此后，CETA、EPA、RCEP中也相继纳入规范内容不同的金融数据跨境流动条款。而对于后者，在金融软法领域，OECD 2017年《G20金融消费者保护的高级别原则》(G20 High Level Principles on Financial Consumer Protection)[⑥] 以及世界银行2013年《金融消费者保护的良好做

---

① 参见龚柏华：《疫情后国际经贸规则重构的“边数”问题》，第一财经，2020年7月19日，https：//www.yicai.com/news/100705395.html，2020年7月26日访问。

② 参见张继红：《个人数据跨境传输限制及其解决方案》，载《东方法学》2018年第6期，第46页。

③ 金融软法是指用于规范国际金融关系，虽不具有法律约束力，但在实践中具有某种实际效果的规范性文件的总称。参见漆彤：《国际金融软法的效力与发展趋势》，载《环球法律评论》2012年第2期，第155页。

④ 参见USMCA第17.18条。

⑤ See Rachel F. Fefer，TPP Financial Services Data Flows，https：//fas.org/sgp/crs/row/IN10498.pdf，last visited on Apr. 19，2021.

⑥ See OECD，G20 High-Level Principles on Financial Consumer Protection，https：//www.oecd.org/daf/fin/financial-markets/48892010.pdf，last visited on Apr. 19，2021.

法》(Good Practices for Financial Consumer Protection)[1] 等均就金融消费者信息的密码与安全进行了规定。但 OECD 被称为"富人俱乐部",对经济欠发达的发展中国家而言,该类指引性的软法规定总是较多地站在发达国家的角度,难以实现多方利益的平衡。

(二)规制模式的多样化

规制模式的多样化主要是指在非单边模式下,不同国家或地区性组织之间通过达成多样化协议来规制金融数据的跨境流动,主要体现在不同国家或地区性组织签订的 FTA 中。根据法律渊源的不同,这些 FTA 可以分为 GATS 型、USMCA 型和欧盟型的规制模式。

1. GATS 型

GATS 型的金融数据跨境流动规制模式通常是指延续 GATS 对金融数据跨境流动的规定,以选择性条款的形式附在相关章节之后。《关于金融服务承诺的谅解》B 节第 8 段最先对所有模式下(包括跨境交付、境外消费、商业存在以及自然人流动)金融数据的跨境流动进行了规定:"如信息传送、金融信息处理或设备转移是金融服务提供者开展正常业务所必需的,则任何成员方不得采取阻止此类信息传送或金融信息处理的措施,包括以电子方式传送数据,或在遵守与国际协定相一致的进口规则的前提下,采取阻止设备转移的措施。……"但是,由于《关于金融服务承诺的谅解》并非一揽子协议的一部分,因此该规定也就没有成为国际上普遍适用的规则。有学者认为,GATS 虽未明确规定数据跨境流动的措施,但对于数据流动的限制性措施均构成 GATS 的"影响服务贸易的措施",因此金融数据跨境流动可以由 GATS 直接予以规制。[2] 笔者认为,数据限制性措施限制了以数据为交易对象的数字贸易的跨境交付,增加了中小企业的合规成本和运营成本,削弱了其市场竞争力,不利于其发展。同时,数据限制性措施表面上看并未施加 GATS 第 16 条第 2 款

---

① See The World Bank, Good Practices for Financial Consumer Protection, http://documents1.worldbank.org/curated/en/583191468246041829/pdf/701570WP0P12260REWRITE0THE0ABSTRACT.pdf, last visited on Apr. 19, 2021.

② 参见彭岳:《数据本地化措施的贸易规制问题研究》,载《环球法律评论》2018 年第 2 期,第 179 页。

所禁止的限制性措施，[①] 但实质上却能够达到限制市场准入的效果。因此，纵使 GATS 没有直接对金融数据的跨境流动进行规制，但也能间接地达到规制的效果。

2. USMCA 型

USMCA 型的金融数据跨境流动规制模式以 USMCA 为代表，设金融服务专章并单列金融数据跨境流动条款。由于之前 TPP 排除禁止计算机设备存储本地化条款引起了较大的争议，2016 年，美国财政部提议在未来自由贸易协定中纳入对金融数据跨境流动的规制，具体包括：（1）当金融监管机构能够访问存储在国外的数据时，禁止数据本地化要求；（2）禁止对公司内商业性许可金融服务的数据跨境流动进行限制；（3）要求监管机构在实施数据本地化要求之前与公司接洽，为公司提供评论或解决监管问题的机会；（4）将对这些义务的违反纳入国家间的争端解决机制中。[②] 此后，很多国家及地区在其签订的 FTA 中采用 USMCA 型的规制模式，如《韩国—澳大利亚 FTA》（Korea-Australia Free Trade Agreement）等，均以最大限度地促进金融服务的发展为目标。

3. 欧盟型

当前，对于金融数据跨境流动的规制，除 GATS 型的规制模式外，主要有美国主导和欧盟主导的两大模式。其中，美国主导的以 USMCA 为代表，欧盟主导的 FTA 通常不会将金融服务单章专列，而是将其作为其他章节的子内容，如《欧盟—新加坡 FTA》（European Union-Singapore Free Trade Agreement）的金融数据跨境流动条款被置于“服务、设立和电子商务”章节中，《欧盟—韩国 FTA》的金融数据跨境流动条款被置于“监管框架”章节中。但是，也有少部分欧盟 FTA 中单设金融服务章节，如 CETA。欧盟型的 FTA 均设置了金融数据跨境流动条款，允许金融服务提供者基于日常商业经营活动的数据跨境流动，但应当建立在隐私保护的基础之上。

---

① GATS 第 16 条第 2 款规定，在作出市场准入承诺的部门禁止使用的限制性措施，即数量配额、垄断、专营服务提供者、经济需求测试、限制服务提供者的数量。

② See Rachel F. Fefer, TPP Financial Services Data Flows, June 3 2016, https://fas.org/sgp/crs/row/IN10498.pdf, last visited on Apr. 19, 2021.

总体上，已生效的 FTA 均采取上述三种模式，但最新达成的 RCEP 对 GATS 型的规制模式进行了改变，RCEP 虽然仍然将金融服务置于“服务贸易”章节之下作为其附件，但缔约方并非选择性适用，而是必须一揽子接受适用。

（三）规范内容的差异化

“金融数据”是大的集合概念，既包括个人金融信息，也包括企业金融信息，还包括金融机构日常存储的自身的数据，但各国内法目前主要规制的基本上仅限于个人金融信息，对于企业金融信息的规制还处在模糊状态。[①] 但在 FTA 中，金融数据包含金融服务提供者日常运营所需各种数据，其范围明显大于个人金融信息。

一方面，明确对金融数据跨境流动进行规定的 FTA 占比并不大，诸如 CPTPP、《泰国—澳大利亚 FTA》《中国—澳大利亚 FTA》《韩国—新西兰 FTA》等协定均未涉及金融数据的跨境流动。

另一方面，明确规定金融数据跨境流动条款的 FTA，其规定内容却大同小异：“大同”表现为原则上允许为日常经营所需的金融数据跨境流动，但不能限制缔约方保护个人信息、个人隐私以及个人记录和账户机密性的权利，并且允许缔约方监管机构出于监管或审慎原因要求其境内的金融服务提供者遵守相关法律法规，即主权国家有权自由裁量数据跨境自由与个人隐私及其审慎监管之间的关系。而“小异”主要体现在：（1）是否包含禁止计算机设备存储本地化的规定，如 USMCA 第 17.18 条对计算机设备本地化存储进行了禁止性规定，而其他 FTA 则无类似条款；（2）各金融数据跨境流动条款的命名存在差异，如 RCEP、EPA 为“信息的转移与信息处理”（transfers of information and processing of information）条款，USMCA 为第 17.17 条“信息转移”（transfer of information）、第 17.18 条“计算机存储设备”（location of computing facilities）两个条款，《欧盟—韩国 FTA》为“数据处理”（data processing）条款等。值得注意的是数据的“processing”与“transfer”不同，后者

① 参见时明涛：《大数据时代企业数据权利保护的困境与突破》，载《电子知识产权》2020 年第 7 期，第 62 页。

仅限于数据的跨境转移，而前者还包括对原始数据的处理。

三、FTA 金融数据跨境流动规则碎片化的原因分析

当前，全球对于金融数据跨境流动的规制虽然在多边的国际法层面达成了“允许流动”的一致性意见，但在具体实践中尤其是单边层面，碎片化的现象仍将长期存在，其内在原因是，不同国家及地区以维护本国或本地区利益为出发点，受地缘政治、国际安全、隐私保护、产业发展水平等因素的影响而采取不同的监管模式。同时，欧盟、美国、日本以及新兴经济体等内部价值取向的差异、规制主导权的争夺以及规制结果的相互冲突等是阻碍各国在短期内达成规则共识从而消除碎片化现象存在的重要根源。

（一）价值取向之差异

对于数据流动的规制源于欧洲的人权保护传统，1953 年《欧洲人权公约》(European Convention on Human Rights) 确立了“尊重个人隐私及家庭生活的权利”，虽然对个人信息的保护与对个人隐私及家庭生活尊重的权利并非完全等同，[①] 但在此背景下，欧洲各国家纷纷通过制定数据保护法来保护个人信息。随着欧盟单一市场的建立，欧盟内部各国间的数据保护冲突越发明显，如意大利不存在保护规则，而法国和德国的保护水平则较高。为达成统一标准，欧盟于 1995 年出台了《数据保护指令》(The Data Protection Directive, Directive 95/46/EC) 就个人信息处理的合法性和信息被处理的个人（信息主体）的权利制定了一般规则。由于欧盟的单一市场包含金融领域等在内的各个经济政治领域，因此并没有对数据类型进行严格的区分，而且欧盟 2016 年通过的 GDPR 也未单独划分出金融数据。GDPR 基于“充分性保护水平”(an adequate level protection) 来规制数据的跨境流动，其基本的价值取向还是“尊重个人隐私及家庭生活的权利”。具体到金融领域，GDPR 的最终目标是确保金融稳

---

① See Michal Bobek, Joined Cases C-92/09 and C-93/09, Volker und Markus Schecke GbR and Hartmut Eifert, Judgement of the Court of Justice (Grand Chamber) of 9 November 2010, N. Y. R., *Common Market Law Review*, Vol. 48, No. 6, paras. 47-52.

定、单一市场的完整性和信心。①

与欧盟追求的个人权利价值取向不同，美国从未将个人隐私作为独立的权利，而是在平衡保护个人隐私的成本与收益，② 并且认为强硬的法律结构会“不可避免地阻碍商业活动”。③ 美国很少依靠政府监管来解决消费者隐私的问题，通常依靠“技术、市场力量以及行业自律”。④ 有意思的是，美国对于数据隐私的保护也是源于欧盟的《数据保护指令》将美国界定为“充分性不足”的国家，阻碍了欧盟和美国之间几乎所有的数据流动，严重影响自由贸易、经济增长和依赖数据流动的企业的运营，故而美国开始与欧盟谈判《安全港协议》。但是，由于美方的《安全港协议》谈判主体为联邦贸易委员会（Federal Trade Commission，FTC），并且惩罚措施是依据《贸易委员会法案》（FTC Act）第五部分的“禁止不公平和欺诈行为”。同时，金融机构并不在FTC的管辖范围内，拥有管辖权的美国联邦金融监管者们也声称违反金融公司的隐私政策并不必然构成不公平或欺骗行为，相比之下，他们更愿意在发生个案时处理这些案件。⑤ 此外，美国的金融机构也认为，市场本身就可以对数据隐私进行保护，并且数据的适当分享也有益于经济的发展。⑥ 虽然美国联邦政府随后也制定了《公平信用报告法》（The Fair Credit Reporting Act，

---

① See EU，Communication from the Commission：A Reformed Financial Sector for Europe，COM（2014）279 Final，May 15，2014.

② See Financial Privacy：Hearings Before the Subcomm. on Financial Institutions and Consumer Credit of the House Comm. on Banking and Financial Services，House of Representatives，106th Cong.，1st Sess.，July 20，1999.

③ 参见戴恩·罗兰德等：《信息技术法》，宋连斌、林一飞、吕国民译，武汉大学出版社2004年版，第308页。

④ See Peter P. Swire & Robert E. Litan，*None of Your Business：World Data Flows，Electronic Commerce，and the European Privacy Directive*，Brookings Institution Press，1998，p. 51.

⑤ See Letter from Alan Greenspan，Chairman of the Federal Reserve Board，to Representative John LaFalce（May 30，2002），https：//www.federalreserve.gov/boarddocs/press/bcreg/2002/20020530/attachment.pdf，last visited on Apr. 25，2021.

⑥ See Financial Privacy：Hearings Before the Subcomm. on Financial Institutions and Consumer Credit of the House Comm. on Banking and Financial Services，House of Representatives，106th Cong.，1st Sess.，July 20，1999.

FCRA）以及《格雷姆-里奇-比利雷法》（Gramm-Leach-Bliley Act，GLB），要求金融机构对消费者在信贷或就业申请表上提供的任何信息与关联公司共享之前，应向消费者提供“通知”和“选择退出”的机会，但这也仅仅提供了最低级别的隐私保护。可见，美国政府及金融机构从最初就更加看重数据自由流动所带来的经济效益，即在金融安全的前提下，追求经济利益的最大化是美国金融数据跨境流动规制的价值取向。

作为除欧美外具有代表性的发达国家，日本鲜有超大型的互联网企业，但也在积极推动“可信数据的自由流动”，即促进健康、工业、交通及其他领域有用的、非个人、匿名数据的自由流动，这是基于充分发挥其制造业固有的优势而作出的战略选择。[①] 日本具有优良的制造业基础，通过物联网、机器人、金融科技等先进技术，能够大量获取并积累生产车间的数据，保持原有的产业优势。

新兴经济体往往从数据主权和网络安全的角度出发来制定相关法律法规。尤其是在薄弱的金融领域，除欧美等发达国家及地区外，新兴经济体等国家及地区基本上处于防守状态，通常要求数据本地化存储，如越南2013年出台法律，要求在越南境内的所有网络信息服务提供者（包括金融服务提供者）在其境内开展业务时都必须建立相应的数据中心。

（二）规则主导权之争夺

主权国家的经济实力和政治需求决定了其基本的价值需求，针对金融数据的跨境流动，不同国家设置了不同的规制路径，争夺国际规则制定的主导权。总体而言，金融数据跨境流动的规制模式可以分为欧盟型、美国型以及其他型。

1. 欧盟型：由内而外的充分性保护标准

欧盟基于保护个人权利的目的对数据的跨境流动秉承较为谨慎的态度，并且1995年欧盟《数据保护指令》的制定目的之一即在于统一成员国内部差异化的规制措施。然而，随着数据价值的不断提

---

① 参见李墨丝：《欧美日跨境数据流动规则的博弈与合作》，载《国际贸易》2021年第2期，第83页。

升，欧盟逐渐转变其仅限于成员国内部单一市场的规制路径，转向引领国际规则制定主导权的方向。以 GDPR 的出台为代表，欧盟逐渐开拓其由内而外的规制路径。欧盟委员会 2020 年 2 月发布《欧洲数据战略》（European Data Strategy），提出要建立欧洲单一数据空间，使欧盟成为数据驱动型社会的领导者，要求欧盟成员国的数据处理应遵循"欧洲方式"，而国际数据传输的"欧洲方式"就是"秉持开放和主动的方式，并且以欧洲价值观为基础"。[①] 在数据的跨境流动规制方面，欧盟不区分特定行业的数据，实行基于风险的规制路径，要求对数据跨境流动的规制与可能产生的风险相适应。[②] 根据 GDPR 的要求，只有在数据传输的第三方通过其国内法或国际承诺提供与欧盟相当的个人信息保护水平，并由欧盟委员会作出充分性决定后方可进行数据的传输。[③] 由此可见，欧盟通过内部规范的形式设定"充分性保护"标准并逐渐扩大其影响范围，如欧盟率先给予日本充分性认定，迫使日本大幅修改《个人信息保护法》，提升日本传输至欧洲数据的保护水平。[④] 目前，欧盟正在与韩国等欧盟外其他国家就充分性保护水平进行谈判，以扩大其充分性决定机制的版图。同时，欧盟在给予美国的充分性认定中显示出强硬的立场，不仅《安全港协议》和《隐私盾协议》排除适用金融服务领域，而且欧盟先后否定了该两份协议的效力，认为美国没有给予充分性的保护，从而以对抗美国的方式来争夺国际数据规则制定的主导权。

2. 美国型：由外而内的问责制标准

美国是极力推动数据跨境流动的最主要国家之一，由于其在数

---

① See European Commission, Communication from the Commission to the European Parliament, the Council, the European Economic and Social Committee and the Committee of the Regions: A European Strategy for Data, COM (2020) 66 Final, 19 Feb. 2020, https: //eur-lex. europa. eu/legal-content/EN/TXT/? qid = 1582551099377&uri = CELEX: 52020DC0066, last visited on Apr. 27, 2021.

② See OECD, The OECD Privacy Framework 2013, https: //www. oecd. org/sti/ieconomy/oecd_privacy_framework. pdf, last visited on Apr. 21, 2021.

③ 参见 GDPR 第五章。

④ 参见腾讯研究院：《GDPR 2 周年，来自欧盟内部的反思与启示》，https: //baijiahao. baidu. com/s? id=1668769493304056723&wfr=spider&for=pc，2021 年 4 月 27 日访问。

字经济和贸易领域的绝对优势，为维护互联网巨头的利益，早在奥巴马政府时期，美国贸易代表署（USTR）就发布《数字 24 条》（The Digital 2 Dozen），阐明美国有关数据流动的主张。[①] 但是，由于在数据规则的制定方面落后于欧盟，美国寻求的是由外而内的规制路径，以争夺国际规则制定的主导权。首先，美国谋求在二十国集团（G20）和亚太经合组织（APEC）等国际组织主导制定数据跨境流动规则，如 APEC《跨境隐私规则》(Cross-border Privacy Rules，CBPR）即为美国主导制定的区域性数据跨境流动安排，但相较于 GDPR，其保护标准较低，执行机制也更加富有弹性。[②] 其次，美国通过与各个国家商签自由贸易协定的形式（即双边和多边）最大限度地推动金融数据的跨境自由流动。最后，美国对内对外采取“双标”路径。对内，美国金融监管部门要求能够迅速、直接、完整且持续地获取金融机构信息；对外，若外国金融机构无法达到这一监管要求，则必须在美国境内设立数据中心。同时，外国金融机构还要履行严格的金融数据合规义务，即“问责制标准”，数据的控制者即企业要确保个人信息在跨境传输过程中的安全，企业要先进行自我评估，并在接受问责代理机构的评估后方可进行数据的跨境传输。

3. 其他型：自我革新的中间标准

美欧争夺国际规则制定的主导权，其他国家通常只能通过自我革新的方式最大限度地维护本国的利益并尽可能地输出其理念。例如，日本通过“大阪轨道”输出其可信数据自由流动倡议的机制，并且借助 WTO 平台推动电子商务的谈判，希望引导谈判的方向。但日本的可信数据自由流动倡议仅仅是框架性的建议，其核心在于信任，即消费者和企业对隐私保护和安全的信任。[③] 然而，不同国家

---

① See USTR, The Digital 2 Dozen, https: //ustr. gov/sites/default/files/Digital-2-Dozen-Final. pdf, last visited on Apr. 21, 2021.

② 参见李墨丝：《欧美日跨境数据流动规则的博弈与合作》，载《国际贸易》2021 年第 2 期，第 85 页。

③ See World Economic Forum, Data Free Flow with Trust (DFFT): Paths Towards Free and Trusted Data Flows, White Paper 2020, pp. 4-20.

及地区对于“信任”的含义界定存在差异，特别是美欧之间基本理念尚存在差异，因而很难达成一致。与此同时，日本也积极对接美欧的政策框架，一方面积极跟随美国的政策导向，主动参与 CPTPP、APEC 等美式数据框架；另一方面也积极与欧盟主导的 GDPR 相对接。对于新兴经济体来说，其规制路径更多是通过国内法的方式进行，如巴西 2018 年颁布《通用数据保护法》(LGPD) 等；在国际法层面，新兴经济体仍不得不受制于发达国家主导的规则框架，很难作出实质性的改变，只能在国际规则的框架下灵活制定国内法律规范。

（三）规制结果之冲突

不同国家及地区对于金融数据跨境流动规制价值理念和传递路径的差异必然会造成规制结果的冲突，给参与主体尤其是金融机构带来高昂的合规成本以及业务开展壁垒等。例如，早前美国金融业拒绝加入《安全港协议》，美国金融机构若想获得从欧盟数据转移的许可，则必须完成单独的合同评审或使用欧盟的合同模板。现实情况是，这一要求很难得到遵守并可能引发商业秘密泄露的问题，国际商会 (International Chamber of Commerce) 曾试图说服欧盟批准一份更具商业友好性的数据传输模型合同，但也一直没有得以解决。[①] 当前，金融数据跨境流动规制结果的冲突主要表现在法律规范的冲突以及 FTA 规制内容及其适用的差异。

1. 法律规范的冲突

法律规范的冲突主要是新兴经济体的国内法多规定金融数据本地化存储内容与发达国家尤其是美国所推崇的禁止本地化存储之间的矛盾，如巴西要求个人信息必须在巴西境内存储；印度中央银行强制性规定，所有在印度的支付企业都要将数据存储在本地，禁止支付数据出境；俄罗斯要求数据的首次存储必须在其境内的服务器上；等等。而美国主导的代表国际高标准的 USMCA 却首次增加

① See International Chamber of Commerce, Policy Statement, Cross-border Law Enforcement to Company Data—Current Issues under Data Protection and Privacy Law, Document No. 373/507, Feb. 7, 2012, p. 2.

“计算设备的位置”条款（第17.18条），要求缔约方不得强制金融服务提供者使用位于其境内的计算设备或将计算设备置于其境内，并将其作为在其境内从事商业行为的前提条件。这样，美国、加拿大、墨西哥有关金融计算设备的存储规定与巴西、印度、俄罗斯等国的规范便发生冲突，其解决方式尚待进一步探讨。

2. 审慎例外条款适用的差异

一般数据跨境流动规则通常存在于FTA的电子商务或数字贸易章节，其适用中存在的合法公共政策目标和不合理贸易限制问题已有学者进行了论述。① 此类论述对于金融数据的跨境流动也同样适用，但FTA中金融数据跨境流动规则与一般数据跨境流动规则最大的差异在于金融领域存在审慎例外条款，对此却少有学者论述。金融服务的特殊性以及市场失灵决定了必须存在审慎例外，② 因而FTA中都必定存在审慎例外条款，但审慎例外条款的适用却存在异议。WTO的阿根廷金融服务案是唯一一件有关审慎例外条款的争议，该案件的争议焦点在于审慎例外条款的适用范围问题。巴拿马认为，阿根廷对于再保险服务以及证券市场准入的限制性措施不属于审慎例外条款的适用范围，该条款的适用仅限于“国内规制”措施。③ 对此，专家组提出了审慎例外条款适用的三个因素：（1）影响金融服务的提供；（2）基于审慎理由；（3）不被用来作为规避WTO成员方承诺或义务的措施。④ 专家组认为，“影响”的含义、范围比“监督”或“管理”更宽泛，即只要对具有金融性质的服务贸易行为有所影响即可。⑤ 对基于“审慎理由”采取的措施，专家组和上诉机构均认为，“审慎”意味着“预防性”，旨在防止特定结果的措施或

---

① 参见陈咏梅、张姣：《跨境数据流动国际规制新发展：困境与前路》，载《上海对外经贸大学学报》2017年第6期，第37—52页。

② 参见韩龙、彭秀坤、包勇恩：《金融风险防范的法律制度研究——以我国金融业对外开放为重心》，中国政法大学出版社2012年版，第14—24页。

③ See Notification of an Appeal by Panama, Argentina-Measures Relating to Trade in Goods and Services, WT/DS453/7, Oct. 30, 2015.

④ See Panel Report, Argentina-Measures Relating to Trade in Goods and Services, WT/DS453/R, Sep. 30, 2015, paras. 7.779-7.851.

⑤ Ibid., para. 7.857.

阻碍其结果的措施。[①] 由于 WTO 成员方有足够的自由根据其自身的价值尺度来衡量“审慎理由”，因而，“审慎理由”的含义会随着时间的推移而变化，[②] 并且对“审慎”一词的灵活性、宽泛性解释符合国际社会对金融风险性质的关切。[③] 且不论专家组和上诉机构的观点是否有误，审慎例外条款的适用差异问题必然也存在于 FTA 金融数据跨境流动的规制中，如 RCEP 直接将监管机构出于审慎原因可要求其境内的金融服务提供者遵守与数据管理、存储和系统维护、保留在其境内的记录副本相关的法律法规纳入数据转移与处理条款中。[④]

第四节　FTA 金融数据跨境流动规则的有序化建设

不同法律渊源、不同类别以及不同层次的规则只有结合成为一个功能协调、结构有序的规范体系，才能最大限度地提高其适用的效率，才能为和谐社会的构建提供强有力的保障。[⑤] FTA 跨境金融服务贸易规则的碎片化表明，该规则目前尚未形成完善的规范体系，因而，国际社会迫切需要缓解 FTA 金融数据跨境流动规则的碎片化，实现 FTA 金融数据跨境流动规则的有序化。

一、《维也纳条约法公约》(VCLT) 解释原则的适当运用

由于 FTA 金融数据跨境流动规则的碎片化，相关的规范内容往往会产生冲突和矛盾。对于国际规范间存在的冲突，早在 20 世纪初国际社会就有认识，VCLT 正是为了缓解国际规范间存在的冲突，借鉴传统法律处理各种法律规则与原则间的关系而制定的。可以说，

---

① See Panel Report, Argentina-Measures Relating to Trade in Goods and Services, WT/DS453/R, Sep. 30, 2015, para. 7.865.

② Ibid., para. 7.871.

③ Ibid., para. 7.875.

④ See RCEP, Chapter 8, Annex I, Art. 9.

⑤ 参见古祖雪：《现代国际法的多样化、碎片化与有序化》，载《法学研究》2007 年第 1 期，第 142 页。

1969 年和 1986 年的 VCLT 已为缓解当下 FTA 金融数据跨境流动规则的碎片化提供了可供参考的法律框架。VCLT 涉及条约的概念、条约的缔结程序、条约的解释和修订等内容，其中 VCLT 第 31 条列举的条约解释原则对于缓解当下 FTA 金融数据跨境流动规则的碎片化具有积极的意义。

（一）一致性原则

一致性原则，又称“统一性原则”，即在解释条约用语时应联系条约上下文，包括条约的序言、附件在内的全部约文以及缔约方嗣后所订的关于条约的任何协定，进行通盘考虑。此外，对特定用语的解释除应与条约其他部分或有关文件的字句一致外，还应与先行的国际法原则及规则相一致。[①] 对此，传统的观点是：“唯有透过体系，才能准确地诠释规范意旨，单个法条的不完整性须借助体系解释得到修正。”[②] 在法律适用的过程中，虽然直接适用的是某一个或几个法律条文，但法律价值却是体现在整个法律体系中。当然，体系解释的前提是解释者确信法律是合理的、符合逻辑的完整体系。根据一致性原则，整个国际法是一套法律制度，任何一部国际经贸协定都是其中的一部分，其运作都要与基本的国际法律原则保持一致。因此，对于存在冲突的法律规范，应首先明确其间存在的解释关系，如果存在冲突，则尽可能地作出能够产生一致性解释的努力；如果一致性原则不能解决存在的冲突，则可尝试使用下列原则。

（二）特别法优先原则

特别法优于一般法是解决冲突规范的重要方法之一。根据特别法优先原则，当某一特定事项同时受到一般性规范和特殊性规范管辖时，则后者优先于前者适用。现实中，特别法与一般法之间通常存在两种情况：一是特别法是对一般法的具体解释、更新或者是技术上的说明，此种情况下，二者并不存在冲突，可以同时予以适用。二是特别法与一般法不存在上下等级的关系，就同一事项所提供的

① 参见王虎华主编：《国际公法学（第四版）》，北京大学出版社 2015 年版，第 398 页。

② 孔祥俊：《法律解释与适用方法》，中国法制出版社 2017 年版，第 291 页。

处理方法却相互抵触。在这种情况下，通常是特别法优先适用。VCLT虽然最终没有对特别法优先原则作出明确的规定，但在起草过程中，有专家提出："解决条约之间的冲突时应当注意到一条约相对于另一条约可能存在的特殊性。"[①] 因而，VCLT部分条款体现了特别法优于一般法的思想，如第19条第1款、第20条第1款、第28条等。同样，在司法实践中，特别法优先原则早已得到多次适用，如1997年阿根廷和智利关于贝格尔海峡争端仲裁案、INA诉伊朗案、印度领土通过权案。

值得注意的是，将特别法优先原则适用于FTA金融数据跨境流动规则还存在一定的困难。其一，在FTA金融数据跨境流动规则中很难区分冲突规则的一般性和特殊性。通过上文的分析可知，当前金融数据跨境流动规则的冲突主要是不同国家主导的国际经贸规则间的冲突，如USMCA与CETA中相关内容的冲突，然而，USMCA与CETA并无上下等级之分，更无特别性与一般性的区别。其二，特别法依赖于一般法而存在，而金融数据跨境流动规则至今在国际社会尚未达成统一的意见，对于如何跨境流动的基本理念还存在较大的冲突，因而尚无一般法的内容规定。

（三）后法优先原则

后法优先原则是法律解释方法中另一重要的原则。时间是国际法律规范之间的重要参数，根据条约缔结自由原则，条约当事方不仅有权缔结条约，还有权以新条约废止、补充或变更前条约。而根据VCLT第59条的规定，条约因缔结后订条约而默示终止或停止施行。需要注意的是，后法优先原则适用的重要因素是缔约主体的一致性，如USMCA对NAFTA部分内容的更新。

笔者认为，后法优先原则是最有利于解决当前FTA中存在的金融数据跨境流动规则冲突问题的：一方面，各国家及地区对于金融数据跨境流动的国际规则尚未达成一致性的意见，存在朝令夕改的可能性，后法对前法更新的可能性更大；另一方面，随着国际社会

---

① 《联合国条约法会议正式记录，第一届和第二届会议，会议文件》，A/CONF. 39/26号文件，1969年4月9日至5月22日，维也纳，咨询专家的声明，第270页。

的不断融合与发展，新的国际经贸规则体系必然会取代旧的规则体系，以适应国际经贸发展的新需求。

总之，对金融数据跨境流动的规制是国际法规范的一部分，存在于各种规范之间且具有切实的联系。VCLT的意义在于为法律工作者寻求和处理法律冲突提供基本的法律框架，使其能够运用特别法优先和后法优先等解释规则解决法律冲突。

二、政府间国际组织的合作与推动

国际组织包括政府间组织和非政府间组织，其中政府间国际组织被认为是国际法的主体。20世纪，国际组织的大量增加既是现代国际社会规则多样化的动力，又是规则碎片化的成因。金融数据跨境流动规则一部分由主权国家主导，另一部分则由政府间国际组织主导，因而，解决金融数据跨境流动规则的冲突也离不开国际组织之间的协调与合作。

第一，国际组织在立法阶段的协调与合作是缓解规则碎片化的重要保证。国际组织的一项重要职能是主持和组织国际立法活动，现行的国际法规则通常都是在国际组织的协调下达成的，具体可分为两种方式。一是国际组织在主持谈判缔结新条约的过程中，主动避免与已有国际规则间的冲突，将其他国际组织就同一事项制定的规则整合后纳入自身要制定的规则中。二是通过联合国国际法委员会来协调和预防国际规则间的冲突。联合国国际法委员会隶属于联合国大会，是旨在促进国际法的发展和编纂的专门委员会，国际组织将正在谈判的条约草案提交联合国国际法委员会进行审查，由其查明是否与已有的国际规则存在冲突。如果存在冲突，则国际组织可在谈判过程、制定中防止该冲突的出现。

第二，国际组织在实施阶段的协调与合作是缓解规则碎片化的救济措施。信息的不对称同样存在于国际组织之间，国际组织在立法过程中受到信息不对称和不完全等因素影响造成国际规则之间的冲突是不可避免的。对此，可以通过两种方式予以弥补：一是对于可预见的冲突，可事先约定管辖权，如《世界版权公约》（Universal Copyright Convention）明确规定《保护文学和艺术作品伯尔尼公约》（Berne Convention for the Protection of Literary and Artistic Works）的优先适用性。[①] 二是对于不可预见的冲突事项，可通过修正的方式予以补足，即通过修正自身制定的规则予以完善。

总体而言，国际组织主持下的国际规则的制定，不论是在立法层面还是在执法层面，都比单个国家或地区主导下的国际规则相对容易。但就金融数据跨境流动的规则制定而言，目前尚未引起相关国际组织应有的注意，仅仅存在于美国、欧盟等国家及地区规制体系之中。

三、FTA 缔约方之间的协调

国际法律规则间的冲突实质上是国家意志间的冲突，因而，从本质上讲，该种冲突只能通过相关国家间的协调才能解决。通过上文的分析可知，金融数据跨境流动规则总体上有三种类型，即美国主导型、欧盟主导型以及其他型，其中既存在规则模式的冲突，也存在规则内容的冲突，解决此类问题的理论基础如下：

首先，“善意履行国际义务”是国际法的一项基本原则，不仅要求国家前后一致地遵守国际规则，而且要求其必须同时履行国际义务。[②] 若国际规则之间产生冲突，则必将导致相关国家在履行国际规则时对相冲突的规则的违反，使其在国际上处于不利的地位。为避免此种状态的出现，当事方之间应通过协调的方式解决冲突。其次，作为国际法院在 1969 年“北海大陆架案”中提炼出的内容，预约的谈判规则可在国家间的协调中发挥作用。在“北海大陆架案”中，国际法院认为：“当事方有义务为达成协议而谈判，而非仅仅为了完成一个正式的谈判程序。”[③] 据此，当事方在谈判中有义务善意地作出努力，从而争取规范间冲突的解决。再次，“法益衡量”的法律理念也为缓解规则的碎片化奠定了基础。当事方通过谈判解决规范间

---

① See Universal Copyright Convention, Art. 17.

② See Christopher J. Borgen, Resolving Treaty Conflicts, *George Washington International Law Review*, Vol. 37, 2005, pp. 605-606.

③ See North Sea Continental Shelf, Judgment, ICJ Reports 1969, p. 47.

的冲突，即当事方在谈判中确定什么样的利益值得保护以及保护范围。[①] 最后，规则发生冲突后作出修改或终止也是解决国际规则冲突的基本形式，当事方之间针对存在的规则冲突寻找可行的解决办法，从而重新建立已经被打破的和谐关系。

不过，应当指出的是，FTA 缔约方之间的协调不可能一蹴而就。相应地，金融数据跨境流动规则作为新兴的国际经贸规则，不同国家及地区之间的立场差异和利益冲突使得其协调可能是一个漫长而又复杂的过程。

① 参见 E. 博登海默：《法理学：法律哲学与法律方法》，邓正来译，中国政法大学出版社 1999 年版，第 398 页。

第六章

FTA 跨境金融服务贸易的承诺模式问题

服务贸易的承诺模式是近些年国际经贸研究的热点问题，与GATS服务贸易具体承诺减让表采取正面清单模式不同，新一代的FTA多数采取的是负面清单模式。在金融服务贸易领域，以CPT-PP为代表的发达国家制定的FTA通常根据服务承诺模式的不同，分别采取正面清单和负面清单两种不同模式。在负面清单模式下，FTA一般会明确规定冻结条款和棘轮条款，以防止金融服务贸易开放水平的降低。学界普遍认为，负面清单模式加上冻结条款和棘轮条款，更有利于提升跨境金融服务贸易的自由化水平。不过，跨境金融服务贸易负面清单的编制在国际上尚未达成一致意见，其涉及的涵盖范围问题、排除适用问题、当地存在与商业存在问题以及兜底条款问题都有待进一步探讨。

第一节　GATS的正面清单模式及其不足

一、GATS正面清单模式的结构

在WTO服务贸易谈判中，由于各成员方对服务领域的开放承诺是按照服务部门以列表形式逐项具体作出的，各个成员方在服务贸易领域所作的承诺因此被称为“服务贸易具体承诺减让表”（承诺表）。实际上，该承诺表就是WTO成员方对其服务贸易领域开放作出有法律约束力的承诺的记录表，主要包括作出开放承诺的服务部门或分部门、对市场准入和国民待遇的限制以及其他附加承诺。服务贸易领域的承诺表与货物贸易领域的关税承诺表类似，明确了各成员方在具体服务部门的减让，构成GATS或者说国际服务贸易法的实质部分。GATS中“特定义务”（specific commitments）是相对于普遍义务而言的，特定义务仅适用于各成员方列入承诺表中的承诺开放的服务贸易领域，并且仅适用承诺表中所列出的服务贸易模式以及市场准入、国民待遇中的条件、限制和资格等。GATS中各成员方的承诺表可分为两部分：

第一部分是总承诺，又称“水平承诺”（horizontal commitments），该部分的承诺适用于有关成员方承诺开放的所有服务部门。例如，《中华人民共和国服务贸易具体承诺减让表》（以下简称《中国承诺表》）水平承诺部分的内容表明，在服务贸易市场准入方面，希望以设立商业存在的形式提供中国所列开放服务部门中的服务的外国服务提供者，必须通过外商投资企业方式在中国设立商业存在，而分支机构方式一般不开放，除非在具体承诺中另有列明。

表6-1 《中国承诺表》（水平承诺部分，节选）[①]

部门或分部门	市场准入限制	国民待遇限制	其他承诺
一、水平承诺			
本减让表中包括的所有部门	（3）在中国，外商投资企业包括外资企业（也称为“外商投资企业”）和合资企业，合资企业有两种类型：股权式合资企业和契约式合资企业	（3）对于给予视听服务、空运服务和医疗服务部门中的国内服务提供者的所有现有补贴不作承诺	

第二部分是具体承诺，该部分的承诺是针对具体服务部门或具体服务贸易模式的，下文以《中国承诺表》中金融服务领域之银行服务分部门的承诺为例进行说明：

① 参见《中国服务贸易具体承诺减让表》，http://www.gov.cn/gongbao/content/2017/content_5168131.htm，2022年4月8日访问。

表 6-2　《中国承诺表》(7. B 类)①

部门或分部门	市场准入限制	国民待遇限制	其他承诺
银行及其他金融服务（不包括保险和证券） 银行服务如下所列： a. 接收公众存款和其他应付公众资金 b. 所有类型的贷款，包括消费信贷、抵押信贷、商业交易的代理和融资 c. 金融租赁 d. 所有支付和汇划服务，包括信用卡、赊账卡和贷记卡、旅行支票和银行汇票（包括进出口结算） e. 担保和承诺 f. 自行或代客外汇交易	（1）除下列内容外，不作承诺： —提供和转让金融信息、金融数据处理以及与其他金融服务提供者有关的软件 —就（a）至（k）项所列所有活动进行咨询、中介和其他附属服务，包括资信调查和分析、投资和证券的研究和建议、关于收购的建议和关于公司重组和战略制定的建议 （2）没有限制 （3）A. 地域限制 对于外汇业务，自加入时起，无地域限制。对于本币业务，地域限制将按下列时间表逐步取消：自加入时起，开放上海、深圳、天津和大连；加入后 1 年内，开放广州、珠海、青岛、南京和武汉；加入后 2 年内，开放济南、福州、成都和重庆；加入后 3 年内，开放昆明、北京和厦门；加入后 4 年内，开放汕头、宁波、沈阳和西安；加入后 5 年内，将取消所有地域限制 B. 客户 …………	（1）没有限制 （2）没有限制 （3）除关于本币业务的地域限制和客户限制（列在“市场准入”栏中）外，外国金融机构可以同外商投资企业、非中国自然人、中国自然人和中国企业进行业务往来，无个案批准的限制或需要。其他，没有限制 （4）除水平承诺中内容外，不作承诺	对于金融租赁服务，将允许外国金融租赁公司与国内公司在相同时间提供金融租赁服务

① 参见《中国服务贸易具体承诺减让表》，http://www.gov.cn/gongbao/content/2017/content_5168131.htm，2022 年 4 月 8 日访问。

《中国承诺表》由四个竖栏组成：第一栏为具体承诺开放的服务“部门或分部门”，如上表的银行业；第二栏为“市场准入限制”；第三栏为“国民待遇限制”；第四栏为“其他承诺”。其中，第二栏、第三栏根据GATS规定的服务贸易四种模式，即跨境交付、境外消费、商业存在、自然人流动，作出具体承诺。以银行业为例，如果商业存在模式的市场准入没有限制，则在第二栏之（3）后注明“没有限制”（none）；如果对银行业的商业存在形式的市场准入方面不作任何承诺，则在第二栏之（3）后注明“不作承诺”（unbound）；如果对银行业的商业存在形式的市场准入方面作出承诺但附加限制条件，则在第二栏之（3）后注明所有的限制条件；如果与水平承诺交叉，而交叉之外不作承诺，则在第二栏之（3）后注明“不作承诺，除水平承诺之外”（unbound except as indicated in horizontal commitments）。

对于《中国承诺表》第一栏的具体服务贸易部门的开放承诺是采取“肯定式清单”还是“否定式清单”，在乌拉圭回合谈判中，谈判各方展开了激烈争论。[①] 大多数发达成员方主张用否定式清单界定哪些服务部门不开放，即在提交初步承诺表时，将其不愿在市场准入方面作出减让的服务部门或分部门列入清单，把这些部门和分部门作为例外处理，并承诺在一定时期内逐步减少清单所列例外部门的数量。而发展中成员方却持反对态度，它们主张肯定式清单模式，即各成员方将能开放的服务部门列出清单，以后随着自由化谈判逐步增加开放市场的服务门类。鉴于发展中成员方的管理经验和水平有限，很难预料未来应对哪些服务门类或部门不予开放，肯定式清单使它们拥有灵活处置的主动权和回旋余地。同时，发展中成员方服务贸易开放门类有限，这样也可以避免否定式清单列出一大串不开放服务贸易部门的尴尬。经过发展中成员方的努力，最终GATS承诺表在服务贸易部门开放的问题上采用了肯定式清单。[②]

① 参见黄胜强：《国际服务贸易多边规则利弊分析》，中国社会科学出版社2000年版，第58页。

② 参见曹建明、贺小勇：《世界贸易组织（第三版）》，法律出版社2011年版，第260页。

肯定式清单模式的确立对发展中成员方有着极其重要的意义，这是因为：第一，如前所述，迄今为止“服务”并未有一个明确定义，也没有确切的内涵与外延，因此WTO对“服务”的界定采取的是列举服务部门的方式，对于尚未被包含的服务用“其他服务”来概括。而一旦采用否定式清单，一些新兴的、发展中成员方暂时无法概括的服务贸易部门将会自动适用GATS规则；而采取肯定式清单，发展中成员方可以将那些自己尚不清楚的新兴服务贸易部门排除在GATS之外。第二，采取肯定式清单，发展中成员方可以根据其经济发展水平逐步选择开放服务贸易部门，这种选择开放部门的谈判可以不断增加发展中成员方与发达成员方谈判的筹码；如果采取否定式清单，谈判筹码就会被一次性用完。

二、GATS正面清单模式的争议

采取正面清单模式虽然对于发展中成员方来说意义重大，但是正面清单模式依然有许多争议，比如在推进服务贸易自由化方面存在不足，在发生争议时系争服务贸易是否为正面清单所开放部门涵盖等均会产生诸多疑问。[①] 如何解释WTO成员方的承诺表以及承诺表中所列的服务部门或分部门存在争议，极大地影响了服务贸易的开放。目前为止，WTO服务贸易争端中已经有多起涉及承诺表解释的案件，如墨西哥电信案、美国博彩案、中美出版物案和中国电子支付案，下文以中美出版物案和中国电子支付案为例加以说明。

（一）中美出版物案

在中美出版物案中，美国共对中国相关领域的24部行政法规、条例和部门规章提起诉讼。该案除了涉及对《中国承诺表》的解释外，还涉及其他多个问题，如对电影、音像制品半成品等视听产品的定性以及中国是否可以援引GATT1994第20条“公共道德例外”进行抗辩等诸多问题。

中美出版物案涉及《中国承诺表》中第2.D项下“录音制品分

① 参见李晓玲：《WTO〈服务贸易总协定〉下报复机制之实证研究》，载《国际经贸探索》2011年第3期，第62页。

销服务”条目所涵盖的范围问题，即涉及对中国在入世之初列出的正面清单的解释。美国认为，该“录音制品分销服务”条目应当涵盖物理与电子形态录音制品的分销，而电子形态录音制品的分销包括因特网等电子方式的分销。中国认为，该条目仅涵盖物理形态的录音制品，如以 CD 为载体的音乐。①

2007 年 4 月 10 日，美国要求与中国就影响部分出版物和视听娱乐产品贸易权和分销服务措施进行磋商，但磋商未能解决争议。2017 年 11 月 27 日，DSB 应美国请求设立专家组。专家组认为，与制品最相关的定义是“已记载内容”，侧重的是被记载的内容本身，而非记载内容的载体。因此，“录音制品”不限于记载于物理载体上的录音。对于“分销”，专家组认为，其定义为“有价值之物的散发”，涉及有形物与无形物。2009 年 8 月 12 日，专家组报告裁定《中国承诺表》第 2. D 条目项下包含电子分销。② 对此，中国提出上诉，上诉机构根据《维也纳条约法公约》第 31 条的规定，最终认定《中国承诺表》第 2. D 条目项下包含电子分销。

（二）中国电子支付案

中国电子支付案源于中国银联股份有限公司（以下简称“中国银联”）和美国 Visa 公司的商业利益之争。作为中国唯一合法的清算组织，中国银联把持了在中国发生的人民币计价和支付的支付卡交易相关服务，Visa 等外国卡只能从事外币交易的清算。自 2004 年中国银联在多国铺设网络、免除外币兑换费之后，Visa 等外国卡的海外市场也有逐渐被蚕食的危险。不仅如此，中国人民银行还要求在所有银行卡、POS 机、ATM 机上都印上“银联”标识，要求所有银行通过“银联”互联互通，而且，中国人民银行还要求在港澳的人民币清算和港澳卡在内地的人民币清算，必须使用“银联”通

---

① See Panel Report, China-Measures Affecting Trading Rights and Distribution Services for Certain Publications and Audiovisual Entertainment Products, WT/DS363/R, Aug. 12, 2009, paras. 7. 1156–7. 1159.

② Ibid. , paras. 7. 1244–7. 1246.

道才能进行。[①] 2010年9月15日，美国向DSB提出与中国进行磋商的请求，指控中国对支付卡交易的电子支付服务和服务提供者规定了上述一系列的限制和要求，违反了GATS第16条“市场准入”和第17条“国民待遇”义务。

本案的首要问题是中方对系争服务是否作出了具体承诺。美方认为，系争服务属于《中国承诺表》第7.B类“银行与其他金融服务（不包括保险和证券）”之（d）项“所有支付和汇划服务”，中方已经作出了承诺；中方则主张，《中国承诺表》第7.B类之（d）项的基础是GATS《关于金融服务的附件》，涉案服务的核心要素是清算和结算服务，该服务属于GATS《关于金融服务的附件》第5条第（a)款(xiv）项“金融资产的结算和清算服务”，而中国未对该服务作出任何承诺。[②] 讨论中方对涉案服务是否作出了具体承诺，还必须考虑的一个因素就是涉案服务本身，中方和美方对此也产生了争议。美方认为，涉案服务是处理、促使或促成持卡人和商户之间资金转移的服务，故将其称为支付卡交易的“电子支付服务”(electronic payment support，EPS)；中方则认为，涉案服务是网络运营商就银行间支付卡交易的授权、清分和清算而向金融机构提供的“网络服务”。[③]

专家组最后接受了美方主张的“EPS”称谓，并认为系争服务是由多种服务（如交易授权、清分和清算）组合而成的EPS服务，构成一项集成服务；就服务分类而言，应将其归为一个服务分部门，而非多个分部门。对于究竟将EPS归为哪一服务分部门，专家组根据《维也纳条约法公约》第31条和第32条的规定，从美方主张的《中国承诺表》第7.B类之（d）项“所有支付和汇划服务”出发，通过援引词典和产业资讯（如公司手册、年报等）分析（d）项的通

① 参见杨国华：《“中国电子支付服务案”详解》，载《世界贸易组织动态与研究》2013年第2期，第47—48页。

② See Panel Report, China-Certain Measures Affecting Electronic Payment Services, Executive Summary of the First Written Submission of China, WT/DS413/R/Add. 1, July 16, 2012, Annex A-2, paras. 18-22.

③ See Panel Report, China-Certain Measures Affecting Electronic Payment Services, WT/DS413/R, July 16, 2012, paras. 7.25-7.30.

常含义，认为“支付和汇划服务”可被界定为“‘处理’(manage)、‘促使’(facilitate) 和‘促成’(enable) 支付或资金转移行为的服务”；(d) 项前置的“所有”一词，表明其意图包括所有的支付和汇划服务。然后，专家组审查了该 (d) 项的“上下文”，包括 (d) 项的剩余部分、《中国承诺表》的其他部分、GATS《关于金融服务的附件》、其他成员方的承诺表和 GATS 的条文结构。对于该 (d) 项的剩余部分“包括信用卡、赊账卡和贷记卡、旅行支票和银行汇票(包括进出口结算)”，专家组认为这是一项例示清单，并确认“所有支付和汇划服务”是指那些对处理和完成支付卡交易极其重要的服务。关于《中国承诺表》第 7.B 类的副标题“银行服务如下所列”，专家组认为，该副标题只表明所涉服务通常是由银行提供或过去通常由银行提供，一些服务也可由其他类型的金融实体提供，将 (d) 项置于该副标题下，并不妨碍将 (d) 项解释为对处理和完成支付卡交易来说极其重要的服务。对于 GATS《关于金融服务的附件》第 5 条第 (a) 款 (xiv) 项“金融资产的结算和清算服务”，专家组将“金融资产”解释为具有投资属性、授予所有权并可产生投资回报的金融工具，不包括支付卡交易，从而否决了中国关于系争服务落入该 (xiv) 项的主张。[①] 综上，专家组得出结论，系争服务是支付卡交易的电子支付服务，落入《中国承诺表》第 7.B 类之 (d) 项的服务分部门。同时，由于根据《维也纳条约法公约》第 31 条解释所得结论并无模糊或不合理之处，专家组决定不再根据《维也纳条约法公约》第 32 条继续进行解释。专家组发布报告后，中方虽对涉案服务属于“所有支付和汇划服务”的裁定保留意见，但未提起上诉。

三、GATS 正面清单模式的不足

通过上述对中美出版物案和中国电子支付案的分析总结可以看出，无论是前案中专家组对于电子分销的解释，还是后案中专家组为了容纳不断变化的商业现实，在报告中首次引入“促成服务”概

---

① See Panel Report, China-Certain Measures Affecting Electronic Payment Services, WT/DS413/R, July 16, 2012, paras. 7.64-7.72.

念，将服务部门演绎为包含“促成服务”和“最终服务”(或“核心服务”）两部分，[①] 都可以看出 GATS 正面清单承诺模式的不足，主要表现为：

第一，正面清单承诺模式是对当时既有服务贸易发展模式的开放，但并未能够预见未来服务贸易业态与技术的发展。随着信息技术的发展，产生于 20 世纪 90 年代的服务分类体系已经落后于商业现实，服务贸易的新模式、新业态、新技术不断涌现，即使是同样性质的服务贸易，技术与业态也发生了很大的变化。比如，由物理形态的影像产品发展到无形的数字产品，其出版与分销业态与当初中国入世谈判时已经大相径庭，对于其是否包含在中国入世承诺中，自然会产生较大争议。相比之下，若采取负面清单的承诺模式，列出的是不开放的服务贸易部门，排除的是既有服务贸易发展模式，对于未来的新技术、新业态、新模式展现的是开放姿态。

第二，与负面清单相比，正面清单承诺的透明度相对较低。在 GATS 正面清单承诺模式中，服务贸易部门分类比较原则、抽象和复杂，比如在中国电子支付案中，电子支付是否属于银行业务就需要复杂的解释。此外，尽管在正面清单中列入“市场准入”和“国民待遇”栏的条件比较明确，对于未列入清单的缔约方不得实施影响服务贸易的措施。但是，由于相应措施往往并未在国内法规中明确列出，导致部分措施的透明度和可预期性较低。

第二节　负面清单的含义与理论内涵

负面清单，又称“消极清单”“否定清单”“负面列表”“否定列表”“保留条款”“例外条款”。在国际经贸规则中，负面清单是“不符措施”的代称，即外资在市场准入阶段不适用国民待遇的特别管

① 参见李晓玲：《WTO 成员减让表之服务部门的解释方法——基于中国电子支付服务案的研究》，载《国际经贸探索》2015 年第 2 期，第 88—89 页。

理措施的汇总。[①]

一、负面清单的含义及发展

负面清单是禁止或限制外国投资领域的清单，包括所有针对外资的与国民待遇、最惠国待遇不符的管理措施，或有关当地存在、业绩要求、高管人员等的要求。[②] 现代意义上的负面清单最早起源于美国20世纪与其他国家签订的《友好通商航海条约》（Friendship Commerce Navigation Treaty，FCNT），此后美国通常在条约中规定对通信、信托业、银行业、空运、水运、土地利用和其他资源的外国收购业务可以采取保留措施。时至今日，对通信、金融、运输、土地及稀有资源的保护仍然占据CPTPP不符措施附件的主要部分。目前，负面清单限制性措施的行业分布范围主要包含两类：一类是国家基础行业以及具有公共服务性质、影响国家安全的产业，如农业、矿产业和航运服务业；另一类是具有战略意义的产业，[③] 如专业服务业、社会服务业和金融服务业。

1994年NAFTA中的负面清单与FCNT中的负面清单相比，实现了一次重大突破。NAFTA创设了"准入前国民待遇＋负面清单"的投资开放模式，在负面清单的释明中有对负面清单名目所含内容的解释和优先性规定，并且对附件中涉及的名词作出了定义。具体来说，NAFTA实现了四点创新：第一，使用多个附件来分类列明所有的保留措施；第二，设计了列举保留措施的格式；第三，除了列举保留未来采取限制性措施权利的行业清单外，还单独列举了现存的不符措施；第四，政策空间的灵活性有所增强，保留措施并不仅限于国民待遇和最惠国待遇方面，通常还包括业绩要求和高管人

---

① 参见商舒：《中国（上海）自由贸易试验区外资准入的负面清单》，载《法学》2014年第1期，第29页。

② 参见樊正兰、张宝明：《负面清单的国际比较及实证研究》，载《上海经济研究》2014年第12期，第33页。

③ 参见王中美：《"负面清单"转型经验的国际比较与对中国的借鉴意义》，载《国际经贸探索》2014年第9期，第73页。

员及董事会的规定。[①]

NAFTA负面清单条目中包含的内容有：（1）部门；（2）分部门；（3）产业分类；（4）保留类型；（5）政府层级；（6）法律依据；（7）具体描述；（8）过渡期。与之相比，CPTPP的主要变化在于：其一，以“涉及条约义务”(concerned obligation）的表述“取代保留类型”(type of reservation）的表述。两大协定的这一规定都要求缔约方列明不符措施违反了条约的哪项正面义务，但CPTPP更换了表述方式，使得表述更加清晰，也更容易理解。其二，CPTPP删除了单独对过渡期的列明，而仅在需要有过渡期的条目中列明。

自NAFTA采用服务自由化承诺的负面清单列表模式后，许多FTA沿用这一模式，目前超过一半的FTA采取负面清单方式。[②] 除了国际法层面的负面清单，无论是欧美发达国家，还是亚洲、拉美、非洲等地区的发展中国家，都在积极推行国内法的负面清单，外资准入负面清单已经成为“新一代投资规则”。

二、负面清单的理论内涵

负面清单是相对于正面清单的管理模式而言的，而正面清单属于选择性开放模式，体现的是“法无授权即禁止”的法律理念。正面清单一般情况下由缔约方列明可开放的领域，同时缔约方会设置严格的审批制度，因为正面清单属于一种严格的准入制度。[③] 负面清单采取与正面清单相反的逻辑模式，遵循的是“除非法律禁止，否则就是法律允许的”解释逻辑；体现的是“法无禁止即自由”的法律理念，[④] 在国际司法实践中经常援引“国际法不禁止即为允许”。

---

① 参见樊正兰、张宝明：《负面清单的国际比较及实证研究》，载《上海经济研究》2014年第1期，第33页。

② See Pierre Latrille & Juneyoung Lee, Services Rules in Regional Trade Agreements: How Diverse and How Creative as Compared to the GATS Multilateral Rules? Staff Working Paper, No. ERSD-2012-19, 2012, para. 23.

③ 参见方杰：《外资准入负面清单管理模式研究》，中国法制出版社2018年版，第3页。

④ 参见龚柏华：《中国（上海）自贸试验区外资准入“负面清单”模式法律分析》，载《世界贸易组织动态与研究》2013年第6期，第24页。

在私法领域，负面清单体现了私法自治精神，作为一种开放模式的承诺，负面清单模式有利于减少市场主体所面临的新业态准入风险、降低主体的创新风险以及减少法律行为效力的不确定性。[①] 具体来说，负面清单管理模式与私法自治的联系体现在三个方面：一是理念的一致性，两者都主张减少公权力对私人领域的过度介入；二是调整方式的一致性，从正面清单到负面清单的过渡，体现了从法定主义的调整方法转变为依赖法律行为的调整方法；三是对无效事由的一致性，负面清单明确了对外开放的限制领域，无效事由的数量会大幅减少。

三、负面清单的价值取向

（一）负面清单模式体现了更为开放的理念

负面清单管理模式是国际社会追求国际服务贸易自由化的重要举措，采用负面清单管理模式的，除了已经明确的不向其他缔约方开放的领域，即清单以外的领域充分开放。负面清单表现为一系列不符措施和禁止措施，但其本质是采用否定的形式扩大东道国开放领域，推动跨境服务和投资自由化。同时，负面清单列表的发展趋势是逐步削减不符措施，负面清单不断缩减，不符措施与禁止措施逐渐减少，以此推动服务贸易的自由化。例如，CPTPP 附件 I 和附件 Ⅱ 分别列明了缔约方现行的不符措施和各缔约方列出的针对特定行业保留的可能采取的新的限制性措施。

通说认为，采用负面清单的开放模式，能够有效改善因 GATS 采用的正面清单而产生的服务贸易进程缓慢的问题。这是因为，在 GATS 正面清单模式下，假定的前提是政府对服务贸易原则上是控制的，开放是例外，所以才需要将开放的部门列出来，没有列出的则不予开放。由于服务贸易涉及 12 大部门、150 多个分部门，如果是原则上都开放，那正面清单将会很长。同时，正面清单具有特定适用性，清单列表对未作出承诺的服务部门不具有拘束力，并且对

① 参见王利明：《负面清单管理模式与私法自治》，载《中国法学》2014 年第 5 期，第 26 页。

未作出承诺的服务部门可能运用的例外措施也不作列举的要求。例如，在 GATS 模式下，贸易自由化的义务仅仅局限于清单中列举的部门。实际上，即使是在这些特定的部门，GATS 对于贸易自由化也是存在限制条件的，而且这些限制条件并没有区分现存措施和将来措施，因此较为模糊。但是，在 CPTPP 负面清单模式下，假定的前提是政府原则上对所有的服务贸易部门是开放的，履行市场准入、国民待遇、最惠国待遇、跨境自由贸易等普遍义务，对于特定的例外部门不开放，列入负面清单。既然是特定的例外，那么负面清单就不能太长。在负面清单模式下，除非在承诺表中明确列明保留，否则所有的服务部门或分部门都要遵守市场准入、国民待遇和最惠国待遇义务。同时，对于承诺表中列明的保留措施，CPTPP 的负面清单模式要求各缔约方针对现有的不符措施或将来的不符措施分别列明保留，并且保留的不符措施要通过协商或者定期谈判逐步自由化。因此，负面清单的承诺模式保证了相关规则能覆盖所有的服务部门和服务提供模式。此外，在负面清单模式下，协定缔约方将自动给予新服务以市场准入机会，除非缔约方也可对此进行宽泛的排除。① 总之，负面清单模式具有开放范围广、集约化程度高的特征与优点。

（二）负面清单的透明度更高

在正面清单的承诺模式下，缔约方并没有义务公开其国内法的依据，即使是在缔约方允许外资进入的领域，跨境服务提供者、投资者也仍然需要通过检索获取东道国的国内法规定。同时，东道国的国内法往往仅有单一语言版本，鲜有官方发布的外语版本。这样，缔约方即使可以获得东道国的国内法信息，也无法及时了解信息的内容。而信息搜寻成本是交易成本的重要组成部分，贸易政策透明度的缺乏无疑会给贸易参与者造成额外的成本。② 在负面清单承诺模

① 参见石静霞：《国际服务贸易规则的重构与我国服务贸易的发展》，载《中国法律评论》2018 年第 5 期，第 52 页。

② See Carl-Sebastian Zoellner，Transparency：An Analysis of an Evolving Fundamental Principle in International Economic Law，*Michigan Journal of International Law*，Vol. 27，2006，p. 589.

式下，不符措施中的条目中已包括缔约方国内法的依据以及不符措施的具体描述，减少了跨境服务提供者、投资者的交易成本，有利于提高跨境服务贸易的自由化程度。

关于提高透明度的问题，在美国博彩案中，申诉方安提瓜和被诉方美国争议的一个焦点问题就是美国的承诺表中是否包含对赌博服务的承诺。美国在其承诺表的分部门10.D“体育和其他休闲服务(体育除外)”中进行了承诺，其中对于跨境交付没有限制。安提瓜认为美国该项承诺包括跨境提供的赌博服务，美国则提出两点反驳：一是美国承诺中“体育除外”包含赌博服务除外的意思；二是美国根本就没有对赌博服务进行过承诺。由此可见，双方争议的焦点取决于如何解释美国承诺表中的相关承诺。

在美国博彩案中，就专家组认为不能判断美国承诺中的“体育除外”是否包含赌博服务，美国指出，其承诺表根本没有对赌博服务进行过承诺。的确，通观美国的承诺表，通篇都没有出现“赌博服务”的字眼。那么，承诺表中没有出现“赌博服务”是否就意味着相关成员方对该项服务没有进行承诺呢？对该问题的解释，必然涉及WTO成员方进行服务贸易承诺时所依据的两个文件：《1993年承诺表指南》和W/120号文件。

《1993年承诺表指南》第16段明确指出：服务贸易具体承诺减让表的法律属性和承诺开放程度的评估都要求在描述每个部门和分部门时具有最大限度的明确性。一般而言，部门与分部门的划分应当以W/120号文件为基础，该文件中的部门应与CPC编码相对应。如果成员方不能使用上述分类，就必须给出足够详细的定义，以避免其承诺的范围有含糊之处。[①] W/120号文件的分部门10.D为“体育和其他休闲服务”，与之相对应的CPC编码为CPC964；在CPC964项下，CPC9641为“体育服务”，CPC9649为“其他休闲服务”，而CPC9649项下又包括CPC96492“赌博服务”。因此，根据W/120号文件，赌博服务应被归入其他休闲服务部门，而非体育服

① See Appellate Body Report, United States-Measures Affecting the Cross-Border Supply of Gambling and Betting Services, WT/DS 285/AB/R, Apr. 7, 2005, para. 202.

务部门。

问题在于，美国主张其在承诺表中没有援引 CPC，因此在解释其承诺表时不能援引 W/120 号文件，美国也受 CPC 编码的约束。对此，专家组认为，根据《维也纳条约法公约》第 31 条“条约应按其词语在文本上下文中所具有的通常含义”之规定，由于 W/120 号文件和《1993 年承诺表指南》构成承诺表的“上下文”(context)，尽管该两个文件并不是 GATS 文本的组成部分，但是可以作为解释成员方承诺表的依据。据此，专家组认为，以 W/120 号文件和《1993 年承诺表指南》作为上下文解释美国服务贸易承诺的用语，可以认定美国的承诺表依据了 W/120 号文件的分类，在美国没有明确表示将偏离该分类以及另外给出具体定义的情况下，其他成员方有理由相信美国承诺表中的服务部门 10. D 的范围与 W/120 以及相对应的 CPC 编码所体现的范围是一致的。因此，美国的服务贸易承诺包括赌博服务的承诺，尽管美国没有使用 CPC 编码。[①]

该案上诉机构则认为，专家组裁定 W/120 号文件和《1993 年承诺表指南》构成美国承诺表的“上下文”是错误的，不能仅仅因为乌拉圭回合谈判方要求准备和散发这些文件，并在准备服务贸易承诺提议中使用了这些文件，就把这些文件作为解释承诺表的“上下文”。这两份文件之所以能够作为解释成员方承诺表的文件，不是因为其具备《维也纳条约法公约》第 31 条所规定的“上下文”地位，[②]而是因为其具备《维也纳条约法公约》第 32 条规定“解释的辅助手段”的地位。殊途同归，上诉机构结论与专家组的相同，即美国承诺表的分部门 10. D“体育和其他休闲服务”的范围与 W/120 号文件以及相对应的 CPC 编码所体现的范围一致，应当包括赌博服务的

① See Panel Report, United States-Measures Affecting the Cross-Border Supply of Gambling and Betting Services, WT/DS 285/R, Nov. 10, 2004, para. 6. 110.

② 该案上诉机构之所以认为 W/120 和《1993 年承诺表指南》不能构成承诺表的“上下文”，主要理由是这些文件尚不足以构成当事方间“与条约有关之任何协定”或者“经其他当事方接受为条约有关文书之任何文件”。

承诺。[①]

美国吸取了该案中存在的正面清单具体承诺不明确具体的教训，在后来的《跨太平洋伙伴关系协定》（TPP）谈判中特意在负面清单附件中列明不符措施。在正面清单承诺模式下，专家组、上诉机构皆认为美国对于赌博的跨境服务贸易是开放的，而在 TPP 中，美国将网上赌博列入不符措施，即负面清单，明确其为不开放的服务部门。

在各种列表方式中，负面清单模式被认为体现了更高的自由化程度，其原因在于不符措施的易读性更强，对于服务提供者而言更容易理解。同时，负面清单模式下的不符措施列明了相关的法律法规，具有更高的透明度。此外，由于缔约方给出的负面清单总是会受到他方要求缩减清单的压力，因此缔约方在谈判前对其服务部门要进行全面的梳理和检查，以便能够准确列表。在此意义上，负面清单模式有助于促进服务贸易自由化。当然，更关键的还是缔约方开放服务贸易市场的意愿与态度。[②] 无论如何，相比于正面清单，负面清单透明度更高，交易成本更低，从这个角度看负面清单无疑更能促进服务贸易的自由化。

第三节　FTA 跨境金融服务贸易的特殊承诺模式

在新一代 FTA 中，不论是双边层面的 FTA 还是多边层面的 FTA，都将金融服务作为其中独立的章节或者附件，凸显了新一代 FTA 对金融服务的高度重视。金融服务业作为现代服务业的支持性力量，是各种社会资源以货币形式实现优化配置的重要领域，对经

① See Appellate Body Report, United States-Measures Affecting the Cross-Border Supply of Gambling and Betting Services, WT/DS 285/AB/R, Apr. 7, 2005, paras. 195-213.

② 参见石静霞：《国际服务贸易规则的重构与我国服务贸易的发展》，载《中国法律评论》2018 年第 5 期，第 53 页。

济发展具有极为重要的作用。[①] 由于金融服务对经济发展的重要作用，各国在双边或多边经贸协定中通常都采取较为审慎的态度。以CPTPP为例，CPTPP在“金融服务”章采用混合清单方式制作承诺表，即在跨境金融服务贸易方面延续了GATS正面清单的模式，以其第十一章附件11-A规定“跨境贸易”；[②] 但在“商业存在”模式下采取了负面清单的模式，规定在其附件Ⅲ中。

一、跨境金融服务贸易的正面清单模式

在CPTPP第11.1条“定义”中，“金融服务”被界定为“具有金融性质的任何服务”，包括所有的保险以及和保险相关的服务、银行、其他除保险外的金融服务以及具有附属性质的金融服务。

CPTPP第11.6条明确规定，在跨境金融服务贸易中，任何一个缔约方应该在特定条件下给予另一缔约方的跨境金融服务提供者在附件11-A范围内所承诺开放的金融服务以国民待遇。例如，对于保险及其相关服务而言，澳大利亚在附件11-A中列举的承担国民待遇义务的范围包括：（1）有关海运、民用航空、航天发射和搭载（包括卫星）正在运输的货物、运输货物的车辆和由此产生责任的一部分或者全部相关风险的保险以及国际运输货物的相关风险的保险；（2）再保险和转分保；（3）保险附属服务，如咨询、风险评估、精算和理赔服务；（4）为第（1）和第（2）项所列的与服务有关的保险中介服务，如经纪和代理。对于银行和其他金融服务（保险除外）而言，澳大利亚在附件11-A中列举的承担国民待遇义务的范围包括：（1）其他金融服务供应商提供和转让财务信息、财务数据处理及相关软件；（2）与银行和其他金融服务有关的咨询和其他辅助服务，不包括中介服务。[③]

由上可以看出，CPTPP对于跨境金融服务贸易采取的是正面清单的开放承诺模式，这种模式是CPTPP对GATS的延续，究其原

① 参见杨嫚、赵晓雷：《TPP、KORUS和BIT的金融负面清单比较研究及对中国（上海）自由贸易试验区的启示》，载《国际经贸探索》2017年第4期，第70页。

② See CPTPP, Art. 11. 6. 1.

③ See CPTPP, Chapter 11, Annex I.

因，是因为各国对于金融服务贸易的开放尤为谨慎。而采用正面清单的开放承诺模式，有利于各国严格控制跨境金融服务贸易领域的开放范围以及开放程度。

二、商业存在模式下的金融负面清单模式

就商业存在模式下的负面清单而言，CPTPP 附件Ⅲ分为 A 和 B 两个部分，分别列明了缔约方现存的不符措施以及未来可能采取的不符措施。在负面清单模式下，各缔约方原则上应当开放所有的金融服务行业，履行市场准入、国民待遇、最惠国待遇等普遍义务，除非缔约方在 CPTPP 附件Ⅲ中作出了保留。CPTPP 金融服务领域负面清单的条目内容与 CPTPP 附件Ⅰ和附件Ⅱ的条目内容相同，都包含违反正面义务、国内法依据、不符措施具体描述等内容。

根据金融服务负面清单中不符措施的内容，可以将其分为准入限制、业务限制、董事会成员限制、针对本国的特殊政策、其他保留条款、地方政府及其他共 7 个类别的不符措施。其中，准入限制是缔约方使用最多的条款。根据缔约方采取的准入限制手段，还可以进一步将其细分为本地化、股权限制、资质要求、机构数量、机构形式以及代理要求等几个类别。业务限制是指负面清单中缔约方对某些敏感业务禁止外商投资者进入的特殊条款。与准入限制的有限限制相比，业务限制更彻底地限制外商投资者进入某些行业或领域。但是，也有国家在完全限制的基础上有所保留，采取有条件的进入方式，即带豁免的限制和带门槛的限制。[①] 针对本国的特殊政策主要涉及国有资产、关键产业和其他三种类型，如澳大利亚、马来西亚、墨西哥都在负面清单的 B 部分中提出了对国有企业提供补贴或优惠政策。[②] 此外，金融服务负面清单的大多数条款都是由中央政府层面颁布规定，但也有部分条款是由地方政府规定的，如澳大利亚和加拿大就对地方政府采取的不符措施进行了保留。

---

① 参见杨嫒、赵晓雷：《TPP、KORUS 和 BIT 的金融负面清单比较研究及对中国（上海）自由贸易试验区的启示》，载《国际经贸探索》2017 年第 4 期，第 76 页。

② See CPTPP，Annex Ⅲ.

三、负面清单模式下的冻结条款与棘轮条款

所谓冻结条款，是指缔约方保证添加任何新的不符措施之后的待遇不得低于协定生效时的既有措施的待遇。而棘轮条款比冻结条款更进一步，将进一步自由化的措施转化为一定的约束义务——棘轮条款要求各缔约方就未来所采取的单边自由化措施作出具有约束效力的承诺，即现有承诺表中所列举的不符措施一旦取消，便不得恢复。换言之，棘轮条款比较的基础并不是协定生效时存在的措施，而是措施本身的优惠程度是否受到减损。

冻结条款和棘轮条款的差异，可以通过下例说明。假设 A 国承诺表记载电信外资持股上限为 49%，在协定生效后，A 国将持股比例提高至 70%，后又降至 50%，鉴于二者均高于协定生效时的 49% 的标准，故未违反冻结条款。但是，若 A 国将持股比例提高至 70%，后又降至 50%，则违反棘轮条款，因为之后的 50%之限制是否减损自由化程度，比较基础是 70%，而非承诺表所记载的 49%。

冻结条款和棘轮条款的主要目的都在于锁定现有状态，促使缔约方逐渐放开服务贸易市场，逐渐实现服务贸易更高程度的自由化，但由于各国经济发展水平不同，CPTPP 制定的高标准规则有时候很难在发展中国家一步到位。例如，在 CPTPP 的第十一章“金融服务”之附件 11-C 中，对于冻结条款和棘轮条款越南作出了保留，享有 3 年的过渡期。即协定生效后的 3 年内，如果越南对其列明的不符措施作出修正，比之前的措施更为优惠的，不会自动适用国民待遇、最惠国待遇和市场准入等核心义务；如果越南对所列明的不符措施进行修正并比之前的措施更加严格的，越南应该至少在修正前 90 天内向其他 CPTPP 缔约方提供相关修正的细节。

关于 GATS 是否包含棘轮条款和冻结条款，目前有三种观点。第一种观点是，GATS 有冻结条款，但是没有棘轮条款。[①] 第二种观点是，棘轮条款和冻结条款只适用于国民待遇承诺，而不适用于市

① 参见李墨丝：《区域服务贸易自由化的新趋向——基于 GATS 和 NAFTA 类型协定的比较》，载《上海对外经贸大学学报》2015 年第 3 期，第 10 页。

场准入承诺。第三种观点是，基于 GATS 第 21 条的规定，在承诺生效后的 3 年内，WTO 成员方可在任何时候修改或撤销承诺表中的任何承诺，相关成员方应将其根据本条修改或撤销某一项承诺的意向，在不迟于其实施该修改或撤销承诺之日的 3 个月前通知服务贸易理事会。同时，修改或撤销建议如影响任何成员方在本协议下的利益，则应相关成员方的请求，各方应进行谈判以就必要的补偿调整达成协议。在谈判和协商中，相关成员方应尽力维持一个总体水平上的互惠承诺，对贸易的优惠程度不应低于此类谈判之前所达成的具体承诺表中的水平，并且，补偿调整应在最惠国待遇基础上作出。有学者认为，规定成员方对承诺表中的承诺有修改权的条款是棘轮条款，GATS 采用棘轮条款的目的是减轻发展中成员方在 GATS 中作出进一步承诺的担忧。同时，在 GATS 该条规定下，成员方单边修改的国民待遇或者市场准入义务将通过最惠国待遇延伸到其他成员方。但该学者未提及 GATS 中是否有冻结条款。①

有些成员方认为，如果成员方对市场准入的逐步改善缺乏灵活性和法律约束力，那么，即使 GATS 有棘轮条款和冻结条款，也不会促进未来服务贸易的自由化。即 GATS 本身正面清单模式造成的缓慢的自由化进程，即使有棘轮条款和冻结条款，也不会促进服务贸易自由化。

由于 GATS 采用正面清单的列表方式，成员方无须将“实际开放程度”（*status quo*）作为承诺基础，导致许多 WTO 成员方承诺表的开放程度因承诺时有所保留或者事后的单边自由化政策而在事实上远低于实际开放承诺。这种实际开放程度低于承诺开放程度的现象，类似于关税上的拘束关税与实际关税的关系，因此可以称之为“拘束落差”(binding overhang) 或者“承诺水分”。这一拘束落差问题的存在，除无法确定实际开放程度外，还可能出现成员方在落差部分上调整开放程度，但却没有违反义务的问题。

无论 GATS 是否采取冻结条款、棘轮条款，CPTPP 在采用负面

---

① 参见陈立虎、刘芳：《服务贸易协定（TiSA）对 WTO 法律规则的超越》，载《上海对外经贸大学学报》2015 年第 6 期，第 9 页。

清单模式的基础上引入冻结条款和棘轮条款都无疑是对 GATS 的一大超越。负面清单模式本身就具有开放程度高、集约化范围广的特点和优势，原则上讲，列举不符措施清单就意味着没有列入清单中的内容应该向其他缔约方开放。同时，引入冻结条款可减少缔约方承诺的“水分”，自动锁定单边自由化措施的棘轮条款更是发挥着类似于自动修订承诺表的作用。[①] 负面清单的高透明度，提高了政策的可预期性，有利于营造稳定的营商环境。在此基础上，冻结条款确定了缔约方之间的贸易关系，能够帮助服务提供者更好地理解和期待缔约方服务规则的体系和性质，而设置棘轮条款可以防止缔约方自主推行的政策变革出现倒退。总之，冻结条款和棘轮条款有利于促进缔约方形成更高开放水平的观念，从而推动服务贸易自由化进程更深层次的发展。

第四节　编制跨境金融服务贸易负面清单的法律问题

2021 年 7 月 23 日，经党中央、国务院同意，商务部发布《海南自由贸易港跨境服务贸易特别管理措施（负面清单）(2021 年版)》(以下简称《海南跨境服务贸易负面清单》)。《海南跨境服务贸易负面清单》的发布，是中国在新发展格局下主动推动制度型开放、对标国际高标准经贸规则的重要举措，对海南跨境服贸易的自由化和便利化具有积极作用。早在 2018 年，上海市即对外发布了首张地方性跨境服务贸易负面清单——《中国（上海）自由贸易试验区跨境服务贸易特别管理措施（负面清单）(2018 年)》(以下简称《上海跨境服务贸易负面清单》)，总结梳理了当时跨境服务贸易领域的特别管理措施。两张清单均包括跨境金融服务贸易部分，并且均与国际上通行的跨境金融服务贸易正面清单不同，本部分拟就编制跨境金

① 参见石静霞、杨幸幸：《TPP 金融服务规则评析》，载《社会科学家》2017 年第 11 期，第 115 页。

融服务贸易负面清单的法律问题进行分析。

一、跨境金融服务贸易负面清单涵盖的范围问题

跨境金融服务贸易负面清单涵盖的范围问题是清单制定所要解决的首要问题，主要涉及跨境金融服务贸易的含义、负面清单所涉义务的例外以及负面清单的排除适用。本书第一章已将跨境金融服务贸易界定为跨境交付、境外消费以及自然人流动三种模式下的金融服务贸易，在此不作讨论。以下仅就负面清单所涉义务的例外以及负面清单的排除适用进行讨论。

（一）跨境金融服务贸易负面清单所涉义务的例外

在国际经贸协定中，负面清单的内容一般是同时依据投资和跨境服务贸易两个章节所制定的，绝大多数负面清单以附件的形式存在。一张完整的清单通常包括不符措施所对应的义务、限制性行业及其分类、描述措施、法律依据、政府层级和过渡期，其中不符措施所对应的义务包括最惠国待遇、国民待遇、市场准入、当地存在以及高级管理人员和董事会及其业绩要求等。由于投资负面清单和跨境服务贸易负面清单都体现在同一附件中，《海南跨境服务贸易负面清单》在“说明”中仅提到列出金融服务跨境贸易等方面对于境外服务提供者以跨境方式提供服务的特别管理措施，并未提到具体的措施。在《上海跨境服务贸易负面清单》编制过程中，有人认为负面清单所涉义务的例外应当包括以上所有义务的例外，也有人认为仅涉及国民待遇的例外。

笔者认为，编制跨境金融服务贸易负面清单应当同国际上普遍采用的跨境服务贸易负面清单的标准相一致。例如，CPTPP 第十章“跨境服务贸易”第 10.7 条“不符措施”规定：“第 10.3 条（国民待遇）、第 10.4 条（最惠国待遇）、第 10.5 条（市场准入）和第 10.6 条（当地存在）不得适用于……”据此，不符措施包括国民待遇的例外、最惠国待遇的例外、市场准入的例外以及当地存在的要求。CPTPP 第九章“投资”第 9.12 条“不符措施”规定：“第 9.4 条（国民待遇）、第 9.5 条（最惠国待遇）、第 9.10 条（业绩要求）、第 9.11 条（高级管理人员和董事会）不适用于……”据此，业绩要

求、高级管理人员和董事会的不符措施为投资领域所涉义务的例外。由此可见，跨境金融服务贸易负面清单应当包括：（1）国民待遇的例外，如根据中国法律的规定，境外服务提供者从事证券经纪交易服务须为合格境外机构投资者或从事沪股通的机构。[①]（2）市场准入的例外，如《中华人民共和国保险法》（以下简称《保险法》）第 6 条规定禁止非法销售境外保险产品。（3）当地存在的要求，如非金融机构支付服务，应当取得《支付业务许可证》，并应为在中华人民共和国境内依法设立的有限责任公司或股份有限公司。[②] 又如，申请证券评级业务许可的资信评级机构，须为中国境内法人。[③] 国民待遇的例外、市场准入的例外和当地存在的要求都是跨境金融服务贸易负面清单的应有之义，而最惠国待遇适用于一缔约方与另一缔约方之间的待遇不得低于在相似情况下给予第三方的待遇，中国自主编制清单并不涉及国际条约义务，因而不符措施不必包括最惠国待遇的例外。

（二）跨境金融服务贸易负面清单的排除适用

对于境内服务提供者提供的跨境服务是否属于跨境金融服务贸易负面清单的范围尚存在争议。例如，根据中国《印刷业管理条例》第 21 条的规定，印刷企业接受委托印刷境外的出版物的，须经省、自治区和直辖市人民政府出版行政部门批准。对于印刷企业接受出版单位委托印刷境内出版物，该条例第 19 条规定，仅须向出版行政部门备案。可见，对于相同的服务提供者，由于提供服务对象的不同，审查的标准也就不同，即根据服务对象的不同实施与国民待遇不一致的管理措施。又如，CPTPP 规定，跨境服务贸易下的“国民待遇”[④]、“当地存在”[⑤]和“市场准入”[⑥] 是“各缔约方应给予另一

① 参见《合格境外机构投资者境内证券投资管理办法》第 2 条；《内地与香港股票市场交易互联互通机制若干规定》第 2 条；《自由贸易试验区外商投资准入特别管理措施（负面清单）（2021 年版）》。

② 参见《非金融机构支付服务管理办法》第 3 条。

③ 参见《证券市场资信评级业务管理办法》第 8 条。

④ See CPTPP，Art. 10. 3.

⑤ See CPTPP，Art. 10. 6.

⑥ See CPTPP，Art. 10. 5.

缔约方的服务和（或）服务提供者的待遇……”，即针对的是他国的服务提供者和服务，并不适用于本国服务提供者提供的跨境服务。笔者认为，目前中国国内金融领域尚不存在类似法律法规，在将来对相关法律制度的完善中也不应将境内服务提供者提供的跨境服务纳入跨境金融服务贸易负面清单的范围。

关于外国人来华就业是否纳入跨境金融服务贸易负面清单，有人认为应该纳入，其理由有二：(1) WTO 规定“自然人流动”是指一成员方的服务提供者以自然人的身份进入另一成员方境内提供服务，并且 GATS《关于本协定项下提供服务的自然人流动的附件》明确指出两种方式的服务属于自然人流动：一种是一成员方的自然人就是服务提供者，即由服务消费者直接支付报酬的个体服务提供者；另一种是被一成员方的服务提供者雇用的自然人进入另一成员方境内提供服务。(2) 对于如外国自然人来华提供金融服务的情况，如果不在负面清单中予以明确限制，则可能造成境外劳动力的大规模涌入。但是，也有人认为不应将外国人来华就业纳入负面清单中。

GATS《关于本协定项下提供服务的自然人流动的附件》第 2 条规定：“本协定不得适用于影响寻求进入一成员方就业市场的自然人的措施，也不得适用于在永久基础上有关公民身份、居住或就业的措施。”同时，《中国承诺表》规定：“自然人移动的水平承诺部分仅涉及跨国公司内部人员流动、安装维修和销售人员、境外合同服务提供者以及商务访问者，并不涵盖来华工作的外国人或无国籍人。”由此可见，GATS 将针对进入一国就业市场寻求工作的外国自然人的措施列为豁免，不受服务贸易领域相关国际协定等政策的约束。

外国人来华工作许可制度是一项针对实质性进入中国就业市场、与中国公民就业产生竞争的外国公民或无国籍人的许可审批制度，对维护中国公民就业市场平稳具有重要作用。中国目前签订的自由贸易协定，如中澳、中韩自由贸易协定等，其中自然人流动或单独为一个章节，或在服务贸易章节，均主要是在参照中国入世时作出的自然人流动水平承诺基础上和范围内作出一定的调整，并未对外国人来华工作许可制度产生实质约束性的影响。

笔者认为，对外国人来华就业的限制性措施不属于跨境金融服务贸易负面清单中自然人流动领域的特别管理措施，同时中国可借鉴国际条约中的规定，在负面清单的编制说明中加入一条："在境外自然人寻求进入境内就业市场或在境内获得永久就业方面，本清单不对该自然人施加任何义务，也不对境外自然人在进入就业市场或获得就业方面赋予任何权利。"也就是说，跨境金融服务贸易负面清单不适用于外国人来华就业的情况，但并非否定国内法律法规对其进行的限制性措施，如《外国人在中国就业管理规定》第 8 条第 1 款规定："在中国就业的外国人应持 Z 字签证入境（有互免签证协议的，按协议办），入境后取得《外国人就业证》和外国人居留证件，方可在中国境内就业。"

二、跨境金融服务贸易市场准入的例外问题

GATS 第 16 条第 2 款特别规定，任何 WTO 成员方，对承诺开放的服务部门或分部门不得维持或采取以下 6 种市场准入限制性措施，除非其已在承诺表之"市场准入"栏明确列出这些限制性措施：（1）无论是以数量配额、垄断、专营服务提供者的形式，还是以经济需求测试要求的形式，限制服务提供者的数量；（2）以数量配额或经济需求测试要求的形式，限制服务交易或资产的总值；（3）以数量配额或经济需求测试要求的形式，限制服务网点总数或服务产出总量；（4）以数量配额或经济需求测试要求的形式，限定特定服务部门或服务提供者可雇佣的、提供具体服务所必需且直接有关的自然人总数；（5）限制或要求服务提供者的法律实体，如规定外国服务提供者必须通过特定法人实体或合营企业在东道国提供服务；（6）限制外国资本参与比例，如对外国资本限定其最高股份额，或对单项的或累计的外国资本投资额进行限制。

CPTPP 第 10.5 条"市场准入"对市场准入采取了与 GATS 相同的规定，只是将上述第（6）种限制性措施纳入"投资"章节中。对于将上述（1）—（5）中所列的限制性措施作为市场准入的例外不存在任何争议，而对于这 5 种措施外的限制性措施，如禁止性规定，是否纳入跨境金融服务贸易负面清单则存在争议。例如，根据证监会 2008 年 7 月发布的《关于进一步加强商品期货实物交割监管工作

的通知》，中国禁止境外期货交易所及境外其他机构在境内指定或者设立商品期货交割仓库以及从事其他与商品期货交割业务相关的活动。又如，根据《保险法》第 6 条，中国禁止非法销售境外保险产品。有人认为，禁止性规定不属于上述 5 种限制性措施之一，因而不属于负面清单的范畴。但也有人认为，只要禁止性规定达到上述 5 种措施相同的效果，就应当纳入负面清单中。

在美国博彩案中，争端双方对于美国禁止网络赌博服务是否属于 GATS 第 16 条第 2 款规定的市场准入限制的形式产生争议。美国认为，其联邦与州法律都禁止通过网络方式提供远程赌博活动，是对赌博服务提供行为的管制，而不是对数量进行的管制，因而不属于 GATS 第 16 条第 2 款的范围。安提瓜则认为，美国完全禁止通过网络跨境提供的赌博服务，相当于以"零配额"的方式对服务和服务提供者进行管制，属于 GATS 第 16 条第 2 款的范围。[①] 专家组和上诉机构认为，以"以数量配额的形式"不仅包括数字含义本身，还包括具有数字特征的限制性措施；对于一种、几种或所有跨境交付模式的禁止性措施，相当于"零配额"。[②] 因此，专家组和上诉机构将"效果上"具有数量限制的措施解释为 GATS 第 16 条第 2 款所指的"以数量配额的形式"。[③]

笔者认为，对于跨境金融服务贸易的禁止性规定因在效果上具有数量限制的意义，属于市场准入的例外措施，所以应当纳入跨境金融服务贸易负面清单中。实际上，这种做法在《美国—韩国 FTA》中也存在，如韩国在其不符措施附件 I 中列出的"禁止网上销售烟草"即为跨境服务贸易的不符措施。

三、当地存在与商业存在的区别与联系问题

当地存在与商业存在的区别与联系是制定跨境金融服务贸易负

---

① See Panel Report, United States-Measures Affecting the Cross-Border Supply of Gambling and Betting Services, WT/DS 285/R, Nov. 10, 2004, para. 6. 256.

② Ibid., para. 6. 236.

③ 参见曹建明、贺小勇：《世界贸易组织（第三版）》，法律出版社 2011 年版，第 268 页。

面清单最具争议的问题。《中华人民共和国证券法》第 156 条规定："设立证券登记结算机构，应当具备下列条件：（一）自有资金不少于人民币二亿元；（二）具有证券登记、存管和结算服务所必须的场所和设施；（三）国务院证券监督管理机构规定的其他条件。证券登记结算机构的名称中应当标明证券登记结算字样。"《保险法》第 80 条规定："外国保险机构在中华人民共和国境内设立代表机构，应当经国务院保险监督管理机构批准。代表机构不得从事保险经营活动。"有人认为，企业法人或者代表处资格的要求属于商业存在的范畴，应当纳入外商投资准入负面清单中。也有人认为，不仅企业法人或者代表处资格的要求属于当地存在的范畴，当地存在还包括对企业法人的形式、注册资本、高级管理人员和董事会、业绩和业务范围的要求。还有人认为，只有企业法人或者代表处资格的要求属于当地存在的范畴。

"当地存在"(local presence) 要求是跨境服务贸易领域数量仅次于国民待遇例外的不符措施义务，最早出现在 NAFTA 第 1205 条，即东道国不得要求另一缔约方的服务提供者在其境内设立或维持办事处或任何形式的企业或成为居民，作为跨境提供服务的条件。但是，NAFTA 第 1206 条允许缔约方提前将不符合当地存在的措施列出。此后，NAFTA 类型的服务贸易协定都将当地存在作为不符措施的义务之一。例如，在《美国—韩国 FTA》中，韩国不符措施附件 I 共包含 40 个服务贸易行业，其中有 31 个涉及当地存在要求。而当地存在的限制性措施越多，说明东道国政府对跨境服务提供者的直接限制性措施越多，因为当地存在与东道国的属地管辖权相联系，东道国的国内限制规范可直接适用于跨境服务提供者。

当地存在不同于商业存在，国际经贸规则中的负面清单往往将当地存在要求作为跨境服务贸易领域的不符措施之一，而商业存在要求则是服务贸易的提供方式之一，如 CPTPP 将商业存在划归"投资"章节。目前为止，国际上并没有专门对当地存在与商业存在进行区分，如从 NAFTA、CPTPP 和《美国—韩国 FTA》等对"当地存在"的定义看，仅要求跨境服务提供者在东道国设立"代表处"

(representative office)、“任何形式的企业”(any form of enterprise)或成为“居民”(resident)，并没有对企业或代表处的具体形式、业务范围和资本要求等进行明确的规定。又如，在《美国—韩国FTA》中，韩国在不符措施附件I中规定：“提供国际速递服务必须在韩国设立代表处”；“只有依据韩国法律成立的法人才能在韩国提供安全服务”。新加坡在CPTPP不符措施附件I中也规定：“仅允许拥有当地存在的服务提供者在新加坡设立职业介绍所和安置外国劳工。”而对代表处、企业的具体形式、业务范围及股比要求的规定则被视为商业存在的要求，会被纳入投资领域的负面清单，如加拿大在CPTPP不符措施附件I中规定：“加拿大航空，非居民持有的有投票权的股份合计不得超过25%；Nordion国际有限公司，非居民持有的有投票权的股份合计不得超过25%；Theratronics国际有限公司，非居民持有的有投票权的股份合计不得超过49%，其中非居民包括不是加拿大公民和常住居民的自然人，在加拿大境外以并购、新设或其他形式组建的公司等。”

笔者认为，仅仅要求设立“代表处”“任何形式的企业”或成为“居民”是跨境金融服务贸易负面清单的当地存在要求，如中国《证券投资基金法》第12条第1款规定的“基金管理人由依法设立的公司或者合伙企业担任”属于当地存在要求，而第13条规定的“设立管理公开募集基金的基金管理公司，应当具备下列条件……(二)注册资本不低于一亿元人民币，且必须为实缴货币资本；(三)主要股东应当具有经营金融业务或者管理金融机构的良好业绩、良好的财务状况和社会信誉，资产规模达到国务院规定的标准，最近三年没有违法记录；……”则属于商业存在要求。但是，根据中国现行法律，可能存在当地存在中要求设立法人而商业存在中却禁止外商进入该领域的情况，如关于互联网新闻信息服务的规定，根据《互联网新闻信息服务管理规定》第6条的规定，申请互联网新闻信息服务许可的，须为中国境内法人；而《自由贸易试验区外商投资准入特别管理措施(负面清单)(2021年版)》第12条却规定，禁止投资互联网新闻信息服务。其实，两者并不矛盾，因为“中国境内法人”

解决是否可以进行跨境金融服务贸易，而境内法人资格的取得则解决如何获得中国境内法人资格，前者是对当地存在的要求，而后者则是满足当地存在要求的条件，即商业存在。只有两者同时满足，才能进行跨境金融服务贸易。

四、跨境金融服务贸易负面清单兜底条款的适用问题

国际条约通常包含冻结条款、棘轮条款，以防止缔约方在缔结条约之后实行的单方自由化政策与先前承诺的开放程度不符。有人认为，跨境金融服务贸易负面清单应当纳入兜底条款，以明确不适用冻结条款或棘轮条款的部门，但也有人认为不应将其纳入兜底条款。冻结条款要求对任何部门实施的新的自由化措施不得降低其与在条约生效时既有措施的相符程度，如《欧盟—韩国 FTA》第 7.7 条规定："除该附件 7-A（承诺表）所列的保留措施外，双方不得实施新的或更为歧视的国民待遇不符措施。"棘轮条款则是在冻结条款的基础上更加强调将自由化转为约束义务，即要求一旦取消或降低原有任何部门的开放程度，便不得恢复，如《美国—韩国 FTA》第 12.6 条第 1 款（c）项规定："双方对不符措施的修正，不得降低修正前对国民待遇、最惠国待遇、市场准入及当地存在要求的开放程度。"但是，负面清单在自由化方面的作用之一是，如果没有事先作出保留，任何部门将自动实现自由化。[①] 为此，东道国为保留在特定部门拥有较大的政策变化空间，往往会在适用冻结条款或棘轮条款的同时，单独列出不适用该类条款的部门，如《欧盟—韩国 FTA》附件 7-A（承诺表）、《美国—韩国 FTA》附件Ⅱ。

笔者认为，跨境金融服务贸易负面清单应当纳入兜底条款，以便列出不适用冻结条款或棘轮条款的部门，这是因为国际上新近 FTA 的负面清单往往分为附件Ⅰ、附件Ⅱ和附件Ⅲ，其中附件Ⅱ为不适用棘轮条款的不符措施。跨境金融服务贸易负面清单仅为一张

---

① See Pierre Latrille & Juneyoung Lee, Services Rules in Regional Trade Agreements: How Diverse and How Creative as Compared to the GATS Multilateral Rules?, WTO Staff Working Paper, No. ERSD-2012-19, 2012, paras. 10–22.

清单，为应对可能发生的政策变化，以及未来随着国际经济、科技的迅速发展，更多新兴行业如智能化管理、标准化单元装卸、立体仓库等出现而无相应的法律规制的情况，纳入兜底条款能够妥善地应对以上变化。然而，在引入兜底条款的同时，也应当谨慎适用该条款，如对于与国家安全、公共秩序、公共文化相关的领域，应缩小解释，谨慎适用。

第七章

中国跨境金融服务贸易法律制度完善的建议

信息技术的发展带来贸易成本的降低，使得跨境金融服务业成为未来金融业发展的重要趋势，国际高标准的经贸规则也逐渐关注跨境金融服务贸易领域。金融服务业开放是 WTO 服务贸易谈判的重要议题，主要涉及金融服务的市场准入、非歧视待遇、业务范围、审慎例外以及金融数据的跨境流动，而跨境金融服务贸易涵盖服务贸易除商业存在模式外的三种模式。以 CPTPP 为代表的新一代区域贸易协定设定了高标准的跨境金融服务贸易规则，对中国构成挑战。为此，建议中国从国内跨境金融服务贸易体系、FTA 有关跨境金融服务贸易规则谈判、跨境金融服务贸易监管科技完善以及构建金融数据跨境流动规则的中国方案等层面构建和完善相关制度。

第一节　中国跨境金融服务贸易规则的现状

国内法和国际法相辅相成，只有在国内和国际两个层面都形成较为完善的制度体系，才能有效促进跨境金融服务贸易的自由化。事实上，无论在国内法层面还是在国际法层面，中国现有法律制度中都有涉及跨境金融服务贸易的内容，但尚未形成较为完整的体系。

一、国内法律法规中的相关规定

（一）上海版跨境服务贸易负面清单

上海自贸试验区于 2018 年首次施行跨境服务贸易负面清单的管理制度，颁布了全国第一份确定以负面清单模式对服务贸易进行管理的地方政府文件。负面清单的管理制度无论是应对国际经贸格局的重大变化，营造市场化、法治化、国际化的营商环境，还是落实国内对外开放措施，实现自贸试验区的不断深化和扩大开放都具有积极的作用。①

根据《上海跨境服务贸易负面清单》，中国有关跨境金融服务贸易的特别管理措施共计 31 项，涉及货币金融服务、资本市场服务、保险业、其他金融业等领域，具体如下：

表 7-1 《上海跨境服务贸易负面清单》金融业部分②

序号	特别管理措施
53	除提供和转让金融数据信息、金融数据处理、与其他金融服务提供者有关的软件、咨询、中介等附属服务外，在中国境内经营银行及其他金融服务（不包括保险和证券），须为中国金融机构；跨境金融网络与信息服务提供者须履行事前事项报告、变更事项报告、应急事项报告等合规义务；境外提供人不得在境内建设专用金融网络提供金融信息传输等服务
54	在中国境内从事货币经纪业务，须为中国货币经纪公司
55	除以下情形，在中国境内经营证券业务，须为中国证券公司： (1) 经批准取得境外上市外资股（B 股）业务资格的境外证券经营机构可通过与境内证券经营机构签订代理协议，或者证券交易所规定的其他方式从事境内上市外资股经纪业务 (2) 经批准取得境内上市外资股业务资格的境外证券经营机构担任境内上市外资股主承销商、副主承销商和国际事务协调人 (3) 境外证券服务机构代理合格境内机构投资者买卖境外证券 (4) 符合法定条件的境外投资顾问代理合格境内机构投资者进行境外证券投资 (5) 符合法定条件的境外资产托管人代理境外资产托管业务
56	公开募集证券投资基金的管理机构，须为在中国境内依法设立的证券公司、保险资产管理公司及专门从事非公开募集证券投资基金管理业务的资产管理机构
57	在中国境内从事公开募集证券投资基金管理业务，须为中国基金管理公司或经国务院证券监督管理机构核准的其他机构
58	仅符合条件在中国境内设立的公司可申请登记为私募证券基金管理人在中国境内开展私募证券基金管理业务

① 上海自贸区跨境服务贸易探索负面清单，http://district.ce.cn/newarea/roll/201809/13/t20180913_30294567.shtml，2021 年 10 月 30 日访问。

② 参见《中国（上海）自由贸易试验区跨境服务贸易特别管理措施（负面清单）（2018 年）》，https://www.shanghai.gov.cn/newshanghai/xxgkfj/hfgg1801.pdf，2022 年 4 月 8 日访问。

（续表）

序号	特别管理措施
59	在中国境内从事证券投资基金托管业务，须为取得基金托管资格的中国商业银行或其他金融机构
60	境外基金管理机构、保险公司、证券公司以及其他资产管理机构投资中国境内证券，须经证券管理部门批准并取得外汇管理部门额度批准，并须委托符合法定条件的中国商业银行托管资产，委托境内证券公司办理境内证券交易活动
61	在中国境内从事基金销售业务，须为中国基金管理人及经证券管理部门及其派出机构注册的其他机构
62	仅依据中国法成立的证券经营机构、期货经纪机构、其他从事咨询业务的机构经批准可从事证券、期货投资咨询业务
63	境外证券服务贸易提供者须为合格境外机构投资者
64	在中国境内从事证券市场资信评级业务，须为中国法人
65	境外证券经营机构不得成为中国证券交易所的会员，境外证券经营机构设立的驻华代表处，经申请可以成为交易所特别会员
66	中央国债登记结算有限责任公司、上海清算所为银行间债券市场提供登记、托管、结算服务
67	在中国境内从事国债承销业务，须为中国债券承销机构
68	中国境内信托登记业务，由中国信托登记有限责任公司负责
69	期货交易所会员须为中国企业法人或其他经济组织
70	境外期货交易所及境外其他机构不得在境内指定或者设立商品期货交割仓库以及从事其他与商品期货交割业务相关的活动
71	境外央行（货币当局）和其他官方储备管理机构、国际金融组织、主权财富基金进入中国银行间外汇市场，须通过人民银行代理或通过中国银行间外汇市场会员代理或直接成为中国银行间外汇市场境外会员
72	除上海黄金交易所和上海期货交易所外，任何机构、个人均不得设立黄金交易所（交易中心），也不得在其他交易场所（交易中心）内设立黄金交易平台．外国黄金交易市场不得跨境直接招揽中国客户，中国居民参与境外黄金市场交易，须通过取得 QDII 资质的机构和上海黄金交易所
73	银行参加外币支付系统应以境内法人或管理行为单位接入外币支付系统，并在代理结算银行开立外币结算账户

（续表）

序号	特别管理措施
74	境外机构投资者投资中国银行间债券市场，须为符合要求的境外金融机构，上述金融机构发行的投资产品，及中国人民银行认可的其他中长期机构投资者
75	在中国境内经营保险业务，须为中国保险公司及法律、行政法规规定的其他保险组织；以境外消费方式提供的除保险经纪外的保险服务不受上述限制，以跨境交付方式提供的下列保险服务，不受上述限制：再保险；国际海运、空运和运输保险；大型商业险经纪、国际海运、空运和运输保险经纪、再保险经纪
76	禁止非法销售境外保险产品
77	仅中国期货公司可根据国务院期货监督管理机构按照其商品期货、金融期货业务种类颁发的许可证，经营下列期货业务：境内期货经纪业务、境外期货经纪、期货投资咨询以及国务院期货监督管理机构规定的其他期货业务；仅中国期货公司可根据国务院期货监督管理机构的要求，在依法登记备案后，从事资产管理业务
78	经期货交易所批准，符合条件的境外经纪机构可以接受境外交易者委托，直接在期货交易所以自己的名义为境外交易者进行境内特定品种期货交易。前述直接入场的境外经纪机构所在国（地区）期货监管机构应已与中国证监会签署合作谅解备忘录．境外经纪机构不得接受境内交易者委托，为其进行境内期货交易
79	在中国境内申请期货保证金存管业务资格，须为中国境内设立的全国性银行业金融机构法人
80	仅为跨境交易提供外币的银行卡清算服务的境外机构，原则上可不在中国境内设立银行卡清算机构，但对境内银行卡清算体系稳健运行或公众支付信心具有重要影响的，须在中国境内设立法人，依法取得银行卡清算业务许可证
81	从事企业年金基金管理业务的法人受托机构、账户管理人、托管人和投资管理人须经金融监管部门批准，并为中国法人
82	在中国境内从事非金融机构支付业务，须为中国有限责任公司或股份有限公司，且为非金融机构法人
83	外国机构在中国境内提供金融信息服务，须经新闻出版主管部门批准

《上海跨境服务贸易负面清单》的特点主要表现为：第一，资本市场服务限制较多，31 项金融业特别管理措施中有 20 项是针对资本市场服务的限制。第二，市场准入为跨境金融服务贸易主要的限制性措施，如“在中国境内从事国债承销业务，须为中国债券承销

机构”“中国境内信托登记业务，由中国信托登记有限责任公司服务”等，这些内容实质上为禁止性规定，即零配额的限制性措施。第三，商业存在是金融服务贸易特别管理的主要要求，清单要求众多跨境金融服务提供者以法人的形式存在，如“期货交易所会员须为中国企业法人或其他经济组织”“在中国境内从事证券市场资信评级业务，须为中国法人”。

（二）海南版跨境服务贸易负面清单

2021 年 7 月 23 日，经党中央、国务院同意，商务部发布《海南跨境服务贸易负面清单》。《海南跨境服务贸易负面清单》的发布，是中国在新发展格局下，主动推动制度型开放、对标国际高标准经贸规则的重要举措，将对海南跨境服贸易的自由化和便利化起到积极促进作用。在《海南跨境服务贸易负面清单》中跨境金融服务贸易的管理措施共计 17 项，具体如下：

表 7-2 《海南跨境服务贸易负面清单》金融业部分[①]

序号	特别管理措施
24	仅在中国境内，依照中国法设立的保险公司以及法律、行政法规规定的其他保险组织可经营保险业务。以境外消费方式提供的除保险经纪外的保险服务及以跨境交付方式提供的下列保险服务，不受上述限制：再保险；国际海运、空运和运输保险；大型商业险经纪、国际海运、空运和运输保险经纪及再保险经纪
25	未经中国银行监督管理机构批准，境外服务提供者不得以跨境交付方式从事银行业金融机构、金融资产管理公司、信托公司、财务公司、金融租赁公司、消费金融公司、汽车金融公司以及经中国银行监督管理机构批准设立的其他金融机构的业务活动
26	仅经批准在中国境内设立的货币经纪公司可从事货币经纪业务
27	仅在中国境内设立的有限责任公司或股份有限公司，且为非金融机构法人可申请《支付业务许可证》，从事非金融机构支付服务
28	仅依中国法在中国设立的证券公司经批准可经营下列证券业务：（1）证券经纪；（2）证券投资咨询；（3）与证券交易、证券投资活动有关的财务顾问；（4）证券承销与保荐；（5）证券融资融券；（6）证券做市交易；（7）证券自营；（8）其他证券业务

① 参见《海南自由贸易港跨境服务贸易特别管理措施（负面清单）(2021 年版本)》，http：//www.gov.cn/zhengce/zhengceku/2021-07/26/5627279/files/5343f0e8c06f49e3b8d61cd8e4110e67.pdf，2022 年 4 月 10 日访问。

（续表）

序号	特别管理措施
29	以境外消费方式提供服务以及以跨境交付方式提供以下服务，不受第 28 条的限制：（1）经批准取得境内上市外资股（B 股）业务资格的境外证券经营机构可通过与境内证券经营机构签订代理协议，或者证券交易所规定的其他方式从事境内上市外资股经纪业务；（2）经批准取得境内上市外资股业务资格的境外证券经营机构担任境内上市外资股主承销商、副主承销商和国际事务协调人；（3）经批准的合格境内机构投资者开展境外证券投资业务，可以委托境外证券服务机构代理买卖证券；（4）经批准合格境内机构投资者可以委托符合条件的境外投资顾问进行境外证券投资；（5）受托管人委托负责境外资产托管业务的境外资产托管人须符合法定条件
30	以下情形不得通过跨境交付方式提供：（1）仅依中国法设立的基金管理公司或者中国证券监督管理机构按照规定核准的其他机构可担任公开募集证券投资基金的管理人。（2）仅符合法定条件的在中国境内设立的公司或者合伙企业可申请登记为私募证券基金管理人。（3）仅依中国法设立并取得证券投资基金托管资格的商业银行或中国证券监督管理机构核准的其他金融机构可担任证券投资基金托管人。（4）经批准的合格境外机构投资者投资境内证券期货，应当委托符合要求的境内机构作为托管人托管资产。经批准的境内机构投资者开展境外证券投资业务，应当由境内商业银行负责资产托管业务。（5）仅依中国法设立并经中国证券监督管理机构及其派出机构注册取得公募基金销售业务资格的机构（含公募基金管理人）可以从事基金销售业务。（6）未经批准或登记，境内机构、个人不得从事境外有价证券发行、交易
31	依据中国法成立的证券经营机构、其他从事咨询业务的机构经批准可从事证券投资咨询业务
32	仅依据中国法在中国设立的期货公司可依据中国期货监督管理机构按照其商品期货、金融期货业务种类颁发的许可证，经营下列期货业务：境内期货经纪业务、境外期货经纪、期货投资咨询以及中国期货监督管理机构规定的其他期货业务。仅依据中国法在中国设立的期货公司可根据中国期货监督管理机构的要求，在依法登记备案后，从事资产管理业务
33	仅在中国境内设立的商业银行可申请期货保证金存管银行资格
34	除中国证券监督管理机构或其他相关部门另有规定，境内单位或个人不得从事境外期货及其他衍生品业务；境外单位或个人不得从事境内期货及其他衍生品业务
35	仅依据中国法成立的期货公司、其他期货经营机构可以从事期货投资咨询业务。在海南自由贸易港居住的境外个人可以申请取得期货投资咨询从业资格

（续表）

序号	特别管理措施
36	企业年金法人受托机构、托管人、投资管理人应当经中国金融监管部门批准，并为中国法人
37	企业年金账户管理人应当经中国政府批准，并为中国法人
38	境外企业或个人不得成为证券交易所的普通会员。境外企业或个人不得成为期货交易所会员。除在海南自由贸易港内就业的境外个人或国家另有规定外，境外企业或个人不得申请开立证券账户或期货账户。海南自由贸易港内设立的区域性股权市场运营机构不得超过1家，区域性股权市场不得为海南自由贸易港外的企业私募证券或股权的融资、转让提供服务
39	境外期货交易所及境外其他机构不得在境内指定或者设立商品期货交割仓库以及从事其他与商品期货交割业务相关的活动
40	境外人民币业务清算行、境外央行类机构［包括境外央行（货币当局）和其他官方储备管理机构、国际金融组织、主权财富基金］和符合一定条件的人民币购售业务境外参加行经申请可以成为中国银行间外汇市场的境外会员，参与银行间外汇市场交易

在跨境金融服务贸易领域，上海版、海南版跨境服务贸易负面清单的共同点在于，均将市场准入作为跨境金融服务贸易的主要限制性措施，即禁止性规定较多。不同点在于，海南版跨境服务贸易清单在跨境金融服务贸易领域实施了进一步的开放，具体表现为：一是在海南自由贸易港居住的境外个人可以申请取得证券投资咨询从业资格和期货投资咨询从业资格；二是允许在海南自由贸易港内就业的境外个人申请开立证券账户或期货账户。

总之，无论是上海版跨境服务贸易负面清单还是海南版跨境服务贸易负面清单，均顺应全球跨境服务贸易快速发展趋势，对照高标准，为推动进一步对外开放进行更为充分的压力测试。

二、中国 FTA 中的相关规定

自 2001 年以来，中国采取了更加积极、稳妥的自由贸易区推进策略，逐渐加大了缔结 FTA 的力度，积极组织与多个国家和地区的 FTA 谈判。目前，中国正与多个国家和地区商签 FTA，已签署的

FTA 达到 19 个，涉及国家、地区多达 24 个。①

值得注意的是，中国对外并没有形成专门针对跨境金融服务贸易谈判的规则，有关服务贸易规则的谈判大多承接了 GATS 的体例及其内容，如下表：

表 7-3　中国 FTA 主要条款比较②

缔约方	金融章节的构成	市场准入条款	非歧视待遇条款	审慎例外条款	金融数据跨境流动条款
中国—格鲁吉亚	同 GATS	同 GATS	同 GATS	同 GATS	同 GATS
中国—马尔代夫	停滞				
中国—澳大利亚	同 GATS	同 GATS	同 GATS	同 GATS	同 GATS
中国—韩国	单独章节	仅规定金融机构的市场准入	同 GATS	直接命名为“审慎例外”	同 GATS
中国—瑞士	同 GATS	同 GATS	同 GATS	同 GATS	同 GATS
中国—冰岛	同 GATS	同 GATS	同 GATS	同 GATS	同 GATS
中国—哥斯达黎加	无	无	无	无	无
中国—秘鲁	同 GATS	同 GATS	同 GATS	同 GATS	同 GATS
中国—新西兰	无单独附件，作为服务贸易章节的一部分	同 GATS	同 GATS	同 GATS 内容，但在例外章节	同 GATS
中国—新加坡	同 GATS	同 GATS	同 GATS	同 GATS	同 GATS
中国—智利升级	无	无	无	无	同 GATS
中国—巴基斯坦	同 GATS	同 GATS	同 GATS	同 GATS	同 GATS
中国—东盟 中国—东盟（10+1）	同 GATS	同 GATS	同 GATS	同 GATS	同 GATS
中国内地—中国香港	同 GATS	同 GATS	同 GATS	作为单独的审慎原则列出	同 GATS
中国大陆—中国台湾	无	无	无	无	无
RCEP	同 GATS	同 GATS	同 GATS	单独审慎措施条款	首次纳入金融数据跨境流动条款

① 此数据统计截止时间为 2022 年 4 月，包含升级版 FTA（中国—智利、中国—东盟、中国—巴基斯坦），同时将《内地与港澳关于建立更紧密经贸关系的安排》与《海峡两岸经济合作框架协议》（Economic Cooperation Framework Agreement，ECFA）合并计算为一个。

② 此表系笔者根据中国自由贸易区服务网公布的信息整理而成。

中国签署的FTA对于服务贸易规则的设计普遍效仿GATS体例，部分FTA中的定义乃至条款甚至直接照搬GATS原文，一些承诺清单的内容也与《中国承诺表》的内容一致。近年来，考虑到自身的经济发展水平，中国开始采纳其他高标准的区域贸易协定中的规定。就金融服务的内容而言，《中国—韩国FTA》借鉴了其他新近FTA中的较多内容，单独设“金融服务”章节，规定了金融机构的市场准入条款，并直接将审慎例外条款命名为“审慎例外”，但没有涉及跨境金融服务贸易。就金融数据的跨境流动而言，中国首次在RCEP中承诺允许金融数据的跨境流动，为中国跨境金融服务贸易的自由化奠定了基础。

第二节 中国跨境金融服务贸易规则存在的问题

中国跨境金融服务贸易规则无论在国内法层面还是在国际法层面都尚未达到促进跨境金融服务贸易自由化的要求，主要表现为国内法层面的市场准入限制较多，诸如FTA等国际法层面对此关注较少，以及尚未就审慎例外条款达成一致性的意见。

一、国内法层面的市场准入限制较多

经梳理，中国跨境金融服务贸易措施呈现开放领域较少、以商业存在为主要限制性措施以及法律规范层级较低等不足。

（一）开放的跨境金融服务贸易领域较少

根据2017年《国民经济行业分类》（GB/T 4754—2017），金融业大类下共计48小类。然而，其中仅少量辅助性金融服务允许跨境交付，根据GATS的服务提供模式可划分如下：

1. 跨境交付模式下的跨境金融服务贸易

跨境交付模式下的跨境金融服务贸易即服务提供者通过跨境交付的方式向消费者提供服务，仅存在服务的跨境。中国在此领域的开放仅限于提供和转让金融数据、金融数据处理以及与其他金融服务提供者有关的软件，银行及其他金融服务（不包括保险和证券）

的咨询、中介及其他附属服务（包括再保险；国际海运、空运和运输保险；大型商业险经纪、国际海运、空运和运输保险经纪、再保险经纪），与发达国家相比还存在较大差距。在 GATS 时期，WTO 成员方均以承诺表的形式进行承诺，所涉及的内容也基本上相差无几，但各国新签订的 FTA 却极大地增加了跨境交付模式下跨境金融服务贸易的开放领域，主要有电子支付卡服务和集合投资计划等。这一方面是由于互联网信息技术的发展使得越来越多的金融服务能够通过互联网技术得以传递，另一方面是由于发达国家金融服务业的创新亟须拓展国外金融服务市场。①

2. 境外消费模式下的跨境金融服务贸易

境外消费模式下的跨境金融服务贸易是指服务提供者不流动、服务消费者移动的跨境金融服务贸易提供模式，早期 WTO 成员方曾就金融服务跨境交付模式和境外消费模式的区别进行争论，笔者认为应当从服务贸易构成要素的跨境来区分服务模式。对于境外消费模式下的跨境金融服务贸易，WTO 成员方通常没有作出过多的限制，但实践中发展中成员方由于没有实现资本项目下的自由流动，因此境外消费模式下的跨境金融服务贸易实质上并没有实现完全的自由化。例如，只有经批准取得境外上市外资股（B 股）业务资格的境外证券经营机构可通过与境内证券经营机构签订代理协议从事境内上市外资股经纪业务，只有境外证券服务机构代理合格境内机构投资者才能买卖境外证券等。中国分别于 2002 年和 2011 年先后实行合格境外机构投资者（QFII）和人民币合格境外机构投资者（RQFII）制度试点，证监会于 2019 年 1 月 31 日修订整合《合格境外机构投资者境内证券投资管理办法》《人民币合格境外机构投资者境内证券投资试点办法》及其配套规则，逐步放宽资本市场的准入条件以及适用范围，并且国家外汇管理局已于 2019 年 9 月取消 QFII 和 RQFII 的投资额度限制。中国虽然在稳步推进资本项目的可自由兑换制度，但相较于发达国家所采取的较为成熟的资本项目自由兑

① 参见温树英：《金融服务贸易国际法律规制的新发展与启示——以 TPP/CPTPP 和 USMCA 为视角》，载《国际经济法学刊》2019 年第 3 期，第 72—89 页。

换还有一定的差距，开放程度仍较低。

（二）商业存在成为跨境金融服务贸易的主要限制性措施

跨境服务贸易规则与 GATS 的服务贸易规则的一大差异在于增加了当地存在要求的例外，而当地存在要求与商业存在要求紧密相连。由本书第二章可知，商业存在要求为投资领域的规则，在众多必须以商业存在模式进行的服务贸易领域，其实质是禁止服务贸易的跨境交付。在前述《上海跨境服务贸易负面清单》31 项跨境金融服务贸易特别管理措施中，有 16 项要求服务提供者须为中国企业法人，如在中国境内从事非金融机构支付业务的，须为中国有限责任公司或股份有限公司，且为非金融机构法人。这其实是以商业存在方面的要求来限制跨境交付。近年来，中国逐步放宽外资领域的市场准入，如放宽外资银行、证券公司的外资持股比例，但依然存在商业存在方面的限制性措施。

（三）众多限制性措施法律规范层级较低

根据《中华人民共和国立法法》（以下简称《立法法》）第 2 条的规定，中国法律规范层级分为法律、行政法规、地方性法规、自治条例和单行条例。同时，根据《立法法》第 8 条第 9 项的规定，金融基本制度只能制定法律，但对于何为“基本制度”存在极大的不确定性。跨境金融服务贸易属于新兴金融服务领域，在较高的法律层面缺乏相应的规定。《上海跨境服务贸易负面清单》中的金融服务贸易特别管理措施的法律依据多为部门规范性文件，如《证券市场资信评级业务管理暂行办法》《关于进一步加强商品期货实物交割监管工作的通知》《中国人民银行、公安部、工商总局、银监会、证监会关于加强黄金交易所或从事黄金交易平台管理的通知》等，都不属于《立法法》中明确的“法律”层级，效力层级较低。此外，《行政诉讼法》第 53 条规定了附带审查制度，改变了在行政诉讼中对于事实上存在的行政规范性文件的司法审查问题，建立了较为完备的审查制度。虽然规范性文件的附带审查制度已经建立，但法律规范层级较低通常会带来权利义务关系分配不均衡的问题。

二、国内法对金融数据跨境流动的规制较为零散

中国对于金融数据跨境流动的规制起步较晚，且至今都没有独立的关于金融数据跨境流动的法律，相关的内容散落在各类法律法规、部门规章及规范性文件中，较为零散。其中，已有的规范内容按照监管思路可以分为金融行业监管部门的规制和网信部门的规制：

第一，金融行业监管部门的规制。金融监管机构通常采取数据存储本地化、数据保密以及直接禁止性规定的要求来限制金融数据的跨境流动，如《中国人民银行关于银行业金融机构做好个人金融信息保护工作的通知》（以下简称《通知》）第 6 条同时采取数据存储本地化以及直接禁止性规定的方式，而《支付机构反洗钱和反恐怖融资管理办法》第 9 条则通过数据保密性要求来限制。但值得注意的是，数据存储本地化的要求并非必然禁止数据的跨境传输。目前，中国对于数据存储本地化的规定存在三种形式：一是可以在境外存储，但境内也应予以存储，如《电子银行业务管理办法》第 10 条规定："金融机构开办以互联网为媒介的网上银行业务、手机银行业务等电子银行业务，除应具备第九条所列条件外，还应具备以下条件：……（五）外资金融机构的电子银行业务运营系统和业务处理服务器可以设置在中华人民共和国境内或境外。设置在境外时，应在中华人民共和国境内设置可以记录和保存业务交易数据的设施设备，能够满足金融监管部门现场检查的要求，在出现法律纠纷时，能够满足中国司法机构调查取证的要求。"二是仅要求在境内存储，但未限制跨境传输，如《保险公司财会工作规范》第 82 条规定："保险公司财务信息系统中的业务、财务数据应当在中国境内存储，并进行异地备份。"三是要求境内存储同时限制或禁止跨境传输，如《通知》第 6 条的规定。

第二，网信部门的规制。其主要依据为《中华人民共和国网络安全法》（以下简称《网络安全法》）第 37 条，涉及主体是关键信息基础设施的运营者，客体是个人信息和重要数据，要求是安全评估三个要素。该条款未细分金融领域，也未明确金融数据是否属于重要数据，但从金融业对国民经济的重要性来看，至少部分金融数据

如金融监管数据属于重要数据。有学者认为该条有利于保障中国的国家安全、公共安全和个人的隐私安全，但也有学者认为其会对贸易产生负面影响，甚至会影响国民经济的发展。[①] 总之，中国对于金融数据的跨境流动采取较为保守的态度，禁止性规定随处可见，在2020年签署的RCEP中中国首次在国际条约层面对金融数据的跨境流动规制进行承诺。由于中国对于金融行业的监管一直以抑制为主，金融业长期实行国家垄断经营，[②] 金融数据跨境流动自由更易引发各种类型的金融套利行为，因此RCEP的承诺可谓迈出了金融数据可跨境流动的第一步，但审慎例外条款的适用尚需国内主管部门作出抉择。

三、FTA中较少涉及跨境金融服务贸易的规定

由上文可知，中国签订的FTA基本仿效GATS型的规制模式，新签订的FTA中只有《中国—韩国FTA》单设了“金融服务”章节，但并没有强调跨境金融服务贸易规则。相比之下，国际上由发达国家主导的区域贸易协定已经改变了传统GATS的构成模式，增设金融服务单独章节，并单列跨境金融服务贸易条款。

中国FTA尚未开始关注跨境金融服务贸易，但随着金融服务的国际化以及信息科技的发展，金融服务的跨境交付已成为必然趋势。2018年，中国香港地区发布《虚拟银行的认可》指引修订本，允许设立虚拟银行，但要求“必须在香港设立实体办事处，作为主要营业地，以处理金管局和客户的查询或投诉，但不必设立实体分行”[③]。随着以跨境交付为主要方式的金融服务的发展，中国有必要加强在对外跨境金融服务贸易规则领域的谈判工作。

---

① 参见邓志松、戴健民：《〈网络安全法〉时代数据跨境传输的企业合规挑战》，载《汕头大学学报（人文社会科学版）》2017年第5期，第71页。

② 参见朱大旗：《金融法（第三版）》，中国人民大学出版社2015年版，第101页。

③ 香港金融管理局：《虚拟银行的认可》指引修订本，https://www.hkma.gov.hk/media/eng/doc/key-information/press-release/2018/20180206e4a1.pdf，2021年1月10日访问。

四、FTA 中审慎例外条款的规定不一

审慎例外条款作为跨境金融服务贸易国际规则的重要组成部分，在中国对外签订的 FTA 中也有所体现。在已签订的 19 个 FTA 文本中，审慎例外条款呈现出多样性：

表 7-4　中国 FTA 中审慎例外条款[①]

是否存在审慎例外条款	相关的协定
无审慎例外条款	《中国—智利 FTA》；《中国—哥斯达黎加 FTA》
援引 GATS 的规定	《中国—东盟全面经济合作框架协议服务贸易协议》第 28.1 条；《中国—巴基斯坦自由贸易区服务贸易协定》第 22.1 条；《中国—新加坡 FTA》第 76 条；《中国—冰岛 FTA》第 79 条
明确规定审慎例外条款	《中国—新西兰 FTA》第 203 条；《中国—秘鲁 FTA》第 197 条；《中国—瑞士 FTA》附件 6 第 11 条；《中国—韩国 FTA》第 9.5 条；《中国—澳大利亚 FTA》第八章附件 2 第 3 条；

与 GATS《关于金融服务的附件》第 2 条第 1 款相比，中国 FTA 的审慎例外条款也可以分为两类：第一类审慎例外条款的内容与第 2 条第 1 款的规定完全一致，即通过直接纳入的方式将 GATS《关于金融服务附件》纳入 FTA 中，如《中国—冰岛 FTA》第 79 条规定："《服务贸易总协定》的《关于金融服务的附件》被纳入本协定并成为本协定的一部分。"第二类审慎例外条款的内容与 GATS《关于金融服务的附件》第 2 条第 1 款有所不同，如《中国—东盟全面经济合作框架协议》和《中国—巴基斯坦 FTA》均规定："（金融服务附件）经必要调整后，适用于本协议。"但如何进行"必要调整"，两协定并没有明确规定。[②] 同时，也存在一些与 GATS《关于金融服务的附件》第 2 条第 1 款差异较大的 FTA，如《〈内地与香港关于建立更紧密经贸关系的安排〉服务贸易协议》直接删除了限制权利滥用的第 2 条第 1

① 此表系笔者根据中国自由贸易区服务网公布的信息整理而成。

② 参见徐忆斌、李文燕：《WTO 规则改革视角下金融审慎例外条款法律问题研究》，载《上海金融》2019 年第 9 期，第 68 页。

款的规定，仅规定“尽管本协议有其他规定，一方不应被阻止出于审慎原因而采取或维持与金融服务有关的措施。这些措施包括保护投资者、存款人、投保人或金融服务提供者对其负有信托义务的人或确保金融系统的完整与稳定。”此外，还存在一些审慎例外条款，在“措施”(measure) 之前加入“合理”(reasonable) 一词。

总之，中国已经签订的 FTA 中存在不同的审慎例外条款表述，给实践中的法律应用带来了极大的困难。根据《维也纳条约法公约》第 31.3（丙）条的规定，“适用于当事国间关系之任何有关国际法规则”应与上下文一并考虑，无论是在 WTO 体系下对 GATS 条款的解释，还是对中国 FTA 内容的解释，都有必要明确审慎例外条款的内容。

第三节　中国跨境金融服务贸易规则存在问题的原因分析

中国跨境金融服务贸易起步较晚，并且规则体系存在一定的不足，这一方面是由于国内外对金融数据跨境流动规则尚存在争议，另一方面是由于国内金融行为监管能力不足以及国家本身条件不具备及风险防范方面的考虑。

一、金融数据跨境流动规则尚存在争议

（一）国际社会观念的冲突

在信息时代大背景下，随着金融全球化以及网络技术在金融业的广泛应用，金融信息的转移与流动实际上已经构成了现代金融生命的血液，尤其是对于跨境金融服务贸易而言，金融数据的跨境转移已成为金融业务开展和创新的前提。[①] 鉴于数据的跨境自由流动会削弱经济规制效果，尤其是在金融领域，部分国家往往会纳入部分

① 参见黄伟：《个人金融信息跨境转移的法律规制——欧盟实践及其借鉴》，载《中国金融》2013 年第 19 期，第 87 页。

限制性或例外措施以确保本国法律的施行以及维护金融体系安全。[①]当前，国际上存在美国型、欧盟型以及其他型的数据跨境流动理念。其中，美国型的数据跨境流动（包括金融数据跨境流动）理念通常出于贸易利益的驱动主张数据跨境自由流动，认为贸易规则应当确保公司不在其所服务的任何辖区内建立或租用特有的资本密集型数字基础设施，并且 WTO 成员方应当以最小的贸易限制性措施来实现合法的公共政策目标。[②] 而欧盟型的则是在坚持最大限度地维护个人权利的基础之上推动数据的流动。其他型的对数据跨境流动一般持较为保守的态度，从 WTO 最新的电子商务谈判内容来看，成员方允许出于商业行为目的的数据跨境转移，但也设置较多的公共政策例外规定。

（二）国内规范体系的不完善

中国正在逐步推动完善金融数据跨境流动的规范，但值得注意的是，金融数据跨境流动作为金融行业发展的经济引擎，严格的限制性措施可能加剧信息不对称现象，从而使本国市场被孤立，本国企业也难以参与到国际化的竞争中。[③] 近年来，中国也意识到金融数据跨境流动的重要性，并逐步完善其立法，但仍存在下列问题：

第一，监管理念的落后。中国对于金融数据跨境流动的规制还主要在金融监管体制内，具有显著的金融抑制特征，金融监管的目的在于确保特定的利益集团免受市场竞争的影响。[④] 在金融机构出现大量的金融数据跨境流动的需求时，监管者首先想到的是将其纳入原本的金融监管框架中，采取较为保守的监管理念。然而，金融数据的本质还是数据，数据作为网络“内容层”的组成部分，深深嵌入在“无国界”的网络空间的架构之中，而非国家或地区之间的地

---

① 参见彭岳：《数据本地化措施的贸易规制问题研究》，载《环球法律评论》2018 年第 2 期，第 38 页。

② See United States, Joint Statement on Electronic Commerce Initiative, INF/ECOM/5, Mar. 25, 2019.

③ 参见高山行、刘伟奇：《数据跨境流动规制及其应对——对〈网络安全法〉第三十七条的讨论》，载《西安交通大学学报（社会科学版）》2017 年第 2 期，第 89 页。

④ 参见彭岳：《互联网金融监管理论争议的方法论考察》，载《中外法学》2016 年第 6 期，第 1620 页。

域疆界。[①] 有学者认为，网络行为本身具有突破国界限制的天然属性，以空间作为限制电子数据跨越物理国界的限制性措施是徒劳的。[②] 因而，保守的金融监管思想是难以解决金融数据跨境流动中所遇到的问题的，有必要将金融监管的理念与网络空间的本质相衔接，寻找出既满足金融安全、高效的特性，又涵盖数据本质特征的监管理念。

第二，规制主体的割裂。由上文可知，金融监管部门和网信部门均有权对金融数据的跨境流动进行管理，金融监管部门原则上禁止金融数据跨境流动，而网信部门则允许数据经安全评估后跨境流动。有学者认为，可将网信部门制定的《网络安全法》视为一般规制，而金融监管部门的规范属于特殊规则，遵循特殊优于一般的规则。[③] 然而，《网络安全法》虽然由网信部门主导，但是由全国人民代表大会常务委员会表决通过，在法律位阶中的较高级别，而金融监管部门出台的仅仅为部门规章或部门规范性文件，与《网络安全法》之间实属下位法与上位法的关系，金融监管部门制定的规范应当在《网络安全法》的范围内，不能肆意突破。此外，金融监管部门与网信部门作为同级别的市场监管主体，其规制思路有待进一步协调，并明确其规制体系之间的关系，以增强部门之间的协作。

第三，规范内容的差异。规范主体割裂的直接结果就是规范内容的差异，如《网络安全法》《信息安全技术—个人信息安全规范》《个人金融信息保护技术规范》与银行业、保险业、证券业等专业领域的规范性文件对金融数据控制者的范围理解存在不同，这会导致同一家金融机构在不同的监管项下承担不同的合规义务，增加被监管机构的负担；又如《网络安全法》中“因业务需要”的安全评估含义界定不明，有必要进一步明确具体的业务类型。综上，如何平

---

① 参见许可：《自由与安全：数据跨境流动的中国方案》，载《环球法律评论》2021年第1期，第28页。

② See David R. Johnson & David Post, Law and Borders—The Rise of Law in Cyberspace, *Stanford Law Review*, Vol. 1, 1996, pp. 1367-1402.

③ 参见王远志：《我国银行金融数据跨境流动的法律规制》，载《金融监管研究》2020年第1期，第54页。

衡国家金融安全防范、个人隐私保护以及促进金融数据的跨境流动，是中国金融行业数据立法方面亟须解决的问题。

二、金融行为监管能力不足

跨境金融服务贸易不同于传统金融服务，其实质是“互联网+金融+跨境”的新型金融服务模式。仅就国内互联网金融而言，从2014年开始，频频出现P2P网贷平台制造庞氏骗局的事件；以比特币为代表的数字货币进入国内市场，众多资本进入虚拟货币市场引发潜在的风险；2017年9月，央行宣布暂停“首次币”(initial coin offering）的发行业务①等。这些现象从侧面反映出中国的监管存在真空地带。中国对传统金融业务实施“分业经营”，金融监管机构各司其职，权力较为分散。但是，通过互联网传递的金融业务不仅要求监管部门出台金融行业标准，也要实现技术上、科技上和创新上的匹配。② 习近平总书记在第五次全国金融工作会议中提出“要以强化金融监管为重点，更加重视行为监管”③。然而，当下中国的监管体制主要是审慎监管、轻行为监管，监管部门较为分散，难以掌握整个市场行为的情况，无法实现统筹安排，加之职能与监管存在重叠，根本无法有效保护消费者的权益。④

三、条件不具备及风险防范方面的考虑

在条件不具备方面，中国金融领域的规范性文件通常存在较大的模糊性，即仅点明“研究启动”“创新”“探索”，如中国人民银行、商务部、银监会等联合发布的《进一步推进中国（上海）自由

---

① 参见《虚拟代币ICO乱象丛生 央行等七部委联合叫停》，新浪财经，2017年9月04日，http://finance.sina.com.cn/money/bank/bank_yhfg/2017-09-04/doc-ifykpzey4245952.shtml，2021年9月11日访问。

② 参见毕扶摇、黄瑞：《英国金融监管机制对我国互联网金融市场行为标准化管理的启示》，载《当代经济》2019年第8期，第40页。

③ 参见《全国金融工作会议在京召开》，国务院，2017年7月15日，http://www.gov.cn/xinwen/2017-07/15/content_5210774.htm，2021年9月11日访问。

④ 参见董小君、郭贝贝、丁立江：《金融行为监管模式分析与国际经验借鉴》，载《行政管理改革》2019年第7期，第107页。

贸易试验区金融开放创新试点 加快上海国际金融中心建设方案》第二大点第3项提出要“研究启动合格境内个人投资者境外投资试点，适时出台相关实施细则，允许符合条件的个人开展境外实业投资、不动产投资和金融类投资”，但该方案自2015年发布至今，一直因条件不具备而未能实施。又如，2013年《上海自贸试验区总体方案》中提出：“改革境外投资管理方式，对境外投资开办企业实行以备案制为主的管理方式，对境外投资一般项目实行备案制，由上海市负责备案管理，提高境外投资便利化程度。”据此，《上海自贸试验区条例》第16条规定：“自贸试验区内投资者可以开展多种形式的境外投资。境外投资一般项目实行备案管理，境外投资开办企业实行以备案制为主的管理，由管委会统一接收申请材料，并统一送达有关文书。境外投资项目和境外投资开办企业的备案办法，由市人民政府制定。”2015年之后，随着国内外环境发生变化，对外投资项目开始收紧，比如房地产项目、俱乐部项目等对外投资事实上已经叫停。

在风险防范方面，金融服务的开放着实强调金融安全和稳定，2013年《上海自贸试验区总体方案》提出的“可在试验区内对人民币资本项目可兑换、金融市场利率市场化、人民币跨境使用等方面创造条件进行先行先试”，前面均有“风险可控”的前提。在2015年中国发生股灾和外汇储备快速下降后，金融开放特别是资本项目可兑换进程明显放缓。①

第四节　完善中国跨境金融服务贸易法律制度的建议

信息革命改变了传统金融服务贸易的交易模式，对国际金融服务贸易规则的一致性、进一步的金融开放和金融管制等都提出新的

---

① 参见周海成：《上海自贸区金融改革创新助推人民币国际化》，载《时代金融》2017年第10期，第85页。

诉求。同时，全球区域贸易协定的签署以及发达国家与新兴市场国家对国际金融服务贸易规则主导权的博弈使得国际社会越来越关注跨境金融服务贸易。从 NAFTA 到 USMCA，有关跨境金融服务贸易的规则理念从 20 世纪 70 年代的金融自由化转向以防范金融危机为目标之一的金融开放与金融监管并行；规则内容从允许缔约方自主开放的选择性模式转向以正面清单承诺开放的强制性模式；规则执行从仅规定“逐步自由化”的概括性条款向直接要求“金融信息自由转移”的可操作化转变。USMCA 作为美国当前推动北美自由贸易的最高标准，被视为未来国际经贸规则改革的方向标，并且随着在世界上政治经济地位的提升以及国际话语权的增强，中国理应在跨境金融服务贸易领域顺应国际发展趋势，主动扩大跨境金融服务贸易的开放领域、对接实施跨境金融服务贸易规则的国际高标准、提出符合中国利益的跨境金融服务贸易规则。

一、提升跨境金融服务贸易的市场准入程度

由上文可知，跨境金融服务贸易的市场准入条款无益于跨境金融服务贸易的自由化，但提升跨境金融服务贸易的市场准入程度是实现跨境金融服务贸易自由化的前提条件。

（一）主动扩大跨境金融服务贸易的开放领域

近年来，国际上大型的 FTA 如 CPTPP 等金融服务章节的一大重要的特点就在于扩大了跨境金融服务贸易的开放领域，而中国在 2001 年加入 WTO 时仅就再保险、国际海运、空运和运输保险及大型商业险经纪、国际海运、空运和运输保险经纪及再保险经纪等少数领域作了市场准入的承诺。然而，随着互联网信息技术的发展，更多金融服务可以通过网络以跨境交付的方式进行，事实上，WTO 各成员方也不再仅仅局限于 WTO 时期的开放承诺，而是通过主动开放的形式扩大跨境金融服务贸易的开放领域，如美国主动开放跨境信用评级服务市场。在 2012 年中国电子支付服务案中美国质疑中国禁止以跨境方式提供电子支付服务，虽然最终专家组没有支持美

国主张，[1] 但此案仍引起了中国对跨境电子支付服务的关注。中国人民银行、银监会 2016 年发布的《银行卡清算机构管理办法》，主动放开“仅为跨境交易提供外币的银行卡清算服务的境外机构，原则上可以不在中华人民共和国境内设立银行卡清算机构”。可见，中国也在逐步主动扩大跨境金融服务贸易的开放领域。习近平主席在博鳌亚洲论坛 2018 年年会开幕式上发表演讲时提到要大幅度放宽市场准入，扩大服务业的对外开放，尤其是在金融服务贸易领域。笔者建议，可率先在自贸试验区（港）内扩大跨境金融服务贸易的开放领域，如试点境外机构可跨境交付从事跨境人民币的银行卡清算业务；允许境外依法设立的信用评级机构法人以跨境交付方式开展信用评级服务；扩大交易所市场熊猫债的主体资格和多元化计价方式等。

（二）有牌照的跨境金融服务贸易

国际实践表明，以网络平台为传递媒介的跨境金融服务贸易往往存在业务牌照造假、混用的行为，如一家中国零售外汇经纪商在新西兰冒用注册号、虚假宣传金融产品被当地市场监管局警告；澳大利亚监管部门也曾发现当地存在较多持牌机构无资产也无实际交易，仅在英属维京群岛、塞舌尔、马耳他、塞浦路斯等注册了公司。[2] 有学者提出，跨境金融服务贸易不得无照经营或超范围经营，跨境金融业务必须持牌经营。[3] 笔者认为，无论是从国际规则的角度还是从国内需要的角度，均应持牌照从事跨境金融服务贸易。CPTPP“金融服务”章节第 11.6 条第 3 款规定：“在不影响金融服务跨境贸易审慎监管的其他方法的情况下，一缔约方可以要求另一缔约方的跨境金融服务的提供者和金融工具进行登记或取得许可。”金融开放不等于无准入要求，也不等于无监管规则。网络无国界，但金

---

① 参见杨国华：《“中国电子支付服务案”详解》，载《世界贸易组织动态与研究》2013 年第 2 期，第 53 页。

② 参见孙天琦：《推进金融科技下跨境金融服务的全球治理》，中国金融新闻网，2018 年 9 月 10 日，http：//www.financialnews.com.cn/ll/gdsj/201809/t20180910145754.html，2021 年 9 月 11 日访问。

③ 参见孙天琦：《跨境金融服务不可“无照驾驶”》，载《中国外汇》2018 年第 19 期，第 26 页。

融牌照必须存在国界，境外金融机构在境外获得的金融牌照，无论是“线上”还是“线下”均应明确其适用的范围。相应地，外国金融机构跨境在中国从事金融服务，其合法身份需经过中国法律法规的认可。

（三）编制跨境金融服务贸易开放领域的正面清单

2013 年，上海自贸试验区挂牌，首次在外商投资领域采用负面清单的开放模式。2018 年，全国自贸试验区统一适用一张外商投资负面清单，同年 10 月，上海市政府发布《上海跨境服务贸易负面清单》，首次在跨境服务贸易领域采取负面清单的开放模式。可见，负面清单的管理模式在自贸试验区取得了显著的成效。负面清单奉行“法无禁止即自由”的法治理念，代表了国家管理模式的转变，对于激发市场主体活力、扩大市场主体的准入自由、减少政府管制具有重要的意义。①

笔者建议，中国可在跨境金融服务贸易领域采取正面清单的开放模式。首先，目前世界上无论是发达国家还是发展中国家，均有采用正面清单模式对跨境金融服务贸易进行规制的做法。其次，金融开放采取负面清单的模式通常要求一国拥有健全的金融基础设施、较高的市场成熟度、消费者完整的信任度、政府的较强的监管能力、有效的司法体系等。② 最后，虽然上海已经先行编制了《上海跨境服务贸易负面清单》，但它仅仅是跨境服务贸易领域特别管理措施的负面清单，并非金融服务贸易领域开放的负面清单，跨境金融服务贸易领域的开放需把握好循序渐进的步骤，谨慎开放。

（四）依靠自贸区（港）创新金融服务

自贸区（港）是中国制度创新的试验田，可通过自贸区（港）试点跨境金融服务贸易。

第一，用制度演绎自贸区（港）金融创新的原则。通过不同层次的制度设计着力体现以下基本原则：以服务实体经济为目标，使

① 参见王利明：《负面清单管理模式与私法自治》，载《中国法学》2014 年第 5 期，第 26 页。

② 参见孙天琦：《跨境金融服务不可“无照驾驶”》，载《中国外汇》2018 年第 19 期，第 26 页。

得自贸区（港）金融改革创新“不放空”；以国家金融改革的大方向为引领，使得自贸区（港）金融改革创新“不走偏”；以金融机构和市场组织为主体，使得自贸区（港）金融改革创新“不掉链”；以金融风险的防范为底线，使得自贸区（港）金融改革创新“不松懈”。[①]

第二，用制度让金融创新根植于实体经济。长期以来，在中国形成了一种外植型金融格局，即实体经济部门的企业与居民严重缺乏金融选择权，金融运作的权力为金融机构与金融监管部门所控制。相比之下，在市场经济发达的国家与地区内，实体经济部门牢牢掌握金融选择权，内生型金融长期存在。[②] 有鉴于此，在自贸区（港）建设过程中，相关部门需要从外植性金融向内生性金融的观念转变，但这一转变不可能通过行政部门自身解决，而是需要通过更高层面的制度设计加以解决。

第三，用制度保障智本型蓝海战略的实施。传统蓝海战略理论的顶层设计在于重构市场边界，打破竞争局面。智本型蓝海战略理论认为，自贸区（港）要开辟蓝海，必须有金融创新、资本创新、产业创新与之匹配，从而实现大产业、大金融、大理论的融合与突破，进而真正形成大资源、大市场、大消费。[③] 由此可见，智本型蓝海战略涉及跨领域衔接，需要统合性的制度保障。

二、强化 FTA 中跨境金融服务贸易规则

GATS 将服务贸易分为跨境交付、境外消费、商业存在和自然人流动，而以美国为代表的美式 FTA 则采用“跨境服务贸易”的概念，并将金融服务也分为跨境金融服务贸易和商业存在模式下的金融服务贸易，其中跨境金融服务贸易涉及市场准入规则、非歧视待遇规则、审慎例外规则以及金融信息跨境流动规则等。中国现行的

---

① 参见王涛：《上海自贸区金改进入“第二季”金融界共话“国家使命”》，中央政府门户网站，2014 年 6 月 3 日，http：//www. gov. cn/xinwen/2014-06/03/content _ 2692909. htm，2022 年 7 月 8 日访问。

② 参见王国刚：《自贸区的价值在于创新金融体制》，载《经济参考报》2014 年 1 月 16 日第 8 版。

③ 参见李国旺：《构建自贸区的智本型蓝海战略》，载《上海证券报》2014 年 3 月 7 日第 A7 版。

FTA 基本上模仿 GATS 的模式，金融服务规则仅被作为服务贸易规则的附件，并不能体现其重要性，更不必说体现跨境金融服务贸易规则的重要性。

在中国目前的 FTA 中，商业存在既是服务贸易规则中的内容，同时因为投资章节的存在，又不可避免地与投资规则发生联系。因此，如何调和两者在商业存在领域的关系也成为学者们争论的重要议题之一。对于规制方式，有学者主张“双重规制模式”，即投资规则与服务贸易规则同时适用于商业存在领域。[①] 也有学者主张适用 GATS 模式，即仅由服务贸易规则进行调整。[②] 还有学者认为应当将商业存在划入投资规则规制领域，仅由投资规则进行管理。[③] 很多 FTA 虽未将金融服务贸易规则中的商业存在模式纳入投资章节，但也专门对跨境金融服务贸易进行了强调。对于中国而言，进一步开放服务贸易，尤其是金融服务贸易，是中国构建对外开放新格局的重要举措。2019 年《外商投资法》的颁布确立了对外商投资领域实行负面清单管理制度，这为中国在未来 FTA 谈判中参照美式国际高标准的框架，将商业存在纳入投资章节奠定了良好的国内法基础，也为跨境服务贸易发展指明了方向。同时，海南、上海两地跨境服务贸易负面清单的编制为在国际贸易规则谈判中提供了良好的先行先试的基础。综上，建议在未来 FTA 的谈判中采取美式的 FTA 规则体系，重视对跨境金融服务贸易规则的谈判。

（一）单列跨境金融服务正面清单

在新一代自由贸易协定中，不论是双边层面的自由贸易协定，还是多边层面的自由贸易协定，都将金融服务作为其中独立的章节或者附件，凸显出新一代 FTA 对金融服务的高度重视。这是因为金融服务业对于经济发展具有极为重要的作用，它不仅是现代金融服

---

① 参见董哲：《服务贸易商业存在 FTA 规制研究——以贸易投资规则融合为视角》，载《上海对外经贸大学学报》2018 年第 5 期，第 10 页。

② Gary Hufbauer & Sherry Stephenson, Services Trade: Past Liberalization and Future Challenges, *Journal of International Economic Law*, Vol. 10, 2007, p. 613.

③ 参见慕亚平、陈晓燕：《CEPA 协议实施中的法律问题研究》，载《暨南学报（哲学社会科学版）》2006 年第 3 期，第 5 页。

务业的支持性力量，更是实现各种社会资源以货币形式实现资源配置的重要工具。[①] 与此同时，由于金融服务对经济发展的重要作用，各国在双边或多边经贸协定中，通常都采取较为审慎的态度。

CPTPP 第 11.6 条明确规定，在跨境金融服务贸易中，任何一个缔约方都应该在特定条件下给予另一缔约方的跨境金融服务提供者在附件 11-A 的范围内所承诺开放的金融服务范围内以国民待遇。例如，对于保险及其相关服务而言，澳大利亚在附件 11-A 中列举的承担国民待遇义务的范围包括：（1）有关海运、民用航空和航天发射以及货运（包括卫星）投保关于正在运输的货物、运输货物的车辆和由此产生责任的一部分或者全部相关风险的保险以及国际运输货物的相关风险的保险；（2）再保险和转分保；（3）附属服务的保险，如咨询服务、风险评估服务、精算及理赔服务；（4）保险中介，如经纪与代理，为第（1）和第（2）项所列与服务有关的风险提供保险。又如，对于银行和其他金融服务（排除保险）而言，澳大利亚在附件 11-A 中列举的承担国民待遇义务的范围包括：（1）其他金融服务供应商提供和转让财务信息、财务数据处理及相关软件；（2）与银行和其他金融服务有关的咨询和其他辅助服务，排除中间业务。

可以看出，CPTPP 对于跨境金融服务采取的是正面清单的开放承诺模式，这种模式是对 GATS 的延续。这是因为各国对于金融服务贸易的开放尤为谨慎，而采用正面清单的开放承诺模式，有利于各国严格控制跨境金融服务领域的开放范围以及开放程度。建议中国在未来 FTA 的谈判中，对于跨境金融服务贸易也采用正面清单的模式，有序开放跨境金融服务贸易领域。

（二）增设不符措施冻结条款或棘轮条款

在保障高水平服务贸易自由化的目标下，国际高水平的 FTA 中通常还会采用不符措施棘轮机制，相较于 GATS 更进一步地对服务贸易自由化给出了实质性的保障。例如，根据 CPTPP 第 10.7 条，任何不符措施的修正，与修正前相比不可降低该措施与国民待遇、

① 参见杨嫒、赵晓雷：《TPP、KORUS 和 BIT 的金融负面清单比较研究及对中国（上海）自由贸易试验区的启示》，载《国际经贸探索》2017 年第 4 期，第 70 页。

最惠国待遇、市场准入、当地存在的相符程度，其中仅越南对于不符措施棘轮机制的适用规定为协议生效 3 年后予以适用。由此可知，大部分国家是愿意接受不符措施棘轮机制的。因此，将该制度运用到未来中国签订的 FTA 中并不会带来巨大的谈判成本和难度。值得一提的是，棘轮条款可保证缔约方对于服务贸易市场的开放自由度不得因为政府行为而随意倒退，该条款对于缔约方来说均具有重要的保护意义。

相比之下，中国签订的 FTA 中并没有设立类似的保护机制以固化现有的推进逐步开放的相关规则。因此，中国目前签订的 FTA 在开放自由度上是不稳定的，签署国可因为政治、全球经济形势、外交关系等多种因素对 FTA 内容作出倒退式修改，[①] 导致 FTA 开放程度缺乏相应的保障。实际上，习近平总书记在多个重大场合强调“中国开放的大门不会关闭，只会越开越大”[②]。由此可知，从政策导向层面来看，不符措施棘轮机制也更符合中国未来 FTA 的发展趋势。为了实质性地落实这一观念，中国可以考虑在未来签订的 FTA 中设置棘轮条款，从而真正保障中国开放的大门“越开越大”。

三、将金融科技融入审慎例外条款

拿捏好金融改革与金融立法的互动、把握好政府监管与市场约束的平衡是确立金融综合监管规制体系的基点，由此方能做好分业经营与混业经营的选择、机构监管与功能监管的选择，进而完成金融监管与金融调控的合作与协调、国内监管与国际监管的合作与协调。在金融改革与金融监管的关系上，金融改革是基础——金融改革既包括针对金融监管而采取的改革，又包括金融监管有效施行的制度条件。没有与金融监管目标相一致的金融改革，金融监管目标就永远无法实现。尤其在现阶段的中国，金融业务的创新与金融制度的创新往往都是通过金融改革实现的，而改革的成功（有效推行）

---

① See Harold Godsoe, The Depth of the Trade in Services Agreement, *Brigham Young University International Legal & Management Review*, Vol. 10, 2014, p. 4.

② 习近平 2018 年 6 月 21 日在钓鱼台国宾馆会见来华出席“全球首席执行官委员会”特别圆桌峰会的知名跨国企业负责人时讲话。

与改革成果的巩固和确认又要通过金融监管立法才能实现。可以说，金融权力的配置者与实施者高度重视自贸区内金融产品的创新，就是为了使政府监管能够平稳地、逐步地在政府可以退出的领域让位于市场化约束。这就要求一方面要引导金融机构、消费者（投资者）依靠自我约束与自我管理的方式实现市场主体的权利，另一方面要明确金融机构在与金融客户、投资者、一般债权人关系中的一些强制性义务，从而为利益相关者依法保护自身合法权益提供更清晰、具体的立法保护。唯有如此，才能协调好政府与市场的关系，实现政府与市场的互动，处理好金融安全与金融效率的辩证关系，达到或者趋于达到两者的平衡与兼顾，使得不同权力之间的协调具有权威性与可操作性。

近年来，互联网、大数据、人工智能、区块链等科技驱动的创新助推了跨境金融服务贸易的发展，主要集中在互联网支付、互联网银行、互联网保险、互联网证券、消费金融、P2P、数字化投顾、征信等领域。以金融科技为代表的新金融业态也逐渐引领人类社会迈向数字经济时代，给金融监管与风险防范带来了巨大的挑战。跨境金融服务贸易基于破坏性金融创新理论，依托互联网技术实现金融服务的跨境交付。然而，跨境金融服务贸易自由化的实现离不开金融监管手段的创新。国际上主要国家已经针对金融创新实施了监管科技，国内监管科技的实践对于跨境金融服务贸易的监管也具有一定的借鉴意义。[①] 而审慎例外条款固有的原则性监管特性使得金融科技可成为监管的工具之一。

（一）主要国家监管科技政策法规的比较

目前为止，国际上虽然没有明确将监管科技纳入审慎例外条款的协定，但相关国家监管科技政策的制定提高了其在金融科技创新方面的竞争力，也最大限度地防范了金融风险。英国是最早推行监

① “监管科技”(RegTech) 是 “regulation” 和 “technology” 的合成词，其概念界定尚未达成共识。狭义的监管科技仅仅指通过使用科技辅助手段使金融机构内部的合规程序变得更加有效和高效；广义的监管科技还包括为了与金融行业的电子化发展同步，监管机构对技术创新加以利用。参见杨东：《监管科技：金融科技的监管挑战与维度建构》，载《中国社会科学》2018 年第 5 期，第 77 页。

管科技的国家，2014年7月，英国金融行为管理局（Financial Conduct Authority，FCA）发布《创新工程：征求意见》（Project Innovate：Call for Input），以支持金融服务领域的技术创新；[①] 2015年，英国政府科学办公室首次使用“监管科技”（RegTech）一词，并在当年的年度预算报告中有所体现。[②] 此后，新加坡、澳大利亚、美国等相继出台了有关监管科技的政策。

表7-5 主要国家的金融科技政策[③]

时间	国家	政策
2014年7月	英国	《创新工程：征求意见》（Project Innovate：Call for Input）
2015年11月	英国	制定“监管沙盒”（Regulatory Sandbox）
2015年11月	新加坡	《金融科技沙盒监管指南》（Fintech Regulatory Sandbox Guidelines）
2016年12月	澳大利亚	《257号监管指南：在未持有金融服务和信贷许可证下对金融科技产品和服务的测试》（Regulatory Guides 257：Testing Fintech Products and Services Without Holding an AFS or Credit License）
2017年1月	美国	《金融科技框架白皮书》（A Framework for FinTech）
2017年4月	英国	《金融科技监管创新计划》（Regulatory Innovation Plan）

在国际层面，很多国际组织也意识到监管科技的重要性。2015年，国际保险监管委员会（IAIS）发布《普惠保险业务准则》（Paper on Conduct of Business in Inclusive Insurance），着重提到对金融科技领域的消费者给予保护和数据保护。金融稳定理事会（FSB）于2016年3月发布《金融科技的全景描述与分析框架报告》（A Panoramic Description of Fintech and an Analytical Framework Report）。国际证监会组织（IOSCO）也于2017年2月发布《金融科技研究报告》（Research Report on Financial Technologies），全面评估了

① See FCA，Project Innovate：Call for Input，https：//www.fca.org.uk/publication/call-for-input/project-innovate-call-for-input.pdf，last visited on Sep. 18，2019.

② See HM Treasury，Budget 2015，https：//assets.publishing.service.gov.uk/government/uploads/system/uploads/attachment_data/file/416330/47881_Budget_2015_Web_Accessible.pdf，last visited on Sep. 18，2021.

③ 此表系笔者根据相关国家政府机构官网公布的信息整理而成。

人工智能、区块链、大数据等金融科技在证券等资本市场中的运用。[①]

总体而言，各国对于新兴的金融服务贸易模式均采用多管齐下的监管方式，虽然在国际层面尚未形成统一的监管框架，且国别间的监管合作也尚未启动，但从各国国内的监管科技政策来看，其中存在较多的共同之处，这对于跨境金融服务贸易的监管无疑具有借鉴意义。首先，监管科技的目标在于保护消费者、维护金融市场的稳定，如英国《创新工程：征求意见》就以提高消费者的生活水平为目标。[②] 新加坡“监管沙盒”试验也是为了充分保护消费者的利益，维护行业的安全和稳健。[③] 美国在保护消费者的同时，在技术和金融服务领域也保持强大的竞争优势，促进广泛的国内外经济增长。[④] 其次，各国虽均将科技融入金融监管中，同时对于具体的新兴业务如移动支付、互联网消费等贸易形式所采取的措施也存在一定的差异，如英国、新加坡、澳大利亚等国均采用了“监管沙盒”（Regulatory Sandbox）的监管方式，但在管理方式、适用范围、企业准入、许可证豁免机制等方面却存在差异。[⑤] 最后，各国除了注重对具体金融领域的规制外，还强调技术规则的重要性，如美国要求努力实现互操作性和协调技术标准。[⑥]

---

① See IOSCO, Research Report on Financial Technologies (FinTech), https://www.iosco.org/library/pubdocs/pdf/IOSCOPD554.pdf, last visited on Sep. 18, 2021.

② See FCA, Project Innovate: Call for Input, at https://www.fca.org.uk/publication/call-for-input/project-innovate-call-for-input.pdf, last visited on Sep. 18, 2021.

③ See MAS, Fintech Regulatory Sandbox Guidelines, https://www.mas.gov.sg/-/media/MAS/Smart-Financial-Centre/Sandbox/FinTech-Regulatory-Sandbox-Guidelines-19Feb2018.pdf?la=en&hash=1F4AA49087F9689249FB8816A11AEAA6CB3DE833, last visited on Sep. 18, 2021.

④ See National Economic Council, A Framework for Fintech, https://obamawhitehouse.archives.gov/sites/obamawhitehouse.archives.gov/files/documents/A%20Framework%20for%20FinTech%20_FINAL.pdf, last visited on Sep. 18, 2021.

⑤ 参见颜勇：《英国、新加坡和澳大利亚监管沙盒机制研究及启示》，载《西部金融》2017年第7期，第68页。

⑥ See National Economic Council, A Framework for Fintech, https://obamawhitehouse.archives.gov/sites/obamawhitehouse.archives.gov/files/documents/A%20Framework%20for%20FinTech%20_FINAL.pdf, last visited on Sep. 18, 2021.

（二）审慎监管下的金融科技

近些年来，中国也在逐步推动金融科技的研究。2017 年 5 月，中国人民银行成立金融科技委员会，旨在加强金融科技工作的研究规划和统筹协调。2019 年 3 月，金融科技委员会召开第一次会议，提出持续强化监管科技应用，提升风险态势感知和技防能力，增强金融监管的专业性、统一性和穿透性。2018 年 9 月，证监会正式发布实施监管科技总体建设方案，明确了监管科技 1.0、2.0、3.0 各类信息化建设工作需求和工作内容。可见，中国对于监管科技已经有了一定的研究和实施基础，这对于完善跨境金融服务贸易的监管科技具有一定的借鉴作用。

1. 构建以数据为核心的监管理念

跨境金融服务贸易的本质是数据而不是互联网，服务提供者借助互联网向用户提供金融数据从而实现跨境金融服务贸易。有学者认为，金融与互联网科技的结合使监管层的监管理念出现落伍、僵化，主要体现在监管方式、监管路径和监管能力方面。首先，在监管方式上，传统的监管方式只能隔离商业银行和网络借贷之间的风险传播途径，然而，以破坏性创新理念为基础的跨境金融服务贸易突破了传统商业银行实体存在的模式，并且实现了跨市场、跨行业的发展，简单的隔离方式很难实现风险的防范。其次，在监管路径方面，中国目前针对金融机构采取的是自上而下的监管路径，更多的是通过预设的规则来实现对金融机构的监管，严重阻碍了金融科技的创新，加之跨境金融服务贸易管辖权之冲突，很难有效发挥市场和技术的创新动力。最后，在监管能力方面，监管部门还担负着掌握现代科技提升监管能力的任务。①

因而，有必要创新监管理念，构建以数据驱动为核心的监管理念。有学者认为，金融监管工作的重点在于以数据为本、丰富数据监管多样化手段，其核心理念是透明、平等和智能。② 以数据监管为

---

① 参见许多奇：《金融科技的“破坏性创新”本质与监管科技新思路》，载《东方法学》2018 年第 2 期，第 11 页。

② 参见杨东：《监管科技：金融科技的监管挑战与维度建构》，载《中国社会科学》2018 年第 5 期，第 83 页。

核心的监管理念首先包括数据的收集与触达，即能够获取数据。由上文可知，目前国际上对于数据跨境自由流动还存在不同的观点，故当务之急是建立适当的数据获取机制。其次是数据共享，实现有效监管的基础在于在监管者、行业协会以及消费者之间能够分享、传递数据，尤其是跨境金融服务贸易，只有在服务提供者的母国和消费者所在国之间形成完整的信息传递桥梁，才能实现监管效率的最大化。最后是数据的分析处理，监管机构需要对收集到的信息进行评估并识别出风险，而新的信息处理技术有助于监管机构获取较为准确及时的信息，从而作出相应的决策。

2. 创新金融监管新模式

由上文可知，在中国跨境金融服务贸易目前仅限于提供和转让金融数据、金融数据处理、与其他金融服务提供者有关的软件，银行及其他金融服务（不包括保险和证券）的咨询、中介及其他附属服务，以及部分保险服务（包括再保险；国际海运、空运和运输保险；大型商业险经纪、国际海运、空运和运输保险经纪、再保险经纪）领域。换言之，跨境金融服务贸易在中国尚处于初级阶段，但国内市场的互联网金融业务却此起彼伏，如 1999 年的“首信易支付”（第三方支付）、2007 年的“拍拍贷”（P2P 网贷）和 2011 年的“点名时间”（众筹融资），打破了传统的金融垄断，出现“普惠金融”模式。政府监管部门对此也采取了较为宽松的政策，改变了传统的严格市场准入形式，金融科技企业如雨后春笋般进入快速发展阶段，但同时也引发了潜在的风险。自 2013 年年底以来，金融科技领域违约事件频发，公司倒闭、资金周转困难等问题也随之出现，给金融市场造成了极大的危害。2016 年，国家加快对互联网金融企业的清理工作，国务院办公厅于 10 月 13 日公布了《互联网金融风险专项整治工作实施方案》，但这种“运动式”的监管也引发了业务和学界对其是否会导致互联网金融行业萎缩的担忧。①

中国对于互联网金融的科技监管还处在初级的探索阶段，与国

① 参见许多奇：《金融科技的“破坏性创新”本质与监管科技新思路》，载《东方法学》2018 年第 2 期，第 12 页。

外所采取“监管沙盒”等科技监管措施还有一定的差距，这将不利于中国跨境金融服务贸易自由化的发展，因而，有必要总结监管科技发展的经验教训，充分结合中国跨境金融服务贸易发展现状以及未来发展趋势，创新跨境金融服务贸易监管模式。

3. 试点跨境金融服务贸易“监管沙盒”模式

“监管沙盒”最早由英国政府提出，根据FCA的定义，“监管沙盒”为一个安全空间，在此空间内，允许经营新兴的金融企业向监管机构提出申请，在一定的时间范围内获得监管机构的豁免开展营业。也就是说，“监管沙盒”内的监管规定有所放宽，金融科技企业可以在其中测试创新的金融产品、服务和商业模式等。该模式以消费者获益为中心，改变了传统监管模式的对抗性和滞后性。[①] 事实上，试点跨境金融服务贸易“监管沙盒”模式即允许部分金融服务贸易领域跨境交付，放宽监管标准。从参与主体的角色定位来看，在现有的金融基础设施条件下，允许金融服务提供者通过特定的渠道跨境交付金融服务，监管者利用相关技术作为基础，通过“沙盒”接口连入创新链，及时获取数据和反馈信息，能够对跨境金融服务的提供者进行可行性的评估和风险防范。

四、构建金融数据跨境流动规则的中国方案

由上文分析可知，无论是金融数据跨境流动规制国际格局的碎片化，还是中国国内现行的对金融数据跨境流动规制的零碎化，其根本原因均在于监管理念的差异，以及落实到具体实践中导致的规制主体和规制内容的冲突。随着在世界经济中的地位逐渐上升，中国同世界的经济联系更加紧密，为其他国家提供的市场机会也更加广阔，作为负责任的大国，中国理应发挥积极主导的作用，为世界贡献中国方案。

（一）监管理念：构建金融数据跨境流动命运共同体

2020年新冠疫情的暴发加速了人类历史与网络空间发展的融合，

---

① 参见陈涔：《监管沙盒的国际经验及其借鉴意义》，载《时代金融》2017年第9期，第18页。

各种网络技术在抗击疫情、保障民生、恢复社会运转、发展数字经济等方面显示出巨大优势与积极前景。[①] 2020年11月，习近平主席在世界互联网大会上提出了“携手构建网络空间命运共同体”行动倡议，呼吁各国政府、国际组织、互联网企业、技术社群、社会组织和公民个人坚持“共商共建共享的全球治理观”，秉持“发展共同推进、安全共同维护、治理共同参与、成果共同分享”的理念，把网络空间建设成为造福全人类的发展共同体、安全共同体、责任共同体、利益共同体。金融数据之于网络空间，既具有数据的共性，又具有金融的特性，必然需要构建金融数据跨境流动命运共同体的规则体系，以推动网络空间的共商、共建和共享以及金融系统的安全、高效。

以金融数据跨境流动命运共同体作为中国应对碎片化国际格局的指导思想，促进“发展共同推进”与金融数据跨境流动要素的开发利用与共享相结合、“安全共同维护”与金融数据跨境流动安全和个人金融信息保护相结合、“治理共同参与”与金融数据跨境流动规则国际合作相结合、“成果共同分享”与金融数据跨境流动治理经验相结合，一方面可以为中国完善金融数据跨境流动国内和国际法律规范提供指引，另一方面又可以为中国积极参与乃至引领国际规则奠定理论基础。

（二）实施路径：推动金融数据跨境流动软法与硬法相结合

金融业的高风险性以及风险的高度外溢性决定了金融行业的被监管性，而各类金融产品和服务都可以被视为数据集合的产物。[②]各国的金融监管政策因国家主权而相互割裂，形成了碎片化的国际金融监管理念与机制。[③] 要在全球金融治理中形成具有强制约束力的国际法律规范，通常难于在贸易、投资等其他领域，因而软法成为全

① 参见蔡翠红：《推动构建网络空间命运共同体》，央广网，2021年2月24日，http://news.cnr.cn/native/gd/20210224/t20210224_525420711.shtml，2021年6月11日访问。

② 参见朱宝丽、马运全：《个人金融信息管理：隐私保护与金融交易》，中国社会科学出版社2018年版，第1页。

③ See Thomas Cottier, John H. Jackson & Rosa M. Lastra, *International Law in Financial Regulation and Monetary Affairs*, Oxford University Press, 2012, p. 179.

球金融治理的主要表现形式。“软法”一词在学术界颇有争议，但通说认为，其共性是一种不具有法律约束力但又具备某种实际效果的行为规范，常表现为政府间国际组织或非政府组织制定的各种宣言、建议、意见、指南、标准、原则等，如 OECD 的《金融消费者保护的高级别原则》（High-level Principles of Financial Consumer Protection）和欧盟委员会的《欧洲数据战略》。但近些年来，软法硬法化趋势明显，主要表现为在司法程序中认可特定软法规则的法律约束力、在国际条约的制定过程中纳入已经作为软法存在的具有影响力的原则和准则、由国家将特定软法规范纳入国内法，[①] 其中最成功的实例为巴塞尔委员会制定的一系列银行标准为世界各国所采纳，如中国 1995 年颁布的《商业银行法》对资本充足率的规定即遵循 1988 年《巴塞尔协议》（Basel Accords）的要求。因而，中国构建金融数据跨境流动命运共同体的规则体系也有必要纳入软法的理念，逐步推动金融数据跨境流动软法与硬法的相结合。

当前，中国在互联网领域已经呈现逐步引领的趋势，习近平主席早在第二届世界互联网大会上就向全世界发出共同构建网络空间命运共同体的倡议，提出了构建网络空间命运共同体的“四项原则”和“五点主张”。中国应当积极借助国际平台发声，输出具有中国元素的金融数据跨境流动规则，尤其是在碎片化的国际格局下，积极贡献中国方案；加强与周边国家的交流合作，利用博鳌论坛、亚洲基础设施开发银行、上海合作组织、“一带一路”、金砖国家等之便，开展金融数据跨境流通的合作，达成合作框架或协议，以此增强中国在此领域的话语权。

（三）具体举措：完善金融数据跨境流动国内、国际法律规范

监管理念和实施路径是中国应对金融数据跨境流动规制碎片化现状的前提条件，具体举措的实施则是落实上述理念的根本。由上文可知，中国目前在国内法以及国际条约中已或多或少地涉及金融数据跨境流动的规则，但尚存在规则冲突或指示不明等问题有待进

---

① 参见漆彤：《国际金融软法的效力与发展趋势》，载《环球法律评论》2012 年第 2 期，第 154 页。

一步解决，具体建议如下：

1. 调整规制思路，实施 RCEP 金融数据跨境流动规则

2021 年 4 月 15 日，中国正式完成 RCEP 的核准程序。RCEP 第八章附件一第 9 条规定："缔约方应当允许其领土内的金融服务提供者为进行日常营运所需的信息转移，包括通过电子方式或其他方式进行数据转移。"但是，目前中国国内法对于金融数据的跨境流动总体上还是以限制为主，因而应当调整现有的规制思路，对接 RCEP。笔者认为，根据金融数据跨境流动的情形，可以分为基于商业需求而产生的跨境流动需求和基于国家监管而产生的跨境流动需求分别进行规制。

第一，对于基于商业需求而产生的跨境流动需求，无论是基于金融活动的现实经济需求，还是国际条约的基本规定，均应当允许金融数据的跨境流动，因而，原则上允许金融数据的跨境流动是必然。当前，对于金融数据跨境流动的担心通常是基于国家安全以及个人隐私的威胁，然而允许金融数据的跨境流动并不意味着金融数据可以无原则地自由流动，数据控制主体在数据跨境传输前需要履行适当的审查义务，从而保证其安全可控，可借鉴 GDPR 中的相关规定；而对于个人隐私的保护，知情同意是国内规制中普遍采取的方式之一。[①] 金融数据涵盖大量的个人财产信息等，且此部分信息具有较强的人格属性，因而应当将个人信息主体知情同意作为金融数据跨境流动的前提条件。

第二，对于基于国家监管而产生的跨境流动需求，金融监管部门通常基于反洗钱、反恐怖等要求境外金融机构提供经营数据，这是一国主权的体现，在此种情况下，除例外情况，原则上不允许相关金融数据出境。这主要是由于平等国家间无管辖权，一国国内的金融监管体系并不能强制性地约束他国，他国境内的金融数据并不在本国的监管范围内，并且实践过程中，各国均规定向境外监管部门提供数据必须经本国金融监管部门的批准。[②] 而例外情况则存在于

① 从 OECD 提出知情同意的框架到欧盟的一系列指令以及中国《网络安全法》，均有知情同意的要求。

② 如德国、捷克、俄罗斯、土耳其、加拿大、墨西哥、新加坡、韩国等。

主权国家间签订的双边或多边协定中。2021 年 9 月 1 日施行的中国《数据安全法》第 36 条规定，“非经中华人民共和国主管机关批准，境内的组织、个人不得向外国司法或者执法机构提供存储于中华人民共和国境内的数据”，采取了原则上禁止的规定。但是，对于金融数据而言，国际通行做法为金融监管部门进行审批，而中国目前实行金融监管部门与网信部门双轨制，其主管机关还有待进一步的明确。

2. 完善立法，统一金融数据跨境流动的规制内涵

无论是欧盟模式还是美国模式的金融数据跨境流动规制，都是在一定的法律框架和规范下进行的，中国的金融数据跨境流动也需要完善的法律制度提供保障。然而，中国现有的法律规范内容不仅不存在系统性，而且还存在模糊和冲突之处。

一是统一网信部门与金融监管部门的规范内容。《网络安全法》《数据安全法》是数据流动领域的上位法依据，金融监管部门的部门规章及其他规范性文件应当以此为依据，并应对存在抵触的内容进行清理或修改。

二是统一金融数据控制者的概念范围，明确法律法规的适用对象。理论上讲，金融业所有涉及网络运营和收集数据的行为都应遵守金融数据的相关规定，但金融监管部门对于纳入金融业的机构范围尚存在争议。笔者认为，应当将传统的金融机构和持牌的非金融机构均纳入规制的范围内，这一方面是基于未来的发展趋势，随着金融科技的迅速发展，两类机构的合作将逐渐加深，因此持牌的非金融机构也应当承担相应的责任；另一方面是基于数据控制者本身的金融属性，为提供金融产品和服务的机构也理应承担相同的义务。

三是明确“因业务需要”等内容的具体含义。《网络安全法》、RCEP 等皆将“因业务需要”作为数据跨境流动的前提条件，然而并未明确其具体内容。笔者认为，“因业务需要”至少包括基于日常商业经营目的向金融机构及其关联机构的数据传输，如为履行与消费者之间的合同所必需，分支机构与集团总部之间签署的标准数据

保护协议等。[①]

3. 扩大谈判，纳入金融数据跨境流动规则

在中国目前已经达成的自由贸易协定中，仅 RCEP 对金融数据的跨境流动规则进行了规定；正在谈判的自由贸易协定共计 10 个，正在研究的自由贸易协定也有 8 个，[②] 但均尚未明确是否涵盖金融数据的跨境流动规则。因此，有必要积极推动正在谈判以及正在研究的自由贸易协定中有关金融数据跨境流动规则的谈判。这一方面是基于金融数据流动规制的重要性，虽然有学者认为金融数据并不需要给予特殊待遇，一般数据跨境流动的条款足以实现规制的目的。[③] 但笔者认为，从国际经贸协定体例的发展来看，金融服务已逐渐被列为单独章节，而金融数据与金融服务息息相关，将其从金融服务章节割裂并纳入一般数据规则有违金融服务章节的完整性。另一方面在于目前国际上金融数据跨境流动规制的碎片化，在中国正在谈判以及即将谈判的自由贸易协定中纳入含有中国元素金融数据跨境流动规则是实现中国国际话语权的重要方式之一。

2020 年新冠疫情的暴发加快了线上金融服务的发展，便捷和迅速的特性使其在跨国投融资以及金融监管合作方面发挥了重要的作用，而金融数据是金融全球化的重要载体，金融数据的跨境流动既促进了实体经济的发展，又为金融创新奠定了基础。当前，各国家和地区纷纷出台数据领域的法律规范以期占据国际数据规则制定的主导权，但对具体的金融数据领域却关注较少，其规则体系呈碎片化。因此，在专门的金融数据保护立法成为必然趋势的背景下，中国应秉持“金融数据保护与发展数字金融相统一”的理念，为数字金融的发展奠定坚实的法治基础。在具体的实施路径方面：首先，应调整规制思路，中国已经签署首个对外承诺金融数据跨境流动的

---

① 参见马兰：《金融数据跨境流动规制的核心问题和中国因应》，载《国际法研究》2020 年第 3 期，第 100 页。

② 参见中国自由贸易区服务网，http：//fta.mofcom.gov.cn/，2021 年 6 月 11 日访问。

③ See Nigel Cory & Robert D. Atkinson, Financial Data Does Not Need or Deserve Special Treatment in Trade Agreements, *Information Technology & Innovation Foundation*, Apr. 2016, pp. 3-11.

国际规范 RCEP，今后无论是在国内立法还是国际谈判过程中，均应将金融数据可跨境流动作为基本原则，统一国内不同监管部门的规制思路以实现可预期性；其次，应完善国内立法，修改存在冲突的法律规范以及明晰不确定的法律词汇含义；最后，应承担大国责任，在网络空间命运共同体理念的指引下，引导制定含有中国元素的金融数据跨境流动规则。

结 语

信息技术革命推出的云计算、大数据等技术革新了传统金融服务贸易的提供方式，电子银行、手机银行、移动银行、网络证券公司等以互联网为基础的金融服务席卷全球，规模经济下必要的财务信息得以在全球“瞬时访问”，将全世界的金融市场与电子信息相连接。以商业存在为基础的传统金融服务贸易逐渐为跨境金融服务贸易所替代，相较于GATS，新兴的FTA使得跨境金融服务贸易规则更加多元化，表现在以下方面：

第一，从金融服务贸易的理论基础角度看，传统金融抑制与金融深化理论有取消利率管制、实现金融自由化的必要性，通常表现为“命令和控制”式的规则。而以互联网技术为代表的破坏性金融创新使得传统金融服务贸易规则的理论基础在市场准入规则以及业务运行规则等方面受到了极大的挑战，符合破坏性创新的三个要素，即“变革”“替代性潜力”和“结构性影响”，从而形成了跨境金融服务贸易的破坏性金融创新理论。

第二，从跨境金融服务贸易市场准入规则角度看，GATS的市场准入规则难以满足跨境金融服务贸易自由化的需求，现有的FTA是在破坏性金融创新理论背景下为应对信息技术革命带来的跨境金融服务贸易发展而达成的，对GATS规则体系不足作出了有力的回应，但在特定方面，基于跨境金融服务贸易的特殊性也保持了一定的沉默。然而，对于未来跨境金融服务贸易的市场准入规则，无论是从服务贸易市场准入的内涵以及市场准入数量限制性措施的本质，还是从金融数据跨境自由流动的重要性来看，放弃跨境金融服务贸易市场准入条款都不会影响跨境金融服务贸易自由化。

第三，从跨境金融服务贸易的非歧视待遇规则角度看，GATS规定的跨境金融服务贸易规则既具有普遍性又具有特殊性，而新一代FTA对于GATS中的不足并没有作出足够的回应，没能实质上促进跨境金融服务贸易自由化的发展，未来跨境金融服务贸易的非歧视待遇规则应更具有灵活性与可预期性，解决例外条款举证之困难、金融服务同类性判断标准不确定等问题，并构建以要素为基础的灵活性非歧视待遇标准。

第四，从跨境金融服务贸易的审慎例外规则角度看，审慎例外条款本身的原则性决定了其不可能在国际上形成统一适用的标准，并且从 GATS 近 30 年的实践以及新一代 FTA 中有关审慎例外条款的规定可见，不同国家及地区对于金融自由化的理念还存在一定的差异，这无疑会增加达成一致性审慎例外条款的困难。欧盟在金融服务一体化市场上的成功经验值得借鉴，但其相互承认原则造成跨境金融服务贸易审慎例外条款的适用需要相关国家及地区的相互承认予以配合。

第五，从跨境金融服务贸易的数据跨境流动规则角度来看，金融行业的特殊性决定了对金融数据跨境流动的规制不同于其他行业数据的规制。在早期的 GATS 谈判中 WTO 成员方尚未意识到数据跨境流动的重要性，目前国际社会所达成的 FTA 尚未形成统一的规则体系，各国家和地区对金融数据跨境流动的规制在实施路径上呈现多重化、在法律渊源上呈现多样化、在规范内容上呈现差异化，从而在整体上呈现金融数据跨境流动规制的碎片化现象。

第六，从跨境金融服务贸易的承诺模式角度来看，正面清单抑或负面清单的选择取决于主权国家对外开放的程度。目前，国际社会对于跨境金融服务贸易主要采取正面清单的模式，其主要原因在于跨境金融服务贸易作为新兴的金融模式，法律规制尚不完善。编制跨境金融服务贸易负面清单，需要注意跨境金融服务贸易的涵盖范围问题、排除适用问题、当地存在与商业存在的区别问题以及兜底条款的适用等法律问题。

总之，金融服务业开放是 WTO 服务贸易的重要议题，主要涉及金融服务的市场准入、非歧视待遇、审慎例外、数据跨境流动以及承诺模式的选择，而跨境金融服务贸易涵盖服务贸易除商业存在模式外的三种模式。信息技术的发展推动跨境金融服务贸易的自由化，并亟须与之相适应的跨境金融服务贸易规则。研究跨境金融服务贸易的国际规则，落脚点在于中国如何制定并引领跨境金融服务贸易规则，这需要从国际和国内两个层面进行考量。在国内层面，中国目前存在的问题主要表现为开放的跨境金融服务贸易领域较少和国内法对金融数据跨境流动的规制较为零散；在国际层面，主要表现为FTA中较少涉及跨境金融服务贸易的规定和审慎例外条款规定不一致等问题。究其原因，一方面是由于国内外对金融数据跨境流动规则尚存在争议，另一方面是由于国内金融行为监管能力不足以及国家本身条件不具备及出于风险防范方面的考虑。综上所述，建议中国在跨境金融服务贸易领域顺应国际发展趋势：主动扩大跨境金融服务贸易的开放领域，包括实行有牌照的跨境金融服务贸易、编制跨境金融服务贸易开放领域的正面清单以及依靠自贸区（港）创新金融服务；强化FTA中跨境金融服务贸易规则，可单列跨境金融服务贸易正面清单、增设不符措施冻结条款或棘轮条款；将金融科技融入审慎例外条款中，创新金融监管模式；构建金融数据跨境流动规则的中国方案，包括监管理念、实施路径以及具体举措等。

后 记

本书的写作伴随了我的博士学习生涯。付梓之际，回望三年博士生活，如白驹过隙，入学报到的情景还历历在目，毕业的钟声却早已远去。博士毕业之际，全国突发新冠疫情，我虽未享受到校园里最后的学生时光，但收获了难得的家中悠闲。回溯本书的写作历程，并无预想中的痛苦，老师们的指导、同学们的陪伴、家人们的鼓励使其更像是一段愉快且耐人回味的旅程，在此一并致谢！

感谢我的父母。十年上海法学求学过程已经结束，父母给予的鼓励和关心从未有过一丝消减，父亲十年的上海陪伴更是让我有了不断前进的动力。养育之恩，无以为报。

更要感谢我的导师贺小勇教授。贺老师犹如父亲一般的谆谆教诲定将铭记于心，能够在贺老师的指导下度过硕博六年生涯，实属人生幸事。贺老师不仅带领我认识到法学研究的博大精深、明晰作为法律人应当具备的专业技能，而且让我懂得有所追求方能持久绽放的人生道理。师恩难忘，时刻谨记。

法律的生命不在于逻辑，而在于经验。十年的法律学习，让我体会到理论与实践结合的重要意义。博士三年参与的国家社科基金课题以及大量的政府横向委托课题给予我学术研究的自信，特别是《中国（上海）自由贸易试验区跨境服务贸易特别管理措施（负面清单）（2018 年）》的编制，更是成为我一生的骄傲。学生生涯已经终止，闯荡的脚步才刚刚开始，谨以此书作为下一阶段的起点。

黄琳琳

2023 年 1 月